城市轨道交通建设项目档案工作手册

吉 伟 主 编

郑 军 马皓洁 副主编

中国建筑工业出版社

图书在版编目（CIP）数据

城市轨道交通建设项目档案工作手册/吉伟主
编. —北京：中国建筑工业出版社，2015.12
ISBN 978-7-112-18489-7

Ⅰ.①城… Ⅱ.①吉… Ⅲ.①城市铁路-铁路工
程-工程档案-档案工作-手册 Ⅳ.①G275.3-62

中国版本图书馆 CIP 数据核字（2015）第 225434 号

责任编辑：刘 江 杨 杰
责任设计：张 虹
责任校对：陈晶晶 党 蕾

城市轨道交通建设项目档案工作手册
吉 伟 主 编
郑 军 马皓洁 副主编
*
中国建筑工业出版社出版、发行（北京西郊百万庄）
各地新华书店、建筑书店经销
北京科地亚盟排版公司制版
北京建筑工业印刷厂印刷
*
开本：787×1092 毫米 1/16 印张：21½ 字数：520 千字
2015 年 11 月第一版 2015 年 11 月第一次印刷
定价：**80.00** 元
ISBN 978-7-112-18489-7
（27741）

本书编委会

主　　编：吉　伟
副主编：郑　军　马皓洁
编　　委：周健民　孙迎春
主　　审：欧阳旭明
顾　　问：王新民

序一

目前我国的城市轨道交通正处于快速发展阶段，如何加强城市轨道交通项目建设管理，是建设者共同面临的问题。城市轨道交通工程是一项复杂的系统工程，项目管理内容众多，其中档案管理是城市轨道交通建设项目管理的重要组成部分。从已建成运营的工程竣工验收项目所暴露的一系列问题来看，档案管理是城市轨道交通项目管理方面的一个薄弱环节，缺少城市轨道交通行业统一标准（或规范），亟待研究、加强。

《城市轨道交通建设项目档案工作手册》编写组为适应城市轨道交通建设形势的需要，根据多年城市轨道交通建设项目档案管理工作的经验，运用科技档案管理基本原理与方法，并引进计算机技术，适时编写了《城市轨道交通建设项目档案工作手册》。该手册内容全面、系统，所选案例贴近实际，可操作性强，可供正在建设或即将建设的城市轨道交通项目建设单位参考和借鉴。

该《手册》的出版，将起到抛砖引玉的作用，希望在此基础上，通过各方通力合作，形成城市轨道交通档案管理相关法规，以提高城市轨道交通档案管理水平，促进城市轨道交通事业发展。

佘才高

序二

　　城市轨道交通在现代城市公共交通中正发挥着越来越重要的作用。当前我国城市轨道交通进入了快速发展时期，如何把握时代脉搏，在行业发展大潮中抓住机遇，实现行业的可持续发展，日益成为行业内各方关注的焦点。任何一项管理，都离不开档案管理，科技管理如此，城市轨道交通建设项目管理更是如此。城市轨道交通建设项目专业性非常强，与其他专业领域的科技生产活动相比，由于体制的原因，目前我国没有专门的专业主管机关进行科学的指导，所实行的是以区域为特征的属地化管理，理论滞后、缺乏交流已成为提高城市轨道交通建设项目档案管理水平的障碍。在这样的背景下，《城市轨道交通建设项目档案工作手册》的出版，填补了城市轨道交通建设项目档案管理研究的空白，不仅对城市轨道交通建设项目档案的管理具有重要指导意义，而且丰富了档案学特别是科技档案管理学研究的内容。

　　《城市轨道交通建设项目档案工作手册》包括概述、文件、档案、保障、案例5个部分，从实用的角度出发，采用"手册"的形式，阐述了城市轨道交通建设项目档案管理的意义；界定了相关名词术语的含义；明确了包括建设单位、勘察设计单位、监理单位、施工单位等参建单位在档案工作中的职责；论述了项目文件的形成、积累、整理、归档，项目档案的收集、整理、保管、利用以及项目档案数字化、项目档案验收移交的要求及具体方法。全书内容全面、系统，贴近项目档案工作的实际，可操作性强，不仅是近年来档案学研究成果中围绕新门类档案管理研究的力作，而且是档案人员不可多得的一本好教材、好工具书。

　　该手册编写组的成员多年来一直从事工程档案管理的实际工作，经验非常丰富。他们在遵循科技档案管理基本原理与方法的基础上，全方位引进计算机技术与市场运作的理念，走出了一条社会组织介入档案工作的新路，对我国档案事业管理体制的改革与完善具有典型的意义。我非常欣赏该书的编写团队面向实践、深入实践的不懈探索，他们之所以能够为我们奉献这样一本"力作"，就是由于他们对档案事业有一种出自内心的"爱"，这样一种"爱"支撑着他们多年来在实践中潜心钻研，厚积薄发。

　　城市轨道交通建设专业性强、涉及面广，而且技术发展日新月异，其档案管理也会出现新情况、新问题。希望该团队今后在城市轨道交通建设项目档案管理研究中更上一层楼，一方面进一步提高研究成果的理性化程度，另一方面将研究成果积极向地方标准乃至国家标准靠拢，为我国城市轨道交通建设项目档案工作的理论建设与实践作出更多的贡献。

南京大学信息管理学院教授、博士生导师、副院长

吴建华

2015 年 8 月 3 日

前　言

城市轨道交通是国际公认的解决大城市交通拥堵问题的首选技术。目前，我国正在大力发展城市轨道交通，截至 2013 年年底，我国内地已建成和规划建设的轨道交通的城市总数已经超过 53 个，19 个城市拥有 83 条投入运营的轨道交通线路，总运营里程达 2376 公里。预计到 2030 年，我国城市轨道交通全部规划线路将超过 350 条，总里程超过 15000 公里。

城市轨道交通建设项目档案是指自轨道交通建设项目立项开始，直至竣工验收过程中所形成的具有保存、查考利用价值的，经过规范整理、归档的各种形式和载体的文件材料，是建设项目进行稽查、审计、监督、管理、验收以及项目运行和维护的依据，是工程质量终身制的重要凭证。一个项目从立项、设计、施工、监理、验收的过程中形成大量的文件材料，涉及专业广、参建单位多、且时间跨度长，如何对这些建设项目档案进行高效、有序管理，一直困扰着相关档案管理人员，主要问题有：如何确保项目档案的完整、准确、系统？如何对项目档案进行合理的分类、编号？各类文件如何合理组卷？文件题名、案卷题名如何拟写？竣工图如何编制？声像文件如何收集、整理等。因此，为使城市轨道交通建设项目的档案完整、准确、系统，就需要一套行之有效的方法加以保证，以充分发挥项目档案在工程建设、生产（使用）管理、维护和改建扩建中的作用。

鉴于此，为科学规范城市轨道交通建设项目档案的收集、整理与归档工作，确保项目档案更加完整、准确、系统及安全保管和有效利用，同时为适应档案工作的新形势、新条件、新观念、新要求，依据《中华人民共和国档案法》、《科学技术档案案卷构成的一般要求》（GB/T 11822—2008）、《建设工程文件归档规范》（GB/T 50328—2014）、《国家重大建设项目文件归档要求与档案整理规范》（DA/T 28—2002）等法律、法规和规范要求，结合城市轨道交通项目建设的实际，编制本手册。

本手册主要阐释了城市轨道交通的文件形成、积累及其质量要求和收集、组卷、归档等方面的内容。为方便读者更好地掌握工作程序、方法和技能，本手册还以案例的方式提供了详细范例。本手册是编者多年在城市轨道交通建设项目档案管理工作中的经验积累，也是编者多年的部分心得。本手册的撰写吸收了工程技术和档案学人的宝贵经验和成果，也包含了编者对轨道交通建设项目档案管理的感悟、认识和实践中积累的经验总结。希望本手册的出版能有助于城市轨道交通建设项目档案管理水平的提高，为我国城市轨道交通建设项目档案的健康与可持续发展作出贡献。

限于水平、学识和时间关系，书中内容难免存在疏漏和不妥之处，敬请读者批评与指正。

http://www.urban-rail.com

编　者
2015 年 8 月

目　录

第一篇 概述篇

第1章 城市轨道交通与档案管理

1.1 城市轨道交通的发展

随着世界城市化进程的高速发展，城市规模不断扩大，城市交通的需求持续增长，造成了地面交通拥堵逐渐突出，交通污染也逐渐恶化，城市交通问题已经成为阻碍城市正常运转和健康发展的一大难题。城市轨道交通以其大容量、准时快捷、安全高效的优势，因地制宜地合理采用高架线和地下线敷设方式，成为解决城市交通问题的理想方式，日益成为城市公共交通的骨干，为缓解大城市的交通拥堵状况，发挥着其他任何交通工具都难以替代的作用。

城市轨道交通的建成始于1863年，以伦敦地铁的建成通车为标志。1950年开通地铁的城市数目较少，其中两次世界大战对地铁的建设产生了较大的影响。进入20世纪中叶，地铁的建设开始加速，新开通的城市为7个，主要集中在欧洲以及美国；而在20世纪前50年里，新开通地铁的城市数量共13个，但是建设的重点地区已经开始变化，亚洲取代北美洲成为地铁建设的重点地区。而在20世纪后半叶，新建地铁城市的数量急剧上升，从1951~1975年间新增30个到1976~2000年间新增62个。从城市轨道交通分布的区域来看，欧洲一直是地铁建设的重要地区，这很大程度上得益于欧洲的经济发展水平和公共交通政策。随着20世纪50年代以后许多第三世界国家的独立以及经济发展，地铁开发热点地区开始转向亚洲、南美洲等经济起飞的发展中国家和地区。从通车里程来看，欧洲是地铁总通车里程最长的地区。欧洲地铁建设有着悠久的历史，截至2003年年底修建地铁的城市共有51个，占全世界地铁城市数目的42%，其总通车里程超过3000km，约占全世界总通车里程的42%。北美洲是修建地铁最早的地区之一，但是随着城市公共交通政策的转变以及政府对私人交通工具的鼓励，在其后的城市交通发展中地铁受到冷落。北美地区修建地铁的城市一共17个，平均通车里程为98.65km。亚洲虽然地铁建设起步较晚，但是发展迅速，其总通车里程已经超过2000km。随着亚洲经济持续高速发展以及人口向城市的进一步集聚，亚洲修建地铁的城市数目会继续增加，其通车总里程也将持续上升。

我国随着国民经济的持续高速发展及城镇化进程的加速，目前已成为世界上城市轨道交通发展最快的国家。从1969年北京建成国内第一条地铁线路以来，经过30多年（特别是近20年）的发展，截至2013年年底，仅在中国内地，已有19个城市拥有共83条运营线路，总里程达2376km；同时，我国内地33个城市拥有106条（含续建段）正在建设的城市轨道交通线路，总里程超过2300km，其中15个城市的首条城市轨道交通线路正在建设。预计到2030年，我国城市轨道交通全部规划线路将超过350条，总里程超过

15000km。与世界城市轨道交通发达国家相比，我国城市轨道交通运营及在建线路里程已跨入世界先进行列，而我国城市轨道交通的规划线路里程更居世界之首。

1.2 城市轨道交通建设项目档案的作用

在城市轨道交通建设的全过程中会形成大量具有保存、查考利用价值的各种载体形式的文件材料，这些文件材料经过规范、系统整理后形成工程档案并长期保存，作为国家信息资源的一部分，对社会经济、政治的建设与发展发挥重要作用。

工程项目档案作为记录工程建设全过程的真实反映，它以自身真实、准确、完整、翔实的特色再现了整个工程实际情况和全部特征，是一个城市轨道交通建设项目建设完成后除工程实体以外的另外一个重要体现形式。

城市轨道交通是城市建设的重要组成部分，其工程档案必然是城市记忆的重要组成因素，做好城市轨道交通建设项目档案管理工作将有利于城市记忆的开发、保护与传承。

城市轨道交通建设项目档案凝聚着广大建设者的心血与汗水，同时又是广大建设者智慧的结晶，记载着工程建设的优秀成果，是证明优质精品工程的有力证据，是创"鲁班奖"工程不可缺少的重要凭证，是工程稽查、审计、监督、管理、验收和今后城市轨道交通安全运行以及设施建设维护和改造必不可少的依据。

工程档案中的招标投标合同文件、资金管理文件、廉政建设文件等是廉政文化建设的重要组成部分，在廉政文化建设中发挥着积极的作用。

第2章　城市轨道交通建设项目档案管理的法规依据

城市轨道交通建设项目档案管理所依据的法律、标准及规范是本手册中参照并引用或要求按照其相应章节去规范某一环节工作的文件。分为法律、标准及规范两大类。以下凡注明日期的引用文件，其随后所有的修改条款（不包括勘误的内容）或修订版均不适用于本手册；凡不注明日期的引用文件，其最新版本均适用于本手册。

2.1　城市轨道交通建设项目档案管理所依据的法律

《中华人民共和国档案法》
《建设工程质量管理条例》（国务院（2000）279 号令）
《重大建设项目档案验收办法》（档发（2006）2 号）

2.2　城市轨道交通建设项目档案管理所依据的标准及规范

标准主要包括国家标准、行业标准和国际标准。规范性文件主要是国家有关主管部门制发的、要求有关组织机构贯彻执行的方针、政策及管理文件。本手册所依据的标准及规范主要有：

《科学技术档案案卷构成的一般要求》（GB/T 11822—2008）；
《地下铁道工程施工及验收规范（2003 版）》（GB 50299—1999）；
《建筑工程施工质量验收统一标准》（GB 50300—2013）；
《建设工程文件归档规范》（GB/T 50328—2014）；
《照片档案管理规范》（GB/T 11821）；
《CAD 电子文件光盘存储、归档与档案管理要求》（GB/T 17678.1）；
《电子文件归档与管理规范》（GB/T 18894）；
《档案工作基本术语》（DA/T 1）；
《档号编制规则》（DA/T 13）；
《磁性载体档案管理与保护规范》（DA/T 15）；
《国家重大建设项目文件归档要求与档案整理规范》（DA/T 28）；
《纸质档案数字化技术规范》（DA/T 31）；
《档案馆建筑设计规范》（JGJ 25）。

第3章 城市轨道交通建设项目档案管理基本知识

1. 城市轨道交通

在不同型式轨道上运行的大、中运量城市公共交通工具，是当代城市中地铁、轻轨、单轨、自动导向、直线电机等轨道交通的总称。

2. 项目工程

单独立项、具备独立使用功能和运营能力的城市轨道交通工程。

3. 单项工程

在项目工程中具有独立的设计文件，建成后能够独立发挥生产能力或工程效益的城市轨道交通工程。

4. 单位工程

在项目工程中具备独立施工条件或具备专业功能的建（构）筑物、设施、设备系统。

5. 子单位工程

在单位工程中具备阶段性施工条件或者施工内容相对独立的建（构）筑物或专业设备子系统。

6. 分部工程

在单位（子单位）工程中，按照系统设备专业性质或设备组别等、建（构）筑物的一个完整部位或主要结构及施工阶段划分的工程实体及专业设备安装工程。

7. 分项工程

在分部工程中，按照工种、工序、材料、施工工艺、设备类别等划分的工程实体及专业设备安装工程。

8. 检验批

由一定数量样本按同一生产条件或按规定的方式汇总起来，供检验使用的检验体。

9. 竣工验收

城市轨道交通建设项目竣工后、试运行结束时，由有关主管部门组织，对项目是否符合规划设计以及建筑施工和设备安装质量进行全面考核、检验，取得竣工合格资料、数据和凭证。

10. 项目文件

城市轨道交通建设项目在立项、审批、用地、招投标、勘察、设计、施工、监理及竣工验收全过程中形成的文字、图表、声像、电子、实物等形式的全部文件。

11. 项目前期文件

城市轨道交通建设项目开工以前，在立项、审批、用地、招投标、勘察、设计等工程准备过程中形成的项目文件。

12. 项目施工文件

城市轨道交通建设项目施工过程中形成的反映项目建设、安装、调试情况的文件。

13. 项目竣工图文件

城市轨道交通建设项目竣工后，按照工程实际情况所绘制的图纸，简称竣工图。

14. 项目监理文件

监理单位对城市轨道交通建设项目工程质量、工期和建设资金使用等内容进行监督、控制和对合同进行管理的文件。

15. 项目竣工验收文件

城市轨道交通建设项目竣工验收时形成的文件。

16. 整理

按照一定的规则，对项目文件进行挑选、分类、组合、排列、编目，使之有序化的过程。

17. 案卷

由互有联系的若干文件组成的档案保管单位。

18. 组卷

按照一定的原则和方法，将有保存价值的文件分门别类整理成案卷，也称立卷。

19. 归档

文件形成部门或形成单位在城市轨道交通项目完成后，将办理完毕且有保存价值的全部项目文件经系统整理立卷后，按规定向建设单位档案管理机构或部门移交保存的过程。

20. 项目档案

城市轨道交通建设项目在建设、管理过程中直接形成的具有保存价值的经过鉴定、整理、归档后的各种形式的历史记录。

21. 项目档案移交

项目竣工验收后，建设单位根据合同、协议和规定向档案主管部门、生产使用单位及有关档案管理部门移交有关项目档案。

第二篇　文件篇

第4章　城市轨道交通建设项目文件的质量要求

4.1　总体要求

1. 项目文件在形成、收集、整理、归档过程中执行"谁形成谁负责"的原则。各参建单位应指定专人，及时收集、整理项目文件，以免在工程后期因人员分散、文件材料流失而影响项目档案的质量。

2. 项目文件的填写应认真负责、实事求是，确保文件的完整、准确、系统。

完整，一是指反映城市轨道交通建设全过程、应归档的各种载体文件要齐全；二是指项目文件所记载的内容要完整。

准确，是指项目文件的内容真实反映城市轨道交通建设项目竣工时的实际情况和建设过程，确保图物相符、数据准确可靠、签字手续完备。文件的内容及其深度应符合国家现行有关工程勘察、设计、施工、监理等标准的规定。对准确性的审查主要涉及以下五个方面：

(1) 文件应为原件、正本，复印件不得归档；

(2) 合同、表格的签名及盖章手续应完备、有效；

(3) 文件的内容应填写完整；

(4) 文件不得存在数据涂改及不耐久字迹现象；

(5) 文件格式应符合质量监督部门的有关规定。

系统，是指按项目文件形成规律，保持各部分的有机联系、分类科学、组卷合理、整理规范、便于查找利用。

3. 文件材料中的图表和文字说明，一律使用国家法定计量单位和符号。

4.2　项目文件的质量要求

1. 项目文件应为原件（特殊文件除外），归档文件材料应书写工整，字迹、线条清晰耐久，表格统一规范，应采用优质纸张，并用激光打印机打印，或用不褪色的黑色或蓝黑墨水书写、绘制。不得使用红墨水、纯蓝墨水、复写纸、铅笔、圆珠笔、彩色水笔等易褪色、易磨损、易洇化的书写字迹材料。

2. 对于破损的文件材料应托裱，对批语、签注意见写在文件装订线上的，应予以粘贴补宽；各种大小不一的文件应适当裱贴、托裱或折叠成297mm×210mm（A4）规格。

3. 不易保存的文件应复制，复制件附在原件后一并立卷归档。例电传文件（激光打印的除外）、利用复写纸、铅笔、圆珠笔书写的文件、针式打印或喷墨打印的文件等应复制并与原件一并立卷归档。

4. 收、发的正式公文，应经过必要的文书处理程序。需要签字的文件材料，应履行完备的手续。

5. 文字和页面设置要求

字体与字号要求：文字和表格应布局合理、美观，各层次题头的字体和字号应有区别且搭配适当，字号不作具体规定。

页面设置：纸张为297mm×210mm（A4）或420mm×297mm（A3）号纸，图纸为A3、A2、A1、A0纸。页边与文字间隙为：装订边不小于25mm，翻口边不小于20mm，距上边不小于25mm，距下边不小于20mm。

6. 尺寸及装订预留位置：文件一般采用A4、A3两种尺寸，超过A3的应按照A4或A3尺寸折叠。"竖页纸"左方为装订线，"横页纸"上方为装订线，不得倒装，装订预留尺寸一般以25mm为宜。

7. 原件的要求

合同、协议、签证、启动验收交接书等文件应为正本归档，不得用副本或复印件归档。

施工技术记录、工程签证单、事故记录、试验单、设计变更单等表式和数据应用合格的书写材料书写并要求原件归档。

施工专项方案、会议记录和报告等应为激光打印机打印件，不得用复印件或普通色打印件，以保证字迹耐久性。

主送和抄送建设单位的文件材料应以原件归档，不得用复印件。

建筑材料质量证明文件应以原件归档，如该文件只有一份原件、同时又需移交不同部门归档时，可用复印件，该复印件应由材料供应商加盖公章或经监理检查合格后并加盖监理单位公章确认后可视作原件。

不同事件使用同一份文件时，原件应归入最早发生、桩号小的、左侧的案卷中，后发生的、桩号大的、右侧的案卷中不再归入该文件（无需复印），并在备考表中注明原件所在的案卷档号。

例：原件应归入最早发生的案卷中，桩基首件工程工序报验资料的原件应归在《首件工程报审表》及附件的案卷中，在整理桩基的工序报验资料时，首件的工序报验资料不再归入。

原件应归入桩号小的案卷中，几个路基填筑施工段落合用一份《施工测量报验单》时，该《施工测量报验单》原件应归入桩号小的路基填筑施工段落的案卷中，在整理其他路基填筑施工段落资料时，不再归入该《施工测量报验单》。

原件应归入左侧的案卷中，高架区间同一墩台左、右侧立柱合用一份《施工测量报验单》或《混凝土抗压强度试验报告》时，《施工测量报验单》或《混凝土抗压强度试验报告》原件应归入左侧立柱的资料中，在整理右侧立柱资料时，不再归入该《施工测量报验单》或《混凝土抗压强度试验报告》。

8. 真实性的要求

所有的签名都应是本人签名或授权代签名，代签名应是代理人的本人名字，不得代替别人签名；应按照要求在表格中签名，不得一人完成所有签名。

各方人员应慎重行使个人签字权，要求手签全名，可视实际情况加盖个人注册签章，不得以复印代替。

原始记录文件材料不得随意更改，必须更改的，应在旁边签名。写错的文字，用斜线划去，在旁边书写正确文字，不得使用涂改液、橡皮等其他方式。

4.3 竣工图的质量要求

1. 竣工图由施工单位在其合同段变更文件批复后1个月内完成编制工作，监理单位负责审核。

2. 竣工图应完整、准确、清晰、规范、修改到位，能真实反映工程竣工时的全部施工实际情况和特征。

3. 填写竣工图"图名"时，应填写为"××竣工图"。

4. 各种类型的竣工图比例与设计图对应，竣工图说明、图、表的排版位置应兼顾美观与协调，竣工图说明采用 A4、A3 纸编制，放在竣工图前面。一般构造物应绘制结构立面图、侧面图（或剖面图）和平面图。

5. 若施工图没有变更的，由竣工图编制单位在原施工图上直接加盖竣工图章并签字作为竣工图，不需重新绘制。竣工图章具体格式见附件一中图1。

6. 一般性图纸变更及符合更改要求（图纸变更面积不超过 10%）的变更，可在原图上更改，加盖竣工图章并签字，应标注相应的变更通知或其他变更依据文件的编号，不需重新绘制。更改方法一般采用杠改法、叉改法、补（绘）图法、注改法（加写说明法）等。

杠改法：在施工蓝图上将取消或需要修改的数字、文字、符号等内容用一横杠杠掉（不是涂抹掉）表示取消，在适当位置补绘修改后的内容，并用带箭头的引出线标注修改依据的方法。一般适用于尺寸、数字、设施点的编号和型号、门窗型号、设备型号、灯具型号和数量、钢筋型号和数量、管线和测量点的编号、坐标及高程值、注解说明的数字、文字、符号的取消或改变。

叉改法：在施工蓝图上将应除去修改前的内容，打叉表示取消，在实际位置绘出修改后的内容，并用带箭头的引出线标注修改依据的方法。一般适用于线段、图形、图标的取消或改变，如剖面线、尺寸线、图表、大样图、设施、设备、门窗、灯具、管线、钢筋等的取消或改变。

补（绘）图法：在施工蓝图上将增加、补充、遗漏的内容按实际位置绘出，或将增加或需要修改的内容在本图上绘大样图表示，并用带箭头的引出线标注修改依据的方法。一般用于设计新增加的内容、设计时遗漏的内容、设计时暂时空缺的内容等在蓝图上绘制。

注改法（加写说明法）：在施工蓝图上用文字表述图纸的修改和补充，或在施工蓝图上绘图修改后仍需要加以简要文字说明达到修改目的的办法。一般用于施工图上说明类型的文字修改、修改依据的简化标注、用作图法修改后仍需要必要文字说明才能完全表达清楚、绘改后的修改图须适当加注必要的说明等。

7. 涉及结构形式、工艺、平面布置等重大改变及图面变更面积超过 10% 的，应该重新绘制竣工图。重绘图使用原图编号，前面加注"竣"字，并在"变更令及其他变更批准文件编号"栏内标注相应的变更通知或其他变更依据文件编号。重新绘制竣工图，应使用统一的竣工图框。重新绘制竣工图图框具体格式见附件一中图2。竣工图框内容按以下要求填写：

（1）"建设单位名称"填写"建设单位全称或规范简称"；

（2）"×××竣工图"填写项目名称、单位和分部工程名称，后加"竣工图"；

（3）"图名"填写本张竣工图内容的名称；

（4）"制图"由制图人员签名；

（5）"校核"由校核人员签名；

（6）"技术负责人"由施工单位项目总工签名；

（7）"监理负责人"由总监或监理组长签名；

（8）"编制日期"填写竣工图编制完成日期；

（9）"图表号"填写原施工图图号前面加"（竣）"字；

（10）"变更令及其他变更批准文件编号"填写相应文件的文件编号或变更令号；

（11）"监理单位"填写监理单位名称（中标单位全称）；

（12）"施工单位"填写施工单位名称（中标单位全称）。

8. 有变更的竣工图，必须填写《设计变更文件与竣工图对应一览表》，具体格式见附件一中图3，按以下要求填写：

（1）"序号"从1开始依次标注，不得断号；

（2）"变更依据文件文号"先填写由项目建设单位下发的与变更有关的文件编号或变更令号，再填写由施工单位申报的"变更令号"。"变更令号"从"…－001"起，不得断号，出现断号的应将断号悉数填上，并在"备注"栏注明"无此变更令"；变更令没有涉及竣工图更改的应该在"备注"栏注明"没有涉及竣工图更改"；

（3）"主要变更内容"填写变更的主要内容，尽量填写详细；

（4）"对应竣工图图号"填写与该变更文件相对应的竣工图图号；

（5）"变更文件、竣工图案卷号"分别填写该变更文件、竣工图纸所在案卷的档号；

9. 重复使用的标准图、通用图可不编入竣工图中，但应在图纸目录中列出图号，指明该图所在位置并在竣工图说明中注明。

10. 各竣工图编制单位应编制竣工图说明，与相应的竣工图一起组卷。竣工图说明应包括以下内容：

（1）主要建设内容、完成工程量；

（2）执行的规范标准；

（3）主要施工方案；

（4）采用的新技术、新工艺、新材料；

（5）特殊问题的处理；

（6）施工图的版本、变更情况以及修改完善情况；

（7）工程施工起止时间。

11. 所有竣工图（重新绘制的竣工图除外）应由编制单位逐张加盖竣工图章并签字。竣工图章中的内容填写应齐全、清晰，不得代签。竣工图章可由建设单位统一刻制，竣工图章应使用不易褪色的印泥，盖在标题栏附近的空白处。竣工图章内容按以下要求填写：

（1）"编制单位"填写施工单位名称（中标单位全称）；

（2）"编制人"由施工单位编制人员签名；

（3）"技术负责人"由施工单位项目总工签名；

（4）"监理单位名称"填写监理单位名称（中标单位全称）；

（5）"监理负责人"由总监或监理组长签名；

（6）"编制日期"填写竣工图编制完成日期。

12. 图纸可按 297mm×210mm（A4）或 420mm×297mm（A3）折叠。

4.4 声像文件的质量要求

建设项目声像文件是项目文件的重要组成部分，是直观反映建设项目工程现场原地物、地貌和工程施工主要过程及建成后的建（构）筑物的直观记录。

1. 照片文件包括普通胶片照片和数码照片。

2. 普通胶片照片应由照片、底片（向外单位收集的可以没有底片）和文字说明等部分组成，归档时每张照片要附有一张底片，彩色底片不宜久存，对有特殊意义的应复制成黑（白）底片保存。

3. 采用数码相机拍摄的照片要求

（1）使用 300 万像素及以上的数码相机，照片分辨率设置为 1200×1600 像素以上，拍摄时设置"日期时间显示"功能。

（2）采用数码照相机拍摄的照片，应采用 6 吋的相纸打印图像。

（3）数码照片应刻录在耐久性好的光盘上，光盘附有目录，目录应填写档号、案卷题名、照片编号、照片标题（与电子文件的文件名相同）等。

4. 照片文件文字说明的填写要求

以一组有密切联系的照片为单位填写文字说明，如某次活动只收集了一张照片，则要以单张照片为单位填写文字说明。文字说明要求简明、准确，一般不超过 200 字。其内容包括：事由、时间、地点、人物、背景、摄影者等六要素。照片目录具体式样见附件一中图 4。

（1）事由：照片所反映事件、事物的情由；

（2）时间：事件发生或事物变化、产生的时间和照片拍摄的时间（用阿拉伯数字表示）；

（3）地点：被拍摄物所在的具体地点；

（4）人物：照片所反映的主要人物的姓名、单位和身份；

（5）背景：对揭示照片主题具有一定作用的背景；

（6）摄影者：照片的拍摄人。

5. 录像文件要求图像清晰、解说正确。录像材料规格为专业带，录像档案带盒上应标有简要说明，内容包括工程名称、拍摄时间、放映时长、录制人、审核人及批准人等。

4.5 电子文件的质量要求

1. 归档的建设项目电子文件应采用表 1 所列开放式文件格式或通用格式进行存储，专用软件产生的非通用格式的电子文件应转换成通用格式。

10

建设项目电子文件存储格式表 表 1

文件类别	格 式
文本（表格）文件	XML、TXT
图像文件	TIFF、JPEG
图形文件	TIFF、DWG、PDF、SVG
影像文件	MPEG2、MPEG4、AVI
声音文件	MP3、WAV

2. 归档的项目电子文件在其形成过程中包含元数据的，应予保留，以保证文件的完整性和有效性。元数据应符合现行行业标准《建设电子档案元数据标准》（CJJ/T 187）的规定。

3. 归档的项目电子文件应采用电子签名等手段，所载内容应真实和可靠。

4. 归档的项目电子文件的内容必须与其纸质档案一致。

5. 离线归档的项目电子档案载体，应采用一次性写入光盘，光盘不应有磨损、划伤。

6. 存储移交电子档案的载体应经过检测，应无病毒、无数据读写故障，并应确保接收方能通过适当设备读取数据。

第5章 城市轨道交通建设项目文件的收集、整理

5.1 总体要求

项目文件产生于项目建设的全过程，其形成、积累、收集、整理、组卷和归档等业务工作是城市轨道交通档案工作的基础性、专业性和实质性工作，是检验城市轨道交通工作质量与水平的重点和核心内容。因此，项目文件的形成、积累、收集、整理、组卷和归档等业务工作应列入项目建设计划和有关部门及人员的职责范围、工作标准或岗位责任内，并采取相应的检查、考核措施，确保项目档案的完整、准确、系统、安全。

5.2 项目文件的收集

1. 收集范围

凡从城市轨道交通建设项目提出、立项、申请到项目批复、设计、施工、监理、竣工验收等过程中形成的、具有查考利用价值的各种载体形式的文件，都应收集齐全，归入项目文件材料内。具体收集范围可见附件三《城市轨道交通建设项目文件材料归档范围、保管期限及分类编号细则》。

2. 收集时间

（1）各类项目文件应按文件形成的先后顺序或项目完成情况及时收集；凡是引进技术、设备文件必须首先由项目建设单位登记、归档，再进行校译、复制和分发使用。

（2）项目文件的收集、整理、组卷、归档应与项目的立项准备、建设进度和交（竣）工验收同步进行。为便于项目文件材料的整理、组卷，各参建单位可在平时收集过程中，按档案分类要求将文件材料放入相应的卷盒内，进行预立卷。

各种施工原始记录应在施工现场与工序施工同步进行，每道工序完成后24小时内交监理人员签字，并及时移交档案管理人员存档。

工序质量检验表，要求施工单位质检人员现场填写，及时报监理工程师检查并现场签字，及时移交档案管理人员存档。监理工程师收到质量检验申请后，应在24小时内给予书面批复。

工程分部、分项工程质量验收记录是工程交工验收的重要依据，施工单位应在报审确认后及时存档。

各监理单位应在施工单位每期计量支付前对其相关文件材料进行审核，做到"文件材料不齐全不计量支付"。

各参建单位在工程交工验收之前，向建设单位提交已按要求整理好的涉及已完成项目的文件；各参建单位在工程竣工验收之前，向建设单位提交已按要求整理好的全部项目文件。

3. 照片、视频文件的收集

建设单位、监理、施工等单位分别负责各自所形成照片、视频文件的收集。

（1）建设单位收集要求

工程建设过程中有关庆典和重要领导现场指导的，每次留存典型照片2~3张，视频

12

10～15分钟，悉数留存。

重要工程协调、安全生产等会议活动，每次会议留存主题照片1～2张，悉数留存。

现场检查指导过程中反映监理是否尽责到位的情况，每次检查留存典型照片2～3张，悉数留存。

违章、违规等现场典型案例，每个案例留存典型照片2～3张，悉数留存。

（2）监理单位收集要求

每个旁站点留存典型照片2～3张、每次巡视留存典型照片1～2张、每次定期检查留存典型照片1～2张，悉数留存。

每次材料设备检验及重要试件每组留存典型照片1～2张、每次见证取样留存典型照片1～2张、重要设备每件留存整体照片1张，悉数留存。

隐蔽工程每次验收留存典型照片1～2张，悉数留存。

违章、违规等现场典型案例，每个案例留存典型照片2～3张，悉数留存。

各单位打印归档的照片不少于60张，视频10～15分钟。

（3）施工单位收集要求

日常施工管理，每个作业点留存安全文明施工总体布置情况照片1张，定期安全检查中每个事件留存照片1张，安全员日检过程中每个案例留存典型照片1～2张，每个事故处理留存典型照片2～3张，悉数留存。

每次材料设备检验及重要试件每组留存典型照片1～2张，每次见证取样留存典型照片1～2张，重要设备现场留存开箱照片不少于30张，每件留存整体照片1张，缺陷（如有）留存1～3张，悉数留存。

隐蔽工程每次验收留存典型照片1～2张，悉数留存。

各单位打印归档的照片不少于60张，视频10～15分钟。

5.3　文件的整理与组卷

5.3.1　总体要求

工程项目文件归档前，应按要求由文件材料形成单位进行组卷。组卷应遵循工程项目文件材料的自然形成规律和成套性原则，分类科学、组卷合理、便于查找利用。为保证档案整理规范，各门类档案整理、组卷可建立首卷示范制度。此外，外文资料应将题名、卷内章节目录译成中文，经翻译人、审校人签署的译文稿与原文一起归档。

5.3.2　综合管理类

该类文件主要由项目前期文件、工程管理文件、用地文件、征地拆迁文件、开工审批文件等文件组成，由建设单位汇总，文件形成部门根据文件材料形成的阶段、性质、内容分类整理，按问题、时间等要素组卷。

5.3.3　工程设计类

该类文件由勘察设计总体总包单位汇总，成册的A3图纸按原有装订形式组卷，大于A3的图纸应折叠为A4、A3尺寸，通常以折叠后厚度50mm为一卷，卷内文件按照原图纸顺序排列。

5.3.4　工程施工类

该类文件由施工单位负责整理、组卷。

1. 施工准备、建筑材料报验、技术交底、单位工程验收等文件的组卷

开工报告及附件以合同段或单位工程、分部工程为单位组卷，卷内文件按《工程开工报审表》"附件"栏所列顺序排列，一卷或数卷。

《施工组织设计/方案报审表》及附件分别以单位工程或分部工程为单位组卷，施工组织设计、施工技术方案的文本附在相应的《施工组织设计/方案报审表》后面，一卷或数卷。

工程进度计划申报表及附件以单位工程或分部工程为单位组卷，卷内文件按时间顺序排列，一卷或数卷。

图纸审查记录、技术交底记录分别以单位工程或分部工程为单位组卷，卷内文件按时间顺序排列，一卷或数卷。

单位（子单位）工程质量竣工验收记录以单位、子单位工程为单位组卷。

《首件工程报审表》及附件以单位工程或分部工程为单位组卷，卷内文件按照《首件工程报审表》"附件"栏所列顺序排列，其中的《施工测量报验单》及附件、《工序质量报验单》及附件、《材料（构配件）进场使用报验单》及附件、《设备进场使用报验单》及附件、检测报告等应按照本手册4.2之（7）的要求将原件归档。

《材料（构配件）进场使用报验单》及附件按照材料的类型以单位工程或分部工程为单位分别组卷，产品合格证及质量证明文件、使用说明、进场试验检测报告等依次附在相应的《材料（构配件）进场使用报验单》后面，卷内文件按时间顺序排列，一卷或数卷。

各种标准试验报告（混凝土配合比、标准击实试验等）以单位工程或分部工程为单位结合问题要素进行组卷，卷内文件按时间顺序排列，一卷或数卷。

施工日记（日志）以合同段为单位组卷，一卷或数卷。

施工单位关于质量、进度、安全文明、费用等管理性文件以合同段为单位按问题、时间等要素组卷，一卷或数卷。

2. 车站工程中间质量控制文件的组卷

（1）主体土建工程

地基基础及支护结构（包括土方工程、支护工程、地基基础处理、桩基础、混凝土基础、砌体基础、劲性混凝土等）分别以分部、子分部、分项工程为单位组卷，文件材料按部位结合工艺流程排列，一卷或数卷。

防水工程（包括防水混凝土、防水层、保护层、细部构造等）分别以分部、分项工程为单位组卷，文件材料按部位结合工艺流程排列，一卷或数卷。

主体结构（包括混凝土结构、砌体结构、钢结构、网架及索膜结构等）分别以分部、子分部、分项工程为单位组卷，文件材料按部位结合工艺流程排列，一卷或数卷。

屋面工程（包括卷材防水屋面、涂膜防水屋面、刚性防水屋面、金属板屋面、玻璃屋面、瓦屋面、隔热屋面等）分别以分部、子分部、分项工程为单位组卷，文件材料按部位结合工艺流程排列，一卷或数卷。

接地网以分部工程为单位组卷，文件材料按部位结合工艺流程排列，一卷或数卷。

（2）附属土建工程

可参照主体土建工程的方法组卷。

（3）车站设备安装工程（含临近半区间）

通风与空调工程（包括送、排风系统、防排烟系统、空调风系统、制冷设备系统、空

调水系统等）的分部工程验收文件、质量控制文件分别以分部工程为单位组卷，工程质量验收记录分别以分部、子分部为单位组卷，一卷或数卷。

给排水与采暖工程（包括室内给水系统、室内排水系统、卫生器具安装、消防水系统、水处理系统、室外给水管网、室外排水管网、采暖系统等）的分部工程验收文件、质量控制文件分别以分部工程为单位组卷，工程质量验收记录分别以分部、子分部为单位组卷，一卷或数卷。

建筑电气工程（包括电气动力、电气照明安装、防雷及接地安装等）的分部工程验收文件、质量控制文件分别以分部工程为单位组卷，工程质量验收记录分别以分部、子分部为单位组卷，一卷或数卷。

装饰工程（包括楼、地面、抹灰、门窗、吊顶、轻质隔墙、饰面板（砖）、涂饰、细部、厕浴间防水、混凝土结构、砌体结构等）分别以子分部、分项工程为单位组卷，文件材料按部位结合工艺流程排列，一卷或数卷。

（4）车站装饰装修工程

装饰装修工程组卷方法同上。

安装工程（包括电气照明安装、给排水安装等）的分部工程验收文件、质量控制文件分别以分部工程为单位组卷，工程质量验收记录分别以分部、子分部为单位组卷，一卷或数卷。

结构工程、"四小件"、雨篷、外立面幕墙、导向标识等分别以分部、子分部工程为单位组卷，文件材料按部位结合工艺流程排列，一卷或数卷。

3. 区间工程中间质量控制文件

（1）明挖区间

地基基础与支护（包括土方工程、支护工程、地基处理、桩基础等）分别以子分部、分项工程为单位组卷，文件材料按桩号或部位结合工艺流程排列，一卷或数卷，案卷按桩号排列。

防水工程（包括防水混凝土，水泥砂浆防水层，卷材防水层，涂料防水层，细部构造等）分别以分部、分项工程为单位组卷，文件材料按桩号或部位结合工艺流程排列，一卷或数卷，案卷按桩号排列。

主体结构（包括混凝土结构、砌体结构、劲性混凝土结构等）分别以子分部工程为单位组卷，文件材料按桩号或部位结合工艺流程排列，一卷或数卷，案卷按桩号排列。

接地网以分部工程为单位组卷，文件材料按桩号或部位结合工艺流程排列，一卷或数卷。

附属工程（包括泵房、风井、风道等）分别以子分部工程为单位组卷，文件材料按桩号或部位结合工艺流程排列，一卷或数卷。

（2）暗挖区间

洞口工程、明洞工程分别以分部工程为单位组卷，文件材料按桩号或部位结合工艺流程排列，一卷或数卷。

竖井及横通道分别以子分部、分项工程为单位组卷，文件材料按桩号或部位结合工艺流程排列，一卷或数卷。

洞身开挖（包括洞身开挖、隧底开挖等）分别以分部、分项工程为单位组卷，文件材料按桩号或部位结合工艺流程排列，一卷或数卷，案卷按桩号排列。

主体结构（包括支护、衬砌、砌体结构等）分别以子分部、分项工程为单位组卷，文件材料按桩号或部位结合工艺流程排列，一卷或数卷，案卷按桩号排列。

防水与排水（包括洞口防排水、洞内排水沟（槽）、施工缝与变形缝处理、卷材防水层、涂料防水层、金属板防水层、塑料板防水层、膨润土防水毯防水层、细部构造、注浆防水、防水盲管（沟）、防水混凝土、水泥砂浆防水层等）分别以分部、分项工程为单位组卷，文件材料按桩号或部位结合工艺流程排列，一卷或数卷，案卷按桩号排列。

附属工程（包括联络通道、泵房、风井及风道等）分别以子分部、分项工程为单位组卷，文件材料按桩号或部位结合工艺流程排列，一卷或数卷。

（3）盾构区间

竖井或风井分别以分部、分项工程为单位组卷，文件材料按桩号或部位结合工艺流程排列，一卷或数卷。

洞门工程以分部工程为单位组卷，文件材料按桩号或部位结合工艺流程排列，一卷或数卷。

管片制作以分部工程为单位组卷，文件材料按管片编号或制作时间结合工艺流程排列，一卷或数卷，案卷按管片编号或制作时间排列。

盾构掘进与管片拼装以分部、分项工程为单位组卷，文件材料按桩号结合工艺流程排列，一卷或数卷，案卷按桩号排列。

联络通道或泵房（包括洞身开挖、支护、衬砌、防水等）分别以子分部、分项工程为单位组卷，文件材料按桩号或部位结合工艺流程排列，一卷或数卷。

内部结构（包括预制结构、现浇结构等）分别以子分部工程为单位组卷，文件材料按桩号或部位结合工艺流程排列，一卷或数卷，案卷按桩号排列。

（4）路基工程

地基处理（包括原地面平整碾压、换填、木桩、塑料排水板、碎石桩、堆载预压、砂（碎石）垫层、土工合成材料、复合土工膜隔断层、静力压桩、灰土地基、高压喷射注浆地基、注浆地基等）以分项工程为单位结合施工段落组卷，文件材料按工艺流程排列，一卷或数卷，案卷按桩号排列。

基床以下路堤（包括一般路堤填筑、路堤边坡、路堤与桥台间过渡段填筑、填石路堤等）以分项工程为单位结合施工段落组卷，文件材料按工艺流程排列，一卷或数卷，案卷按桩号排列。

基床（包括基床底层、基床表层、路基面等）、路堑（包括基床底层及表层、路堑开挖等）以分项工程为单位组卷，文件材料按工艺流程排列，一卷或数卷，案卷按桩号排列。

路基支挡（包括重力式及扶壁式挡墙）以分项工程为单位结合施工段落组卷，文件材料按工艺流程排列，一卷或数卷，案卷按桩号排列。

路基防护、排水、附属工程、声屏障等分别以分部、分项工程为单位组卷，文件材料按桩号或部位结合工艺流程排列，一卷或数卷，案卷按桩号排列。

（5）高架区间

每座桥梁均单独组卷，一卷或数卷，案卷按桩号排序。

以分部、子分部、分项工程为单位结合桥梁部位、构件（包括地基处理、明挖基础、桩基、桩基承台、墩台、台后填土、锥体及其他、盖梁、索塔、支座安装、支架上制梁、U形简支梁架设、悬臂浇筑预应力混凝土连续梁、钢桁梁、预应力混凝土斜拉桥主梁和斜拉索、桥面防水、伸缩装置、桥面铺装、人行道、栏杆、地袱、挂板、隔离墩、防撞墩、缘石、声屏障、附属工程、接地网等）分别组卷，文件材料按照工艺流程排列。

4. 车辆段、停车场及基地中间质量控制文件的组卷

（1）轨道路基及道路

路基工程（包括地基处理、路基排水、基床以下路堤、基床、路堑、路基防护等）及附属工程（包括道牙、雨水口、人行步道、广场铺设、道路标志、道路护栏及其他）分别以子分部、分项工程为单位结合施工段落组卷，文件材料按工艺流程排列，一卷或数卷，案卷按桩号或施工段落排列。

基层、路面分别以分部、分项工程为单位结合施工段落组卷，文件材料按工艺流程排列，一卷或数卷，案卷按桩号排列。

（2）桥梁或涵洞

桥梁工程组卷方法参见高架区间。

涵洞工程以处（道）为单位组卷，文件材料按工艺流程排列，一卷或数卷，案卷按桩号排列。

（3）室外建筑环境

室外建筑（包括车棚、围墙、大门、挡土墙、垃圾站等）分别以子分部工程为单位组卷，文件材料按工艺流程排列，一卷或数卷。

室外环境（包括建筑小品，亭台，连廊，花坛，场坪绿化等）分别以分项工程为单位组卷，文件材料按工艺流程排列，一卷或数卷。

（4）室外安装

室外电气、管沟（井室）、给水、排水、燃气、热力等管道安装分别以子分部工程为单位组卷，文件材料按工艺流程排列，一卷或数卷。

（5）房屋建筑组卷方式参照车站主体土建工程。

5. 轨道工程中间质量控制文件的组卷

线路桩基（桩基测设）以分项工程为单位组卷，文件材料按桩号结合工艺流程排列，一卷或数卷，案卷按桩号排列。

道床（包括有碴道床、整体道床）分别以子分部、分项工程为单位组卷，文件材料按桩号结合工艺流程排列，一卷或数卷，案卷按桩号排列。

轨道以分项工程为单位组卷，文件材料按桩号结合工艺流程排列，一卷或数卷，案卷按桩号排列。

线路附属工程（包括护轨、标志、轨道加强设备等）分别以分项工程为单位组卷，文件材料按桩号结合工艺流程排列，一卷或数卷，案卷按桩号排列。

6. 主变电所工程中间质量控制文件的组卷

（1）送电工程（进线部分）

输电线路土建及电气安装工程（包括电缆沟管基础、电缆敷设、架空线路工程）分别以子分部、分项工程为单位组卷，文件材料按部位结合工艺流程排列，一卷或数卷。

（2）房屋建筑组卷方式参照车站主体土建工程。

（3）电气设备安装工程（包括主变压器系统设备安装、主控及直流设备安装、110kV封闭式组合电器安装、35kV及所用配电装置安装、35kV无功补偿装置安装、全所电缆施工、系统调试、光缆工程等）分别以分部工程为单位组卷，文件材料按工艺流程排列，一卷或数卷。

7. 供电工程中间质量控制文件的组卷

牵引供电系统工程、接触网工程等分别以分部工程为单位组卷，文件材料按工艺流程排列，一卷或数卷。

8. 信号系统中间质量控制文件的组卷

正线信号工程、车辆基地信号工程等分别以分部工程为单位组卷，文件材料按工艺流程排列，一卷或数卷。

9. 通信系统中间质量控制文件的组卷

专网通信系统、公安通信保障系统、商用通信系统等分别以分部工程为单位组卷，文件材料按工艺流程排列，一卷或数卷。

10. 综合监控系统（ISCS）中间质量控制文件的组卷

综合监控集成子系统、电力监控系统、火灾自动报警系统、气体灭火系统、调试与验收等分别以子单位、分部工程为单位组卷，文件材料按工艺流程排列，一卷或数卷。

11. 自动售检票（AFC）系统中间质量控制文件的组卷

车站系统自动售检票、线路中央计算机系统分部、分项工程质量验收文件以分部工程为单位单独组卷，检验批质量验收记录、工序质量报验单等文件以站点为单位组卷，卷内文件按工艺流程排列，一卷或数卷，案卷按站点顺序排列。

12. 站台屏蔽门工程中间质量控制文件的组卷

站台屏蔽门工程的分部、分项工程质量验收文件以分部工程为单位单独组卷，检验批质量验收记录、工序质量报验单等文件以站点为单位组卷，卷内文件按工艺流程排列，一卷或数卷，案卷按站点顺序排列。

13. 电（扶）梯工程中间质量控制文件的组卷

自动扶梯及自动人行道安装工程、电梯安装工程、轮椅升降台安装工程等分部、分项工程质量验收文件以分部等工程为单位单独组卷，检验批质量验收记录、工序质量报验单等文件以站点为单位组卷，卷内文件按工艺流程排列，一卷或数卷，案卷按站点顺序排列。

14. 人防工程中间质量控制文件的组卷

车站出入口及区间人防防护设备安装工程（包括门框墙制作、门体安装、与BAS系统的接口调试、单体调试等）及车站防淹防护密闭隔断门工程（包括升降式、平开式）等分部、分项工程质量验收文件以分部工程为单位单独组卷，检验批质量验收记录、工序质量报验单等文件以站点为单位组卷，卷内文件按工艺流程排列，一卷或数卷，案卷按站点顺序排列。

15. 综合信息管理（IMS）系统中间质量控制文件的组卷

综合信息管理（包括安装、功能检测）分别以分部工程为单位组卷，文件材料按工艺流程排列，一卷或数卷。

16. 供冷站工程中间质量控制文件的组卷

组卷方法参照车站主体土建工程。

5.3.5 工程监理类

该类文件由监理单位整理、组卷。监理概述、监理大纲、监理实施细则等以监理组的划分为单位组卷，一卷或数卷。

施工单位的工程质量单元划分由监理单位以总监办（监理组）为单位整理、组卷，卷内文件按总监办（监理组）所监理合同段的编号依次排列。

监理日记（日志）以监理组（或合同段）的划分为单位组卷，一卷或数卷。

监理月、年度报告以监理组（或合同段）划分为单位组卷，一卷或数卷，卷内文件按时间先后顺序排列。

文件、信函以监理组的划分为单位分类组卷，一卷或数卷（可划分为合同管理文件、计划进度管理文件、工程技术管理文件、工程质量控制文件、安全保护控制文件等），文件根据问题类型、发文单位分类后再按文件编号（如无编号按时间顺序）排列。

会议纪要以监理组为单位结合会议的类型组卷，一卷或数卷，卷内文件按时间先后顺序排列，一卷或数卷，卷内文件按时间先后顺序排列。

监理旁站记录以合同段或单位工程为单位组卷，一卷或数卷，卷内文件按桩号、部位或时间先后顺序排列。

监理平行抽检及试验文件材料加盖"监理抽检"章后移交施工单位组卷归档，归入其相应的各自检表格后面。

5.3.6 交、竣工验收类

该类文件由建设单位负责汇总、整理、组卷，一卷或数卷。

5.3.7 资金管理类

该类文件由建设单位负责整理、组卷，主要包括计量支付文件和竣工决算审计文件，其中计量支付文件以合同段和期数为单位组卷，一卷或数卷。计量支付文件也可由施工单位或监理单位负责收集、整理、组卷。

5.3.8 竣工图表类

竣工图由施工单位按单位、分部工程为单位组卷，一卷或数卷。设计变更文件由建设单位负责汇总，以合同段为单位整理、组卷，卷内文件按文件编号依次排列，设计变更文件也可由施工单位或监理单位负责收集、整理、组卷。

5.3.9 卷内文件排列

管理性文件按建设程序、问题、时间或重要程度排列。

设备文件按依据性材料、设备开箱验收、随机文字及图样材料、设备安装调试和运行维修材料等顺序排列。

竣工图按图号排列。

卷内文件一般批复在前，请示在后；结论性文件在前，依据性文件在后；正文在前，附件在后；印本在前，定（草）稿在后；原件在前，复印件在后；图文混合材料文字在前，图样在后。

5.4 案卷的编目

案卷是由互相联系的若干文件材料组成的一种档案保管单位。案卷包括案卷封面、卷内目录、卷内文件、备考表、卷盒脊背等。

1. 案卷封面的编制

案卷封面的内容包括立卷单位、起止日期、保管期限、密级、案卷题名、档号等。案卷封面的具体式样见附件一中图5。

立卷单位：是指文件材料组卷单位（不一定是文件材料的形成单位）应填写立卷单位的全称，字数过多的可填写规范简称。

起止日期：是指卷内文件材料形成的最早日期与最迟日期。日期填写格式采用8位阿拉伯数字标注，如该案卷中时间最早的文件形成日期为2014年3月28日、时间最迟的文件形成日期为2015年3月18日，应该填写为20140328-20150318。

保管期限：填写其划定的保管期限，分为10年、30年、永久三种。

密级：依据国家有关保密规定（绝密、机密、秘密）确定并填写。当同一案卷内有不同密级的文件时，应以高密级为本卷密级。无法确定其密级时，可不填写。

案卷题名：应简明、准确揭示卷内文件的内容。综合管理类、工程交（竣）工验收类等案卷题名，应包括卷内文件的主要责任者（或项目名称）、内容特征、文种（或技术文件名称等）；工程设计类、工程施工类、工程监理类、竣工图表类、资金管理类、工程科研类等案卷题名，应包括工程（项目、单位、分部、分项工程）名称、内容特征、技术文件名称等；项目名称应与原立项、设计（包括代号）相符。案卷题名不得重复，出现一事多卷时，其题名应以标段、部位、工序或时间予以区别。各类案卷题名的拟写具体方法可参见第11章。

档号：由项目代号、档案分类号和案卷流水号组成，中间用"—"隔开，可使用铅笔填写。

档号示例：

$$XX \cdot X - X$$

案卷流水号
档案分类号
项目代号

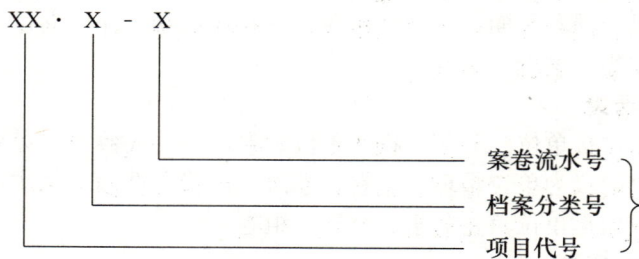

项目代号：一般取用项目简称的汉语拼音首位字母，如地铁10号线建设项目代号可为D10。

档案分类号：详见附件二《城市轨道交通建设项目档案分类编号》。编号应遵循"以项目进程为主线，以主题分类法为主，结合职能分类法"的原则。各建设单位也可根据自己的特点制定档案分类编号。

案卷流水号：用阿拉伯数字从001起依次编写案卷流水号。

2. 卷内目录的编制

卷内目录内容应填写详细，不得出现两个相同的项目文件题名，并标明页码，方便查找；卷内目录排列在卷内项目文件的首页之前。卷内目录具体格式见附件一中图6。各类文件卷内目录的具体填写方法可参见第11章。

卷内目录按以下要求填写：

顺序号：填写项目文件排列的顺序号，用阿拉伯数字从 1 起依次标注。

文件编号：填写项目文件形成单位的原始编号或图纸的图号，或设备、项目代号，原始文件没有编号的，可不填写文件编号。

责任者：填写项目文件材料的形成部门或第一责任者，可采取通用的标准简称，如果该文件由两个单位共同形成，责任者应填写两个单位的标准简称。

文件题名：应填写项目文件标题的全称，没有标题或标题不能说明文件材料内容，应自拟标题，卷内目录以每份文件为单位进行填写：

综合管理类文件、工程交（竣）工验收类文件：正文与附件填写 1 个文件题名，原件与复制件填写 1 个文件题名，转发文与被转发文为填写 1 个文件题名，正文与发文稿纸填写 1 个文件题名，来文与复文（请示与批复、报告与批示、来函与复函）填写 1 个文件题名；

工程施工类文件：每个工程开工报审表填写 1 个文件题名，每个施工组织设计报审表及附件填写 1 个文件题名，每个施工方案报审表及附件填写 1 个文件题名，每个工程进度计划申报表及附件填写 1 个文件题名，每个图纸审查记录填写 1 个文件题名，每个技术交底记录填写 1 个文件题名，每个材料（构配件）进场使用报验单及附件填写 1 个文件题名，每个施工测量报验单及附件填写 1 个文件题名，每个单位、分部、子分部工程质量验收记录分别填写 1 个文件题名，每个分项工程质量验收记录填写 1 个文件题名，每个检验批质量验收记录、工序质量报验单、现场检测记录及试验检测记录填写 1 个文件题名，每个单位、分部、子分部、分项工程质量检验评定表分别填写 1 个文件题名等；

工程监理类文件：每本监理日记（日志）填写 1 个文件题名，每个会议纪要填写 1 个文件题名，每个监理通知（指令）及回复填写 1 个文件题名，每份监理月报填写 1 个文件题名等。

竣工图表类文件：竣工图编制说明填写 1 个文件题名，每个图号的图纸填写 1 个文件题名。

日期：是指项目文件形成的最后日期。日期填写格式采用 8 位阿拉伯数字标注，如：该文件形成的日期为 2014 年 9 月 28 日，应该填写为 20140928。

页次：填写每份文件在卷内所排的起止页号，中间用"-"隔开。所归档文件属符合档案保管要求的成本成册资料，已编有页号的不需重新编写页号，只需在卷内目录页号中按原页号填写。

3. 备考表的编制

备考表排列在卷内项目文件的尾页之后。备考表的具体格式见附件一中图 7。

卷内备考表应注明卷内文件的件数、页数及图纸、照片的张数，复印件归入档案原因和原件存放地，以及在组卷和使用过程中需要说明的问题。

立卷人即立卷责任人，检查人即案卷检查人，统一手签立卷人、检查人的全名，不得以打印代替手签名。

4. 卷内文件页号的编制

卷内文件有书写内容的页面均应编写页号。每卷文件材料从"1"起编写页号，各卷之间页号互不连续。

页号编写位置：单面书写的文件材料在右下角编写页号；双面书写的文件材料，正面在右下角编号，反面在左下角编号（距纸张左右边距、下边距均为 1～2cm）；图样的页号编写在右下角。

页号编写可使用铅笔。案卷封面、卷内目录、卷内备考表均不编写页号。

成套图纸或印刷成册的项目文件，自成一卷的，可不重新编写页号。

5. 案卷脊背的填写

卷盒脊背应填写盒内案卷的起止档号，可使用铅笔填写。

6. 案卷装订

案卷各组成部分排列顺序：案卷封面－案卷目录－文件材料－备考表。

案卷装订要求：

（1）案卷内不同尺寸项目文件要折叠成 A4（297mm×210mm）的统一幅面，图纸可按 A3（420mm×297mm）规格装订。装订时应去掉金属物，装订边和下边取齐，采用三孔一线装订在文件左侧中部，距订口边 10mm，装订长度 160mm。接头在背后中孔。案卷的组合厚度应根据具体情况灵活掌握，一般不超过 20mm。

（2）大于 A3 的图纸可不装订，可按要求折叠成 A4（297mm×210mm）或 A3（420mm×297mm）规格，每张图纸应加盖档号章后直接装入档案盒。档号章的具体格式见附件一中图 8。

7. 卷盒、案卷封面等的规格与材料

卷盒的规格：外表尺寸为 310mm（长）×220mm（宽）×40mm 或 50mm 或 60mm（厚），用无酸纸制作。

案卷封面的规格：尺寸为 A4（297mm×210mm），采用无酸牛皮纸制作。

案卷目录、卷内备考表等的规格：尺寸为 A4（297mm×210mm），采用 70 克以上白色书写纸。

第三篇　档案篇

第 6 章　城市轨道交通建设项目文件的归档与移交

6.1　项目文件的归档

1. 项目建设单位各职能部门，在某项职能完成后，应及时将经整理、编目后的项目文件，向项目建设单位的档案管理部门归档。

2. 勘察、设计单位在任务完成后，施工、监理单位在各单项或单位工程完工后，应及时将经整理、编目后的项目文件按合同协议规定的要求，向项目建设单位的档案管理部门归档。

3. 电子文件归档包括在线式归档和离线式归档两种方式，可根据实际情况选择其中一种或两种方式进行归档。

4. 归档的项目文件由 1 套原始件构成，项目竣工验收后移交给有关管养单位保管。需 1 套以上项目档案的，由项目建设单位根据需要自定，并在合同中明确。

5. 归档文件应完整、准确、系统，应记述和反映城市轨道交通建设项目的规划、设计、施工、监理及竣工验收等的全过程；真实记录和准确反映项目建设过程和竣工时的实际情况，图物相符、技术数据可靠、签字手续完备；文件质量应符合本手册"第 4 章城市轨道交通建设项目文件的质量要求"的规定。

6. 项目所有档案应按要求编制案卷目录和文件级目录，包括纸质簿式和电子目录。案卷目录具体格式见附件一中图 9。

7. 建设单位各职能部门、勘察、设计、施工、监理等单位向建设单位档案管理部门移交档案时，应编制提交与归档文件实体相一致的案卷目录，并填写移交清单一式两份，经建设档案管理部门审核无误，双方签字、盖章后方可交接。

6.2　项目档案的移交

项目档案验收合格后，建设单位应按合同、协议和规定的要求，在项目通过竣工验收后 3 个月内向管养单位及其他有关单位移交档案。

移交档案时，应填写档案移交清册一式两份，明确档案移交的内容、案卷数、图纸份数等，经建设单位及其他有关单位审核无误后，双方签字、盖章后方可交接，各存一份。

第 7 章　城市轨道交通建设项目档案的保管与利用

7.1　档案工作用房

1. 建设单位在项目建设规划前期，应将档案库房建设列入建设计划中，办公室、阅档室、陈列室和档案库房应有序分隔，其中档案库房应符合《档案馆建筑设计规范》的基本要求。

2. 各参建单位应设置存放档案的专用库房，不得与办公室、阅档室等合用。

3. 各单位的档案库房应保持干净、整齐，并具备防盗、防火、防光、防有害气体、防潮、防尘、防有害生物和防污染等安全措施，保持合适的温湿度。

7.2　设施设备

1. 档案柜架

档案柜架，作为存档档案的载体，应牢固耐用，一般应具有防水、防盗、防尘作用。应根据非纸质载体档案需要选择有专用保护功能的柜架。

2. 档案盒

各类档案盒规格、式样和质量应符合《科学技术档案案卷构成的一般要求》（GB/T 11822—2008）、《照片档案管理规范》（GB/T 11821）的要求。

3. 保护设备

档案库房的保护有"八防"的要求，即防火、防盗、防潮、防水、防鼠、防虫、防尘、防污染。根据"八防"的要求，档案库房应配置相应的设施设备。

档案库房应配置温湿度监控设备及灭火器材、防紫外线窗帘、防盗门窗等必要的设施。

根据库房管理需要可配置除尘器、消毒柜、除湿机、空气净化器等设备。

4. 技术设备

配备档案整理工作所需要的数码相机、摄像机、装订机、打印机、复印机等设备。

配备信息化管理需要的计算机、服务器、扫描仪、光盘刻录机等设备和应急电源灯。

根据需要可配备 CAD 绘图仪、工程图纸复印机等设备。

7.3　档案保管

档案保管工作是档案管理的日常业务工作，是关系档案能否及时、充分发挥作用的重要影响因素。

1. 档案存放应依据档案载体选择合适的档案柜、架，排架方法要科学、便于查找，重要档案应异地备份。

2. 底图除修改、送晒外，不得外借。修改后的底图入库，应认真检查其修改、补充等情况。底图存放以平放为宜，不宜折叠。

3. 缩微胶片、照片、磁带等的保管

存放胶片、照片、磁带应用特制的密封盒、胶片页夹和影集等，按编号顺序排列在胶片柜或防火柜内。缩微母片和拷贝片应分别存放。

胶片库房应设置在没有臭氧、氧化氮、硫化氢、二氧化硫等有害气体和物理性污染地段，库房内应设有防火和空气调节设施，温度、湿度应符合规定的要求。

4. 应定期进行库藏档案的清理、核对工作，做到账、物相符，对破损或载体变质的档案，应及时进行修补和复制。库藏档案在移交、作废、遗失等注销账卡时，应查明原因，保存依据。

7.4 安全保障措施

1. 档案保管人员应遵循以下守则：

（1）档案工作人员应严守党和国家机密，认真执行安全保密法规制度和纪律，确保档案材料安全，杜绝泄密、失密现象。

（2）库房是存放档案的要地，非档案管理人员未经许可，不得入内。

（3）未经批准，任何人不得私自将档案带出档案库房，不得随意复印。档案工作人员不得私自摘抄和向外传播档案内容。

（4）档案接收、查阅应认真办理登记手续。归还档案时应验收注销，到期未归还档案应及时催还，经办人员调动应办理交接手续。

（5）档案的存放应按分类、密级和保管期限分别保管，珍贵档案应专门保管。

（6）每天定时测记一次库房温湿度控制记录，每年进行一次综合分析，以便掌握温湿度变化规律，并根据气候变化，及时进行调节。

（7）库房内严禁吸烟，不准存放易燃易爆物品，并定期检查消防器材、电路和电器设备，及时消除隐患。

（8）定期打扫，保持库房内整齐、清洁无尘，库房内应配置防火、防盗、防潮、防虫、防光、防高温等安全设施。

（9）定期对库藏档案的保存情况进行检查，发现问题及时报告，确保档案的安全。

（10）每天下班前，应对库房的门、窗、水、电及空调、除湿机进行检查，工作时间取出的档案材料，下班前应放回原处。

（11）需要销毁的档案材料，经过造册审批后，由两人以上共同监销。日常办公废纸、重复件，不得随意处理，应销毁。

2. 工程档案在数字化扫描时应做好移交接收工作，处理中的文件应有专门存放文件柜，文件处理完成后应及时归库。

7.5 档案利用

档案的开发利用是实现档案价值的有效途径。

1. 档案管理部门要加强档案检索系统建设，开发档案信息资源，及时、有效地提供档案利用服务。档案利用服务的方式主要有：

（1）档案查阅服务；

（2）档案出借服务；

（3）档案展览与陈列服务；

（4）档案复制服务；

（5）档案证明服务；

（6）档案咨询服务；

（7）网络推送服务等。

2. 根据保密规定和知识产权管理要求，设定利用者权限。超越权限的利用需经有关领导审批。

3. 利用档案应按规定进行登记。

4. 可采用直接查阅、电话调阅、网上查阅等方式提供原件、复制件、缩微件和电子档案的利用。

5. 可对档案信息进行分类汇总、综合整理、分析研究等，形成专题汇编、专题材料、分析报告等。

第四篇　保障篇

第8章　城市轨道交通建设项目档案的工作管理

在城市轨道交通工程建设全过程中，档案工作是一项管理性工作，是做好建设项目管理的一项基础性工作。本手册根据城市轨道交通建设的管理特点，首先提出建立项目档案工作组织体系，包括组织领导、机构设置、人员配备和工作网络；其次明确项目档案工作的管理职责，要求各单位认真贯彻执行国家有关档案工作的法律、法规和方针政策，建立健全本单位项目文件收集、整理、归档工作的规章制度，建立与工作任务相适应的工作机构，配备专（兼）职档案管理人员，且保持人员稳定，把项目文件的收集、整理、归档及其质量要求纳入招投标文件、纳入工程建设计划、纳入有关部门和工程技术人员的岗位职责，并进行相应的考核，采取必要措施确保项目文件的完整、准确、系统、安全。

8.1　项目档案工作体系

城市轨道交通项目档案工作体系是与工程建设的管理架构、档案人员的分布紧密结合在一起的，是项目档案的管理机构、工作机构。项目档案工作是一项系统工程，应结合项目管理的模式（自建模式、代建模式、BT 模式、PPP 模式等），建立项目档案管理网络，使项目档案工作在项目管理各环节中形成层层负责的管理机制。在业务工作上，从文件的形成、积累及其归档的过程中建立起一套文件材料控制体系。项目档案管理网络将档案管理岗位责任制与管理体系相结合，从而保证档案工作系统工程的运转灵活。项目档案工作体系主要包括：

1. 项目档案工作领导小组

由建设单位和相关参建单位组成，建设单位分管档案工作的负责人为组长，建设单位各部门负责人和相关参建单位负责人为成员，负责档案工作的统筹协调。

2. 项目档案工作机构

建设单位应设立专门的项目档案工作部门，负责管理建设单位各部门形成文件材料的收集、整理和归档工作，监督、指导和协调各参建单位的档案工作。

3. 项目档案管理网络

由建设单位档案机构的专职档案人员、各部门和各参建单位的档案人员组成，各参建单位的档案人员应向建设单位档案部门备案。

项目档案工作管理模式可参考图 8-1。

8.2　项目档案工作的各方职责

1. 建设单位的职责

（1）负责组建项目档案工作领导小组，设立项目档案工作机构，并构建项目档案管理

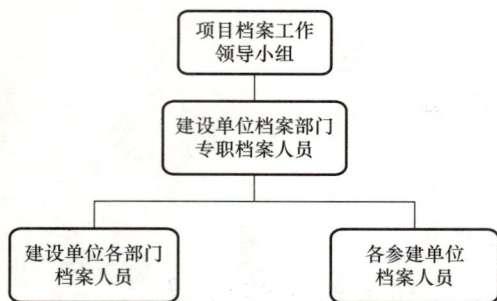

图 8-1　项目档案工作管理模式图

网络。

（2）制定并发布项目档案管理制度，如项目档案管理办法、项目档案分类方案及整理办法、项目文件收集归档制度、项目档案利用制度等。

（3）协调政府各有关部门、勘察设计单位、施工单位、监理单位之间的关系，为项目档案管理提供有利的工作条件和环境，并督促各职能部门及时履行项目档案管理的相应职责。

（4）在城市轨道交通项目建设过程中，所签订的所有涉及勘察、设计、施工、监理、检测、科研和咨询等的合同、协议书中，应明确项目档案管理的具体要求。

（5）及时、完整、准确、系统地收集从项目的提出、立项、审批、用地、勘察、设计、施工、监理、审计、科研、竣工验收等过程中形成的应归档的全部文件。

（6）对项目档案管理工作进行统一管理和指导，实施全过程的动态管理，监督和指导所有参建单位对最终形成的文件进行整理、归档，并符合竣工验收要求。

（7）竣工验收前，必须完成所有项目文件的整理归档工作，做好项目档案验收的各项准备工作，向档案主管部门提出档案专项验收申请。竣工验收结束后，向档案主管部门、生产使用单位及有关档案管理部门移交项目档案。

（8）配备符合档案信息化管理要求的专用计算机、档案管理软件、档案保管设施设备，确保档案安全。

2. 勘察设计单位的职责

（1）明确项目档案管理负责人，至少配备一名专（兼）职档案管理人员。未经建设单位同意，不得擅自更换人员。

（2）按时完成与工程勘察、设计及其咨询、审图有关的文件材料收集、整理、立卷和报送，并按规范要求自检。

（3）凡实行分包的，各分包单位负责其分包项目全部文件的收集、整理、立卷，然后交由勘察设计总体总包单位进行审核，勘察设计总体总包单位汇总后向建设单位档案管理部门移交。

（4）对所移交的项目文件的完整性、准确性和系统性负全责，即使通过咨询、审图单位的签认，勘察、设计单位仍应对其完整性、准确性和系统性负责。

（5）配备符合要求的档案橱柜、专用计算机，设置临时档案室，确保项目文件的安全。

3. 监理单位的职责

（1）明确项目档案管理的负责人，至少配备一名专（兼）职档案管理员。未经建设单位同意，不得擅自更换人员。

（2）及时发布与项目档案管理有关的通知、指令，积极协调施工单位与建设单位档案管理部门的关系。

（3）对施工单位的文件材料进行审查，对已签字确认文件的完整、准确、系统性负责，及时闭合、完善监理和施工单位之间的交叉文件材料。

（4）按时完成与监理工作有关的监理文件收集、整理、立卷及向建设单位的移交工作。

（5）配备符合要求的档案橱柜、专用计算机、档案管理软件，设置临时档案室，确保项目文件的安全。

4. 施工单位的职责

（1）明确项目档案管理的负责人，至少配备一名专职档案管理人员。未经建设单位同意，不得擅自更换人员。

（2）按时完成与工程施工有关的文件材料收集、整理、立卷和报送，并按规范要求自检。项目文件应随工程建设进度同步形成，不得事后补编。

（3）凡实行分包的，各分包单位负责其分包项目全部文件的收集、整理、立卷，然后交由总包单位进行审核，总包单位汇总后向建设单位档案管理部门移交。

（4）对所移交的项目文件的完整性、准确性和系统性负全责，即使通过监理项目文件管理部门的签认，施工单位仍对其完整性、准确性和系统性负责。每项建设工程应编制一套电子档案，随纸质档案一并移交建设单位档案管理部门。

（5）配备符合要求的档案橱柜、专用计算机，设置临时档案室，确保项目文件的安全。

第9章　城市轨道交通建设项目档案信息化管理

随着我国信息化建设的迅猛发展，工程项目档案实施信息化管理是大势所趋，也是目前评价一个建设项目档案管理水平的基本条件之一。在项目档案管理过程中应积极运用计算机等现代技术手段，配备工程档案管理系统软件进行案卷及卷内文件信息的著录、检索。

9.1　项目档案管理软件应具备的主要功能

项目档案管理系统软件应包含系统管理、流程配置、文件计划、工程文件管理、工程档案管理、电子原文管理等主要功能模块。（如图9-1所示）

图9-1　主要功能模块

1. 系统管理模块，应包含基础数据设置、数据备份、数据恢复等功能。其中基础数据设置子模块应将档案管理的各项主要技术参数指标编入软件（如文件分类、档案分类、著录项设置、提示项设置、档号规则、组卷规则、案卷参数设置、文件题名组成规则等），使之成为系统必备的基本功能。

（1）文件分类，应包含项目应收集、归档的全部文件，并对全部文件进行统一分类、编号（如图9-2所示）；

（2）档案分类，应在文件分类的基础上，对项目档案进行分类、编号（如图9-3所示）；

（3）著录项设置，应包含文件著录项设置（文件编号、文件题名、文件时间、页数、责任者、保管期限、密级、载体类型、纸张类型、摘要、互注、附注等）、案卷著录设置

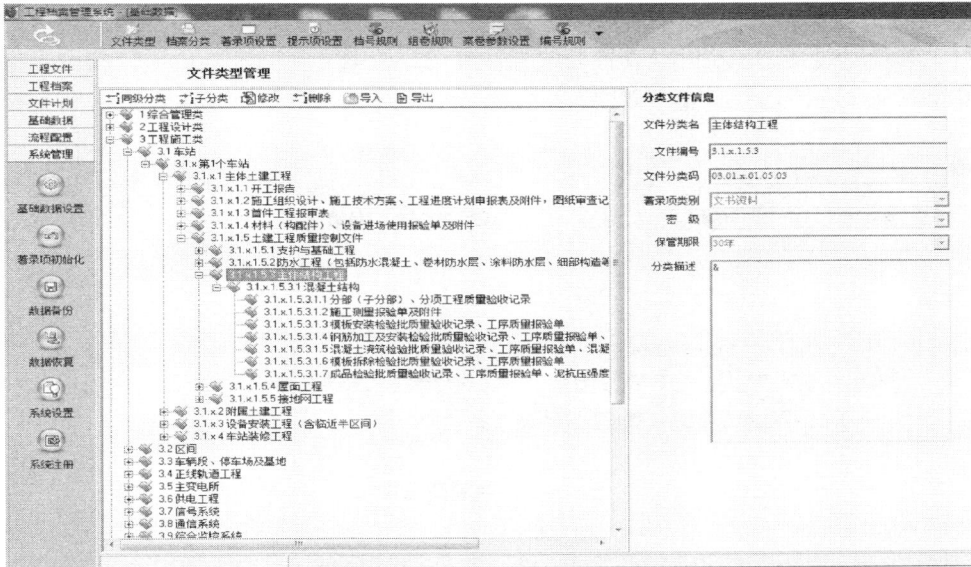

图 9-2　文件分类

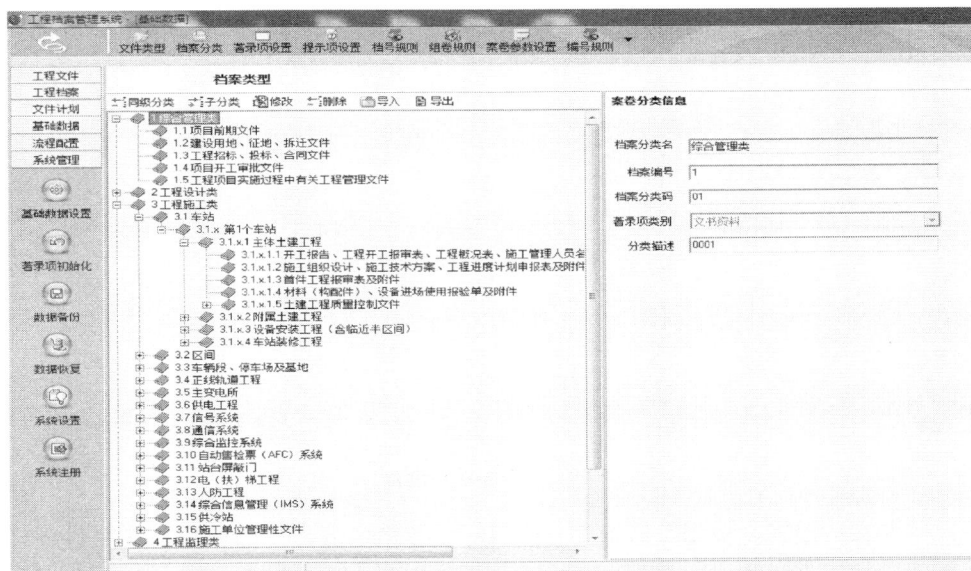

图 9-3　档案分类

（档号、案卷题名、立卷单位、起止日期、保管期限、密级、归档时间、存放位置等）、工程著录设置（项目工程、单位工程、分部工程、分项工程）等（如图 9-4 所示）；

（4）提示项设置，应对文件著录（责任者、保管期限、载体类型、纸张类型、密级等）、案卷著录（立卷单位、保管期限、密级等）的部分著录项设置下拉式提示功能，以减少著录的工作强度（如图 9-5 所示）；

（5）档号规则设置，应具备定义档号组成规则的功能，使得案卷的档号能自动生成

（如图9-6所示）；

（6）组卷规则设置，在已经设置好的文件分类、档案分类的基础上，分别设置各类文件的组卷规则，支持自动组卷（如图9-7所示）；

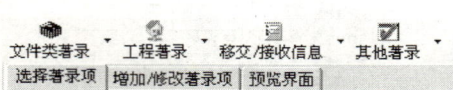

图9-4　著录项设置

图9-5　提示项设置

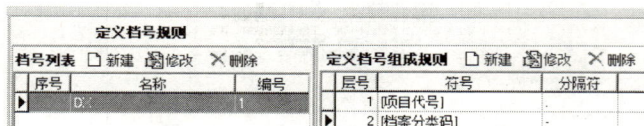

图9-6　档号规则设置

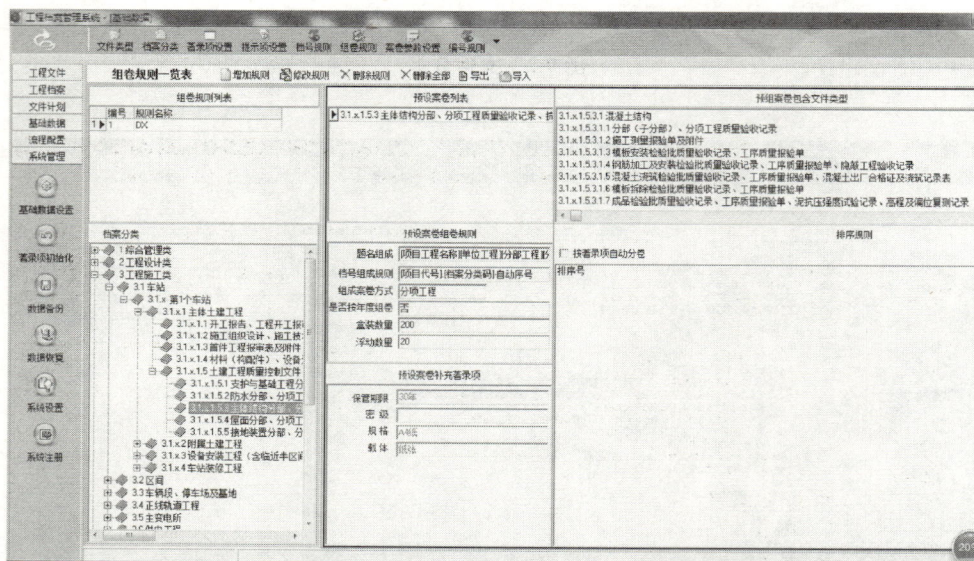

图9-7　组卷规则设置

（7）案卷参数设置，根据实际情况，能自行设置案卷流水号的长度、卷内目录页号分隔符的格式、日期打印格式、卷内目录格式是否采用起止页等案卷参数（如图9-8所示）；

（8）文件题名组成规则，为文件著录设置文件题名组成规则，使得文件题名能自动生成（如图9-9所示）。

上述每个子模块均应设置修改、增加、删除等功能。

2. 流程配置应包含档案管理的权限设置、档案管理工作流程的设置等功能。

3. 文件计划，即文件收集计划，应根据工程实际情况，将"文件分类"中的各文件与实际的单位、分部、分项工程划分有机结合，形成文件收集树状结构，使得各参建单位档案管理人员对本单位所需收集的文件一目了然。文件计划应设置修改、增加、删除、复制、粘贴、上下移动等功能。（如图9-10所示）；

32

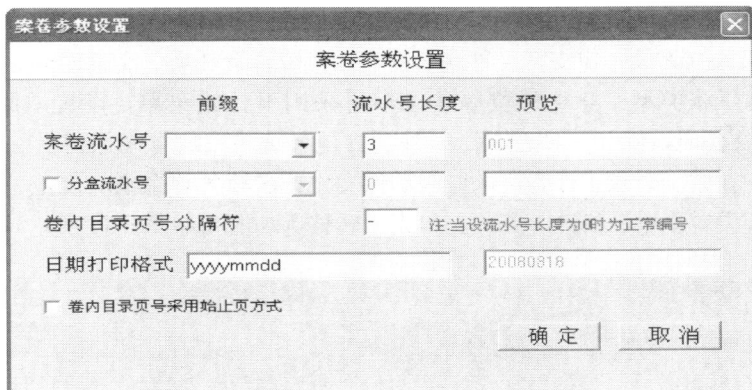

图 9-8　案卷参数设置

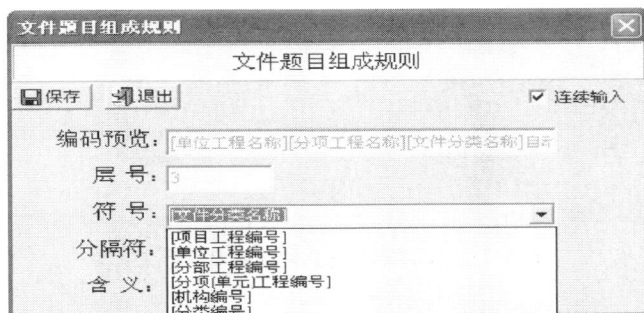

图 9-9　文件题名组成规则设置

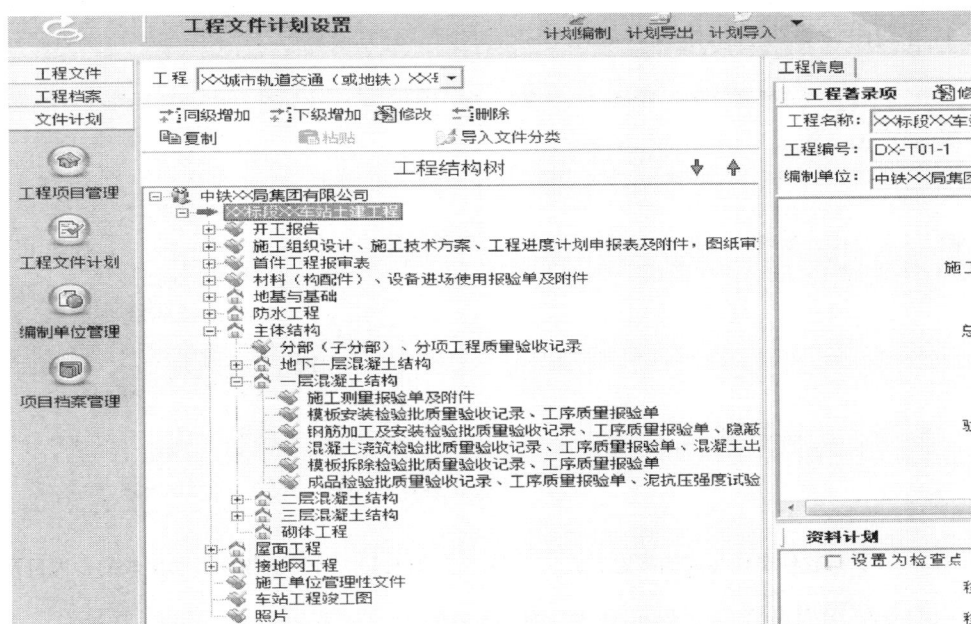

图 9-10　文件收集树状结构

4. 工程文件管理，应包含文件录入、预组卷、提交归档等主要功能。

（1）文件录入（著录）应支持文件题名的自动生成，责任者、文件时间、保管期限、密级、载体类型、纸张类型、立卷单位等著录项可采用下拉式菜单，设置"保留已录内容"（在著录第二个文件时，除"文件题名"以外的其他各著录项均自动保留上一个文件的各著录信息）功能，在减少著录工作强度的同时确保文件题名等各著录项的规范、统一。文件录入（著录）还应设置新增、修改、删除、检索、转移等功能（如图 9-11 所示）；

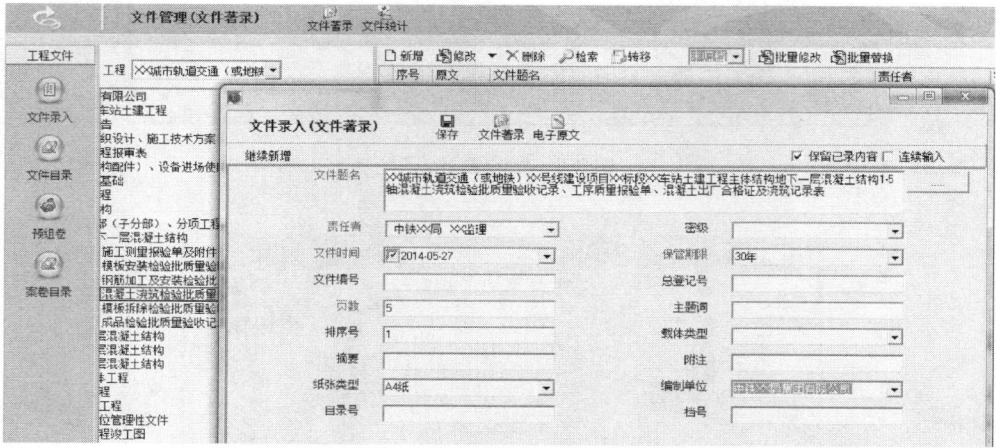

图 9-11　文件著录（文件题名自动产生）

（2）预组卷子模块应支持自动组卷，在某一分项或工序文件录入完成后进行自动组卷，案卷封面（档号、案卷题名、立卷单位、起止时间、保管期限等著录项）、卷内目录（序号、文件编号、文件材料题名、页号等著录项）、备考表（件数、页数、图纸张数、照片张数）等均由计算机自动生成（如图 9-12、图 9-13 所示）；

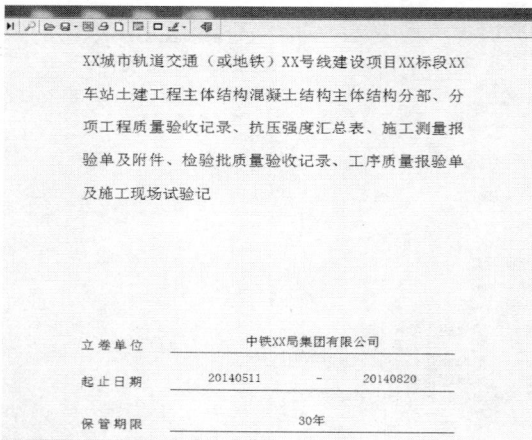

图 9-12　计算机软件自动生成的案卷封面

图 9-13　计算机软件自动生成的卷内目录

（3）应支持案卷及卷内文件的修改、转移、排序、检索、拆卷、并卷、抽件、插件、卷内文件上下移动等功能（如图 9-14 所示）；

34

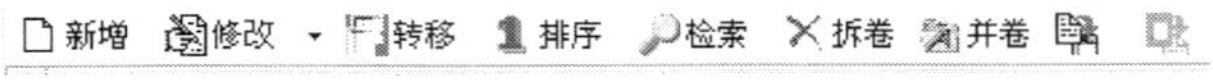

图 9-14　案卷修改功能图

（4）设置提交归档功能，预组案卷经检查合格后即可进行提交归档，从而进入档案管理模块。

5. 工程档案管理，应包含案卷修改、案卷目录编制、移交与接收、导入与导出、查询等主要功能。

（1）档案的修改应包含案卷及卷内文件的修改、转移、排序、检索、拆卷、并卷、抽件、插件、卷内文件上下移动等功能（如图 9-14 所示）；

（2）案卷目录应能自动编制，支持其增加、删除、修改（如图 9-15 所示）；

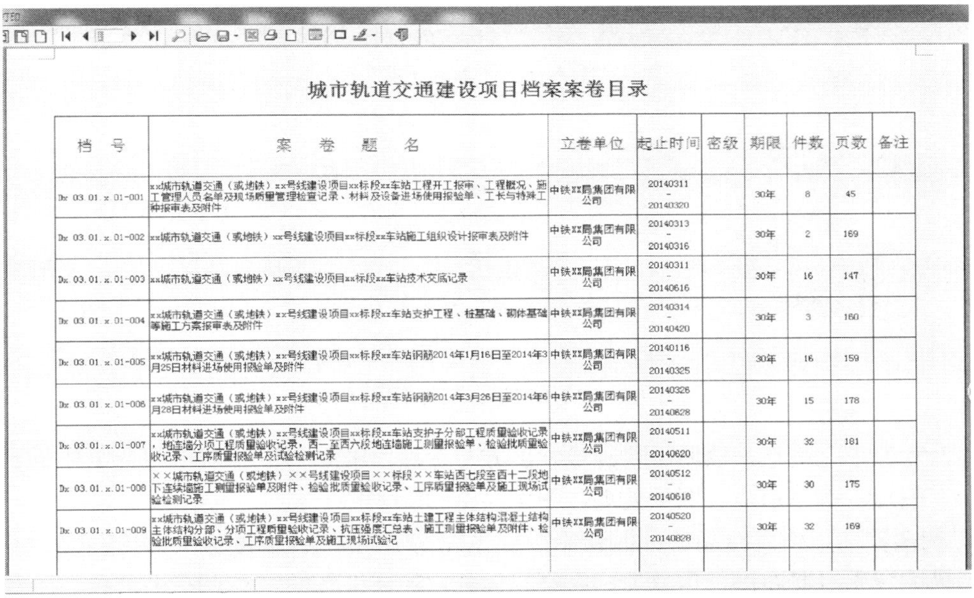

城市轨道交通建设项目档案案卷目录

档　号	案　卷　题　名	立卷单位	起止时间	密级	期限	件数	页数	备注
Dx 03.01.x.01-001	xx城市轨道交通（或地铁）xx号线建设项目xx标段xx车站工程开工报审、工程概况、施工管理人员名单及现场质量管理检查记录、材料及设备进场使用报验单、工长与特殊工种报审表及附件	中铁XX局集团有限公司	20140311 - 20140320		30年	8	45	
Dx 03.01.x.01-002	xx城市轨道交通（或地铁）xx号线建设项目xx标段xx车站施工组织设计报审表及附件	中铁XX局集团有限公司	20140313 - 20140316		30年	2	169	
Dx 03.01.x.01-003	xx城市轨道交通（或地铁）xx号线建设项目xx标段xx车站技术交底记录	中铁XX局集团有限公司	20140311 - 20140616		30年	16	147	
Dx 03.01.x.01-004	xx城市轨道交通（或地铁）xx号线建设项目xx标段xx车站支护工程、桩基础、砌体基础等施工方案报审表及附件	中铁XX局集团有限公司	20140314 - 20140420		30年	3	160	
Dx 03.01.x.01-005	xx城市轨道交通（或地铁）xx号线建设项目xx标段xx车站钢筋2014年1月16日至2014年3月25日材料进场使用报验单及附件	中铁XX局集团有限公司	20140116 - 20140325		30年	16	159	
Dx 03.01.x.01-006	xx城市轨道交通（或地铁）xx号线建设项目xx标段xx车站钢筋2014年3月26日至2014年6月28日材料进场使用报验单及附件	中铁XX局集团有限公司	20140326 - 20140628		30年	15	178	
Dx 03.01.x.01-007	xx城市轨道交通（或地铁）xx号线建设项目xx标段xx车站支护子分部工程质量验收记录，地连墙分项工程质量验收记录，西一至西六段地连墙施工测量报验单、检验批质量验收记录、工序质量报验单及试验检测记录	中铁XX局集团有限公司	20140511 - 20140620		30年	32	181	
Dx 03.01.x.01-008	××城市轨道交通（或地铁）××号线建设项目××标段××车站西七段至西十二段地下连续墙施工测量报验单及附件、检验批质量验收记录、工序质量报验单及施工现场试验检测记录	中铁XX局集团有限公司	20140512 - 20140618		30年	30	175	
Dx 03.01.x.01-009	xx城市轨道交通（或地铁）xx号线建设项目xx标段xx车站土建工程主体结构混凝土结构主体结构分部、分项工程质量验收记录、抗压强度汇总表、施工测量报验单及附件、检验批质量验收记录、工序质量报验单及施工现场试验记	中铁XX局集团有限公司	20140520 - 20140828		30年	32	169	

图 9-15　计算机软件自动编制案卷目录

（3）应支持数字档案的目录级或全文级移交与接收（如图 9-16 所示）；

（4）数据的导出功能应支持系统中的卷内目录、案卷目录等能直接导出成 excel 格式文件，数据的导入功能应支持用 excel 格式编制卷内目录、案卷目录等能直接导入档案管理系统；

（5）数据查询，应支持本地及远程案卷检索与文件检索，尤其是文件检索，应具备模糊检索的功能。（如图 9-17 所示）

6. 电子原文管理，电子原文的引入应在文件著录、预组卷、档案管理三个阶段均可实施，支持 TIFF、JPEG、DWJ、PDF 等格式的文件。

9.2　档案数字化

档案数字化是指将纸质、照片、声像、胶片等各种传统介质的档案信息，通过计算机

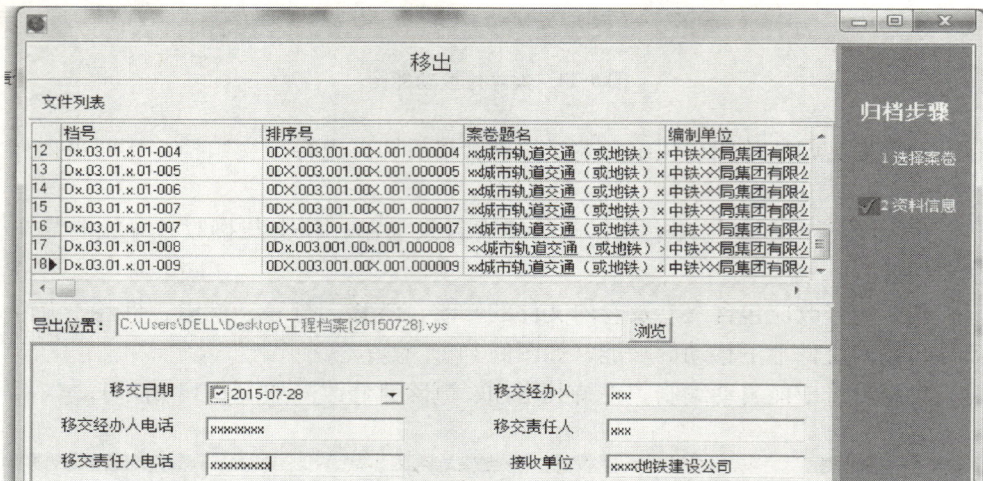

图 9-16　档案的移交

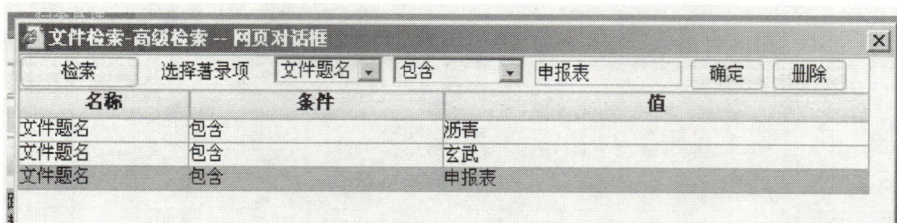

图 9-17　利用"包含"功能进行检索

技术转换为数字化信息，以便于快速检索、方便存储。纸质档案数字化的基本环节主要包括：档案整理、档案扫描、图像处理、图像存储。

1. 档案整理。档案的提卷、拆卷应按档案库房管理规定办理进入库及移交、加工手续。扫描前应先对案卷进行预处理、启钉、拆分，保证纸张的平整、抚平边角，注意保护档案不受损害。破损严重、无法直接扫描的档案，应作技术修复，折皱不平的原件应作相应处理（压平或烫平等）后再扫描。

2. 档案扫描。为更好地展现档案原貌，纸质档案扫描方式一般采用黑白二值，也可采用彩色扫描，分辨率不低于 200dpi。对于案卷中出现字迹较小、较密集等情况，可将分辨率提高到 300dpi。

3. 图像处理。对图像偏斜度、清晰度、失真度等进行检查。不符合图像质量要求的，应重新进行图像处理；操作不当，造成扫描图像文件不完整或无法清晰识别的，应重新扫描；文件漏扫，应及时补扫并正确插入图像；扫描图像排列顺序与档案原件不一致的，应及时进行调整；出现偏斜的图像应进行纠偏处理，以达到视觉上基本不感觉偏斜为准；方向不正确的图像应进行旋转还原，以符合阅读习惯；图像页面中出现影响图像质量的杂质（如黑点、黑线、黑框、黑边等）应进行去污处理；大幅面档案可实施分区扫描，形成多幅图像后应进行拼接处理，合并为一个完整的图像，以保证数字化图像的整体性；采用彩色模式扫描的图像应进行裁边处理，去除多余的白边，缩小图像文件的容量，节省存储空间。

4. 图像存储。采用黑白二值模式扫描的图像文件，用 TIFF、PDF 格式存储；彩色照片用 JPEG、PDF 格式存储；图像文件逐一导入工程档案管理软件系统中，并与其相应的数字化目录（卷内目录）实行无缝批量挂接。

5. 先扫描后装订。为避免反复整理拆卷，可按组卷要求先进行卷内文件排序编码，待扫描工作结束后统一装订。

第10章　城市轨道交通建设项目档案的验收

城市轨道交通项目档案专项验收是竣工验收的重要组成部分。未经档案专项验收或验收不合格的项目，不得进行或通过项目的竣工验收。在城市轨道交通项目竣工验收之前，应进行档案专项验收。

1. 在档案专项验收前，应完成以下几项工作：

（1）完成了城市轨道交通项目档案自检工作或已在交工验收阶段完成对城市轨道交通项目档案审查工作。

（2）项目文件收集、分类、组卷及编目工作已按附件三《城市轨道交通建设项目文件材料归档范围、保管期限及分类编号细则》的规定编制完成，项目档案齐全、系统、完整，可全面反映工程建设活动和工程实际状况。

（3）由项目建设单位向所在省（市）档案主管部门提出项目档案专项验收申请，经审核同意后，由档案主管部门组织验收。

2. 申请城市轨道交通建设项目档案专项验收时，应提交下列材料：

（1）建设项目档案专项验收申请报告，包括：

项目档案概况；

项目档案工作管理体制；

项目文件的形成、积累、整理、组卷与归档工作情况；

竣工图的编制情况及质量；

项目档案的接收、整理、管理工作情况；

采用先进信息技术、实现项目档案管理信息化情况（保证档案工作所需经费，配备了计算机、档案管理软件及声像器材等必备的办公设备，且性能优良，满足工作需要等）；

存在问题及解决措施；

档案完整、准确、系统性评价及在施工、试生产中的作用；

附表，包括：单项、单位工程名称、文字材料（卷、件、页）、竣工图（卷、件、页）。

（2）城市轨道交通建设项目档案自检报告或建设项目档案审查意见；

（3）城市轨道交通建设项目档案案卷目录。

3. 项目档案专项验收时，做好以下各项工作：

（1）建设单位汇报城市轨道交通建设项目概况、项目档案工作情况；

（2）勘察设计单位汇报城市轨道交通建设项目勘察、设计及变更、档案工作情况；

（3）施工单位汇报城市轨道交通建设项目档案编制情况；

（4）监理单位汇报城市轨道交通建设项目档案质量的审核情况；

（5）已进行项目交工档案专项验收的，在竣工档案专项验收时，应对交工验收时提交的整改意见做出整改情况说明；

（6）视城市轨道交通建设项目档案形成情况，准备所有（或部分）案卷供验收小组检查或抽查。

第五篇 案例篇

第 11 章 城市轨道交通建设项目档案整理、组卷案例

案例共分为综合管理类、设计类、施工类、监理类、交竣工验收类、资金管理类、竣工图表类、科研类、特殊载体类九个部分，为各类文件的整理、组卷方法、文件题名的拟写及卷内目录的编制、案卷题名的拟写及案卷封面的编制等提供了案例并作了说明。卷内备考表的填写相对简单，只提供一个案例。

有部分读者可能认为本手册所提供案例中的案卷题名、文件题名字数太多、拟写复杂、繁琐，不方便纸质档案的查阅，为此，编者作如下说明。

1. 工程项目的专业性决定了在拟写文件题名、案卷题名时，应尽量保证该文件、该案卷的专指性，以避免出现不同案卷、不同文件使用同样题名的现象。

2. 在工程档案管理已进入信息化时代且目前还不能全部实施元数据管理的背景下，文件题名、案卷题名的拟写应把"满足计算机检索"放在较为重要的位置，尤其是文件题名，应尽可能包含其主要信息，从而提高其"检全率"、"检准率"。

3. 本手册所提供案例的文件题名、案卷题名基本上是通过计算机软件自动生成、一键编制的。

11.1 综合管理类

项目前期立项及各专项审批文件可参照"例1-1 可行性研究报告"、"例1-2 环境影响报告书"的方法整理、组卷；

征地拆迁的各种会议纪要、图表、合同协议等应分别整理、组卷，"例1-3 征地拆迁"提供了一个合同协议的案例；

招投标、合同文件的整理、组卷相对简单，直接参照"例1-4 招投标、合同文件"即可，其难点在于收集；

建设单位的收文、发文较为复杂，应按"问题、时间"进行整理、组卷。与建设项目没有直接关系的文件可不归入项目档案。本手册提供了"例1-5、例1-6"两个案例。

11.2 工程设计类

"例2-1 至例2-5"分别提供了工程勘察、初步设计、施工图设计批复、请示等的案例。

案例对设计图纸原有的目录进行适当提炼、概括，一是为了方便利用计算机进行文件级检索，二是在对设计图纸实施全文数字化管理时，方便了原文挂接、原文查阅。

例 1-1：可行性研究报告

<table>
<tr><td>档　号</td><td>DX.01.01-00x</td></tr>
</table>

　　××省（市）发改委关于××城市轨道交通（或地铁）××号线建设项目工程可行性研究报告的批复、请示、专家论证会会议纪要及可行性研究报告（正文篇）

立卷单位　　　　　××城市轨道交通××号线建设指挥部

起止时间　　　　　20130315-20130518

保管期限　　　　　　　　永久

密　级　　　　　　　　　　　

注：在收集整理项目前期文件时，应注意各文件（请示、批复、专家论证会、正文）之间的闭合。各文件的排列顺序依次为：批复、请示、专家论证会、正文（批复、请示、专家论证会也可单独组卷）。应尽量收集项目前期相关专家论证会议、审查会议的文件，组卷时归在请示后面。项目前期文件正文部分文件数量较多的，可以组成数卷，在拟写案卷题名时应注明本卷的主要内容，例：---可行性研究报告（正文篇）、---可行性研究报告（图表篇），不能采用"---可行性研究报告一"、"---可行性研究报告二"的方法。

卷 内 目 录

序号	文件编号	责任者	文件材料题名	日期	页号	备注
1	×发改〔2013〕×号	×发改委	××省（市）发改委关于××城市轨道交通（或地铁）××号线建设项目工程可行性研究报告的批复	20130518	1-3	
2	×建〔2013〕×号	×住建委	关于××市××城市轨道交通（或地铁）××号线建设项目工程可行性研究报告的请示	20130412	4-5	
3	×建指〔2013〕×号	××建设指挥部	关于下发《××城市轨道交通（或地铁）××号线建设项目工程可行性专家论证会会议纪要》的通知	20130405	6-15	
4	—	×设计院	××市××城市轨道交通（或地铁）××号线建设项目工程可行性研究报告（正文篇）	20130315	16-210	

注：上述卷内目录中第1、2两个文件也可以合并成一个文件题名：××省（市）发改委关于××城市轨道交通（或地铁）××号线建设项目工程可行性研究报告的批复、请示。

说明：
　　文件材料＿4＿件，＿210＿页，照片＿0＿张，附图＿0＿张。

　　关于××市××城市轨道交通（或地铁）××号线建设项目工程可行性研究报告的请示的原件存放在××住建委档案室。

　　　　　　　　　　　　　　立卷人：
　　　　　　　　　　　　　　　　年　　　月　　　日
　　　　　　　　　　　　　　检查人：
　　　　　　　　　　　　　　　　年　　　月　　　日

　　注：卷内备考表置于卷内文件后，应根据卷内文件的实际填写件数、页数、照片张数、图纸张数及需要说明的问题，如有复印件归档的，应注明其原件的存放地。"立卷人"、"检查人"、"年月日"栏应手工签署，不能打印或盖章，其中"立卷人"签署本案卷立卷人的全名，"检查人"签署本案卷检查人的全名，"年月日"分别签署立卷、检查的实际时间。
　　卷内备考表的填写相对简单，后面不再举例。

例 1-2：环境影响报告书

档　　　号　<u>DX.01.01-00x</u>

　　××省（市）环保厅（局）关于××城市轨道交通（或地铁）××号线建设项目环境影响报告的批复、请示、专家论证会会议纪要及环境影响报告书

立卷单位<u>　　××城市轨道交通××号线建设指挥部　　</u>
起止时间<u>　　　　　20130505-20130720　　　　　</u>
保管期限<u>　　　　　　　　永久　　　　　　　　　</u>
密　　级<u>　　　　　　　　　　　　　　　　　　　</u>

卷 内 目 录

序号	文件编号	责任者	文件材料题名	日期	页号	备注
1	×环管〔2013〕×号	×环保厅	××省（市）发改委关于××城市轨道交通（或地铁）××号线建设项目环境影响报告书的批复	20130720	1-4	
2	×建〔2013〕×号	×住建委	关于××市××城市轨道交通（或地铁）××号线建设项目环境影响报告书的请示	20130612	5-6	
3	×建指〔2013〕×号	××建设指挥部	关于下发《××城市轨道交通（或地铁）××号线建设项目环境影响专家论证会会议纪要》的通知	20130505	7-15	
4	—	×设计院	××市××城市轨道交通（或地铁）××号线建设项目环境影响报告书	20130515	16-216	

　　注：上述卷内目录中第1、2两个文件也可以合并成一个文件题名：××省（市）发改委关于××城市轨道交通（或地铁）××号线建设项目环境影响报告书的批复、请示。

例 1-3：征地拆迁

档　　　号　<u>DX.01.02.03-00x</u>

　　××区人民政府、××区××街道关于××市××城市轨道交通（或地铁）××号线建设项目拆迁合同协议书及××区××街道拆迁户补偿一览表、拆迁协议书、情况调查表

立卷单位　<u>××城市轨道交通××号线建设指挥部</u>
起止时间　<u>　　　　20140121-20140920　　　　</u>
保管期限　<u>　　　　　　　永久　　　　　　　</u>
密　　级　<u>　　　　　　　　　　　　　　　</u>

卷 内 目 录

序号	文件编号	责任者	文件材料题名	日期	页号	备注
1		××指挥部 ××区政府	××市××城市轨道交通（或地铁）××号线建设项目指挥部（或管理公司）与××区人民政府关于征地拆迁的合同协议书	20140121	1-4	
2		××区政府 ××区××街道	××区人民政府与××街道关于××区××市××城市轨道交通（或地铁）××号线建设项目征地拆迁的合同协议书	20140128	5-9	
3		××区××街道	××市××城市轨道交通（或地铁）××号线建设项目××区××街道拆迁户补偿一览表	20140920	10-13	
4		××区××街道××	××区××街道与××（拆迁户）关于××市××城市轨道交通（或地铁）××号线建设项目拆迁的协议书及拆迁情况调查表	20140312	14-19	
5		××区××街道××	××区××街道与××（拆迁户）关于××市××城市轨道交通（或地铁）××号线建设项目拆迁的协议书及拆迁情况调查表	20140315	20-25	
6		××区××街道××	××区××街道与××（拆迁户）关于××市××城市轨道交通（或地铁）××号线建设项目拆迁的协议书及拆迁情况调查表	20140311	26-30	
7		××区××街道××	××区××街道与××（拆迁户）关于××市××城市轨道交通（或地铁）××号线建设项目拆迁的协议书及拆迁情况调查表	20140412	31-36	
8		××区××街道××	××区××街道与××（拆迁户）关于××市××城市轨道交通（或地铁）××号线建设项目拆迁的协议书及拆迁情况调查表	20140321	37-43	
9		××区××街道××	××区××街道与××（拆迁户）关于××市××城市轨道交通（或地铁）××号线建设项目拆迁的协议书及拆迁情况调查表	20120515	44-49	
10		××区××街道××	××区××街道与××（拆迁户）关于××市××城市轨道交通（或地铁）××号线建设项目拆迁的协议书及拆迁情况调查表	20140408	50-55	
11		—				

注：原始文件没有文件编号的，可不填写；卷内目录中××（拆迁户），即一户一表，应直接填写被拆迁户户主的姓名；拆迁合同的"责任者"至少填写两个，即合同双方。征地拆迁文件调档率较高，在拟写文件题名时应尽可能详细。

例 1-4：招投标、合同文件

档　　号　DX.01.03.02-00x

　　××市××城市轨道交通（或地铁）××号线建设项目××-××区间土建工程××标段招标公告、招标文件、资格预审公告、投标文件、评标报告、中标通知书及合同协议书

立卷单位　　　　××城市轨道交通××号线建设指挥部
起止时间　　　　　　20131116-20140104
保管期限　　　　　　　　永久
密　　级　

　　注：招标、资格预审、投标、评标、中标通知书、合同文件等应以合同段为单位按招投标流程顺序整理组卷，页数较多的可组成数卷。在网络上发布招标公告、资格预审公告的，可直接打印相关网页归档。几个合同段使用同一份招标文件的，该招标文件可单独组卷，也可与该招标文件所含编号最小的合同段投标文件组成一卷。中标通知书已含在合同协议书内，可不再单独归档。合同的"责任者"至少填两个，其中一方为建设单位，另一方为参建单位。其他招投标合同文件的整理组卷方法与此相同。

卷 内 目 录

序号	文件编号	责任者	文件材料题名	日期	页号	备注
1		××建设指挥部	××市××城市轨道交通（或地铁）××号线建设项目××-××区间土建工程××标段招标公告	20131116	1-4	
2		××建设指挥部	××市××城市轨道交通（或地铁）××号线建设项目××-××区间土建工程××标段招标文件	20131121	5-25	
3		××建设指挥部	××市××城市轨道交通（或地铁）××号线建设项目××-××区间土建工程××标段招标入围企业资格预审公告	20131127	26-32	
4		中铁××局××公司	××市××城市轨道交通（或地铁）××号线建设项目××-××区间土建工程××标段投标文件	20131210	33-200	
5		××建设指挥部	××市××城市轨道交通（或地铁）××号线建设项目××-××区间土建工程××标段评标报告	20131215	201-220	
6		××建设指挥部	××市××城市轨道交通（或地铁）××号线建设项目××-××区间土建工程××标段中标通知书	20131218	221-221	
7		××建设指挥部中铁××局××公司	××市××城市轨道交通（或地铁）××号线建设项目××-××区间土建工程××标段合同协议书	20140104	222-232	

例 1-5：建设过程中的管理性文件（一）

档　　号　 DX.01.05-00x

关于印发××城市轨道交通（或地铁）××号线建设
项目监理工作质量考核、质量检测、计量、变更、科研等
管理办法的通知

立卷单位　　　××城市轨道交通××号线建设指挥部

起止时间　　　　20140421-20140604

保管期限　　　　　　　永久

密　　级

注：由项目建设管理单位制定、下发的各项管理制度应单独组卷，文件较多的可组成数卷，案卷题名应标明本卷
所含管理制度的类型，拟写案卷题名时不能采用"管理办法一"、"管理办法二"…的方法。

卷 内 目 录

序号	文件编号	责任者	文件材料题名	日期	页号	备注
1	×建指〔2014〕×号	××建设指挥部	关于印发《××城市轨道交通（或地铁）×号线建设项目监理工作质量考核办法》的通知	20140421	1-22	
2	×建质〔2014〕×号	××建设指挥部	关于印发《××城市轨道交通（或地铁）×号线建设项目质量检测管理办法》的通知	20140510	23-79	
3	×建计〔2014〕×号	××建设指挥部	关于印发《××城市轨道交通（或地铁）×号线建设项目计量支付管理办法》的通知	20140515	80-110	
4	×建计〔2014〕×号	××建设指挥部	关于印发《××城市轨道交通（或地铁）×号线建设项目设计变更管理办法》的通知	20140518	111-151	
5	×建指〔2014〕×号	××建设指挥部	关于印发《××城市轨道交通（或地铁）×号线建设项目科研管理办法》的通知	20140604	152-198	

例 1-6：建设工程中的管理性文件（二）

档　　号　DX.01.05-00x

　　关于全市重点建设项目现场施工、监理单位质量保证体系专项检查情况的通知、通报及××城市轨道交通（或地铁）××号线建设项目的整改回复

立卷单位　　××城市轨道交通××号线建设指挥部
起止时间　　　　20140521-20140608
保管期限　　　　　　　永久
密　　级

　　注：在建设过程中有关质量、安全等的检查、通报，应按照检查通知（如有）、检查通报、整改回复的顺序整理组卷。某次通报后整改回复数量较多的，可组成数卷，后面的案卷拟写案卷题名时应采用"…××监办、××合同段关于×市质监〔2014〕×号通报的整改回复"的方法，不能采用"整改回复一"、"整改回复二"…的方法。

卷 内 目 录

序号	文件编号	责任者	文件材料题名	日期	页号	备注
1	×市质监〔2014〕×号	×市质监局	关于市重点建设项目现场施工、监理单位质量保证体系专项检查情况的通知	20140521	1-1	
2	×市质监〔2014〕×号	×市质监局	关于全市重点建设项目现场施工、监理单位质量保证体系专项检查情况的通报	20140525	2-24	
3	×建〔2014〕×号	××建设指挥部	关于转发《全市重点建设项目现场施工、监理单位质量保证体系专项检查情况的通报》的通知	20140528	25-48	
4	×建〔2014〕×号	××建设指挥部	××城市轨道交通（或地铁）××号线建设项目关于×市质监〔2014〕×号通报的整改回复	20140608	49-52	
5	×监一〔2014〕×号	××监理公司	××城市轨道交通（或地铁）××号线建设项目第一总监办关于×市质监〔2014〕×号通报的整改回复	20140605	53-59	
6	中铁×局×项目部〔2014〕×号	中铁××局	××城市轨道交通（或地铁）××号线建设项目第一合同段关于×市质监〔2014〕×号通报的整改回复	20140604	60-72	
7	中铁×局×项目部〔2014〕×号	中铁××局	××城市轨道交通（或地铁）××号线建设项目第二合同段关于×市质监〔2014〕×号通报的整改回复	20140604	73-91	
8	×监二〔2014〕×号	××监理公司	××城市轨道交通（或地铁）××号线建设项目第二总监办关于×市质监〔2014〕×号通报的整改回复	20140606	92-113	
9	中铁×局×项目部〔2014〕×号	中铁××局	××城市轨道交通（或地铁）××号线建设项目第三合同段关于×市质监〔2014〕×号通报的整改回复	20140605	114-134	
10	中铁×局×项目部〔2014〕×号	中铁××局	××城市轨道交通（或地铁）××号线建设项目第四合同段关于×市质监〔2014〕×号通报的整改回复	20140604	135-157	
11	—	—	—	—	—	

例 2-1：工程勘察

档　　　号　<u>DX.02.01-00x</u>

　　××城市轨道交通（或地铁）××号线建设项目××
车站-××车站区间工程地质勘察报告

立卷单位　<u>××城市轨道交通××号线建设指挥部</u>
起止时间　<u>　　　　　20130621-20130621　　　　　</u>
保管期限　<u>　　　　　　　　永久　　　　　　　　</u>
密　　　级　<u>　　　　　　　　　　　　　　　　　</u>

　　注：工程勘察文件按原有装订形式组卷。原文件已经装订成册的，在拟写文件题名时，应尽量依据原有的目录进行适当提炼、概括（没有必要照抄原目录）。如原始图纸幅面大于 A3 的可不装订，折叠成 A4 或 A3 幅面，每张图纸加盖并填写档号章后直接装入档案盒。编制完的案卷封面、卷内目录置于卷内文件之前，备考表置于卷内文件之后。

卷 内 目 录

序号	文件编号	责任者	文件材料题名	日期	页号	备注
1		××勘察设计院	××城市轨道交通（或地铁）××号线建设项目××车站-××车站区间工程地质勘察说明	20130621	1-3	
2		××勘察设计院	××城市轨道交通（或地铁）××号线建设项目××车站-××车站区间勘探孔一览表	20130621	4-6	
3		××勘察设计院	××城市轨道交通（或地铁）××号线建设项目××车站-××车站区间不良地质地段表	20130621	7-11	
4		××勘察设计院	××城市轨道交通（或地铁）××号线建设项目××车站-××车站区间填料击实与CBR试验成果表	20130621	12-16	
5		××勘察设计院	××城市轨道交通（或地铁）××号线建设项目××车站-××车站区间工程地质图例	20130621	17-31	
6		××勘察设计院	××城市轨道交通（或地铁）××号线建设项目××车站-××车站区间工程地质平面图	20130621	32-34	
7		××勘察设计院	××城市轨道交通（或地铁）××号线建设项目××车站-××车站区间工程地质纵断面图	20130621	35-45	
8		××勘察设计院	××城市轨道交通（或地铁）××号线建设项目××车站-××车站区间钻孔综合成果表及静探曲线表	20130621	46-87	
9		××勘察设计院	××城市轨道交通（或地铁）××号线建设项目××车站-××车站×区间水质分析试验成果表	20130621	88-97	
10		××勘察设计院	××城市轨道交通（或地铁）××号线建设项目××车站-××车站区间路基土调查成果表	20130621	98-110	

例 2-2：初步设计

档　　　号　<u>DX.02.02-001</u>

　　关于××城市轨道交通（或地铁）××号线建设项目初步设计的批复、请示、专家论证会会议纪要及初步设计第一册（项目地理位置图、说明书、路线平纵面缩图、主要技术经济指标表、附件）

立卷单位　　<u>××城市轨道交通××号线建设指挥部</u>
起止时间　　<u>20130711-20130722</u>
保管期限　　<u>永久</u>
密　　级　　<u>　　　　　　　　　　　　　　　　</u>

　　注：初步设计的批复、请示、论证会会议纪要一般文件数量较少，可与初步设计的第一册组成一卷，也可单独组卷。应尽量收集初步设计专家论证会议、审查会议的文件，组卷时归在请示后面。初步设计按原有装订形式组卷。已经形成的整册文件，在拟写文件题名时，应尽量依据原有的目录进行适当提炼、概括（没有必要照抄原目录）。在拟写案卷题名时，应将卷内文件的主要内容在"××册"后面予以注明。初步设计的批复、请示、专家论证会会议纪要整理组卷时归在所有初步设计案卷的前面。

卷 内 目 录

序号	文件编号	责任者	文件材料题名	日期	页号	备注
1	×发改〔2013〕×号	×发改委	关于××城市轨道交通（或地铁）××号线初步设计的批复	20130722	1-5	
2	×建〔2013〕×号	×住建委	关于××城市轨道交通（或地铁）××号线初步设计的请示	20130715	6-10	
3	×建指〔2013〕×号	××建设指挥部	关于下发《××城市轨道交通（或地铁）××号线建设项目初步设计专家论证会会议纪要》的通知	20130713	11-14	
4	—	××设计院	××城市轨道交通（或地铁）××号线建设项目初步设计第一册原封面及目录	20130711	15-17	
5	—	××设计院	××城市轨道交通（或地铁）××号线建设项目地理位置图	20130711	18-18	
6	—	××设计院	××城市轨道交通（或地铁）××号线建设项目初步设计说明书	20130711	19-35	
7	—	××设计院	××城市轨道交通（或地铁）××号线建设项目路线平、纵面缩图	20130711	36-41	
8	—	××设计院	××城市轨道交通（或地铁）××号线建设项目主要技术经济指标表	20130711	42-58	
9	—	××设计院	××城市轨道交通（或地铁）××号线建设项目初步设计附件	20130711	59-102	

例 2-3：施工图设计批复、请示等

档　　　号　　DX.02.03-001

　　关于××城市轨道交通（或地铁）××号线建设项目
××施工图设计的批复、请示及设计审查会、交底会会议
纪要等

立卷单位　　　××城市轨道交通××号线建设指挥部
起止时间　　　　　　20130718-20130828
保管期限　　　　　　　　永久
密　　级

　　注：施工图设计的批复、请示、审查会、交底会等应以某一事由为单位整理组卷，可多个事由组成一卷。文件数量较多的可组成数卷，此部分案卷一般归在所有施工图设计案卷的前面，其中"施工图设计的批复、请示"归在首位。

卷 内 目 录

序号	文件编号	责任者	文件材料题名	日期	页号	备注
1	×发改〔2013〕×号	×发改委	关于××城市轨道交通（或地铁）××号线建设项目××施工图设计的批复	20130828	1-5	
2	×建〔2013〕×号	×住建委	关于××城市轨道交通（或地铁）××号线建设项目××施工设计的请示	20130815	6-10	
3	×建指〔2013〕×号	××建设指挥部	关于下发《××城市轨道交通（或地铁）××号线建设项目××设计审查会会议纪要》的通知	20130718	11-14	
4	×建指〔2013〕×号	××建设指挥部	关于下发《××城市轨道交通（或地铁）××号线建设项目××设计交底会会议纪要》的通知	20130718	15-19	
5	—	××建设指挥部	…其他与××设计有关的会议、函等	—	—	

例 2-4：施工图设计

档　　　号　DX.02.03-00x

　　××城市轨道交通（或地铁）××号线建设项目XX
车站施工图设计第一分册（车站建筑）

立卷单位　　××城市轨道交通××号线建设指挥部
起止时间　　　　20140211-20140211
保管期限　　　　　　30 年
密　　　级

注：施工设计图按原有装订形式组卷。原文件已经装订成册的，在拟写文件题名时，应尽量依据原有的目录进行适当提炼、概括（没有必要照抄原目录）。如原始图纸幅面大于A3的可不装订，折叠成A4或A3幅面，每张图纸加盖并填写档号章后直接装入档案盒。编制完的案卷封面、卷内目录置于卷内文件之前，备考表置于卷内文件之后。

卷 内 目 录

序号	文件编号	责任者	文件材料题名	日期	页号	备注
1		××设计院	××城市轨道交通（或地铁）××号线建设项目××车站施工图设计说明	20140211	1-3	
2		××设计院	××城市轨道交通（或地铁）××号线建设项目××车站总平面图	20140211	4-4	
3		××设计院	××城市轨道交通（或地铁）××号线建设项目××车站站厅、站台层、站台板下平面图	20140211	5-12	
4		××设计院	××城市轨道交通（或地铁）××号线建设项目××车站剖面图	20140211	13-19	
5		××设计院	××城市轨道交通（或地铁）××号线建设项目××车站立面图	20140211	20-21	
6		××设计院	××城市轨道交通（或地铁）××号线建设项目××车站站房电缆夹层平面图	20140211	22-22	
7		××设计院	××城市轨道交通（或地铁）××号线建设项目××车站站房平面图	20140211	23-24	
8		××设计院	××城市轨道交通（或地铁）××号线建设项目××车站出入口详图	20140211	25-39	
9		××设计院	××城市轨道交通（或地铁）××号线建设项目××车站墙身大样图	20140211	40-40	
10		××设计院	××城市轨道交通（或地铁）××号线建设项目××车站孔洞汇总表	20140211	41-41	
11		××设计院	××城市轨道交通（或地铁）××号线建设项目××车站施工图设计详图	20140211	42-53	

例 2-5：通用图设计

档　　　号 <u>DX.02.04-00x</u>

　　××城市轨道交通（或地铁）××号线建设项目给排水与消防专业通用图

立卷单位 <u>　　××城市轨道交通××号线建设指挥部　　</u>
起止时间 <u>　　　　　20130822-20130822　　　　　</u>
保管期限 <u>　　　　　　　30 年　　　　　　　　　</u>
密　　　级 <u>　　　　　　　　　　　　　　　　　</u>

卷 内 目 录

序号	文件编号	责任者	文件材料题名	日期	页号	备注
1		××设计院	××城市轨道交通（或地铁）××号线建设项目给水排水与消防专业通用图说明	20130822	1-3	
2		××设计院	××城市轨道交通（或地铁）××号线建设项目给水排水与消防专业地下站排水系统系统框图	20130822	4-8	
3		××设计院	××城市轨道交通（或地铁）××号线建设项目给水排水与消防专业示意图	20130822	9-12	
4		××设计院	××城市轨道交通（或地铁）××号线建设项目给水排水与消防专业道床排水算子大样图	20130822	13-17	
5		××设计院	××城市轨道交通（或地铁）××号线建设项目给水排水与消防专业消火栓箱图	20130822	18-24	
6		××设计院	××城市轨道交通（或地铁）××号线建设项目给水排水与消防专业区间消防管道安装示意图	20130822	25-29	
7		××设计院	××城市轨道交通（或地铁）××号线建设项目给水排水与消防专业区间消火栓安装图	20130822	30-38	
8		××设计院	××城市轨道交通（或地铁）××号线建设项目给水排水与消防专业区间冲洗栓箱示意图	20130822	39-48	
9		××设计院	××城市轨道交通（或地铁）××号线建设项目给水排水与消防专业区间压力检查井图	20130822	49-52	
10		××设计院	××城市轨道交通（或地铁）××号线建设项目给水排水与消防专业区间地漏及排水立管大样图	20130822	53-58	
11		××设计院	××城市轨道交通（或地铁）××号线建设项目给水排水与消防专业区间泵站给排水统一做法示意图	20130822	59-61	
12		××设计院	××城市轨道交通（或地铁）××号线建设项目给水排水与消防专业区间水龙带箱图	20130822	62-66	

11.3 工程施工类

工程施工类提供了车站、区间、车辆段、停车场及基地、轨道、变电所、供电、信号系统、通信系统、综合监控系统（ISCS）、自动售检票（AFC）系统、站台屏蔽门、电（扶）梯、人防、综合信息管理（IMS）系统、供冷站等单位、子单位工程的70个案例。

"例3-1开工报告、例3-2施工组织设计、例3-3技术交底记录、例3-4施工方案"为车站土建的案例，其他各专业的相关文件可直接参照执行。

所有建筑材料、构配件、设备的进场报验均可参照"例3-5建筑材料报验单"。

"例3-6至例3-22"为车站地下连续墙、防水、混凝土结构、钢结构、空调风系统及水系统、给水排水与采暖工程、建筑电气、装饰装修的案例。区间、车辆段、停车场及基地、轨道、主变电所、供冷站等工程中出现相关分部、分项的，可参照执行。

所有的土方工程可参照"例3-23明挖区间-地基基础与支护工程-土方工程"；所有的地基处理可参照"例3-24明挖区间-地基基础与支护工程-水泥搅拌桩地基"；所有的砌体工程可参照"例3-25明挖区间-主体结构-配筋砖砌体"；泵房、横通道、联络通道、竖井、风井、风道等可参照"例3-26明挖区间-附属工程-泵房"。

"例3-27至例3-32"为暗挖区间-洞口工程、明洞工程、主体结构-支护工程、主体结构-衬砌、衬砌底板混凝土工程的案例。

"例3-33、例3-34"为盾构区间管片制作、盾构掘进与管片拼装工程的案例，盾构区间的洞门工程可参照"例3-28暗挖区间-明洞工程"、支护工程可参照"例3-29暗挖区间-主体结构-支护工程"、衬砌可参照"例3-30、例3-31主体结构-衬砌"。

"例3-35至例3-41"为区间路基工程一般路堤填筑、路堤边坡、基床、重力式挡土墙、检查井及沉淀井、声屏障工程的案例，区间路基工程地基处理可参照"例3-24明挖区间-地基基础与支护工程-水泥搅拌桩地基"。

"例3-42至例3-53"为高架区间桩基、墩台、索塔、支架上制梁、悬臂浇筑预应力混凝土连续梁、钢桁梁、预应力混凝土斜拉桥主梁、预应力混凝土斜拉桥斜拉索、附属工程的案例。

"例3-54、例3-55"为车辆段、停车场道牙、管沟（井室）工程案例，车辆段、停车场及基地的桥梁参照"例3-42至例3-53"、涵洞参照"例3-26"、室外建筑环境、室外安装及房屋建筑参照"例3-6至例3-22"。

"例3-56至例3-59"为正线轨道工程线路基桩、轨排组装架设、整体道道床（钢筋、模板、混凝土）、轨道工程的案例，站场及出入线段轨道工程与之基本相同。

"例3-60、例3-61"为主变电所送电工程输电线路土建及电气安装电缆沟管基础、电缆敷设、架空线路工程的案例，变电所房屋建筑部分参照"例3-6至例3-22"，变电所电气设备安装部分参照"例3-18、例3-19、例3-60、例3-61"。

"例3-62至例3-70"分别为供电工程、信号系统、通信系统、综合监控系统、自动售检票（AFC）系统、站台屏蔽门、电（扶）梯工程的案例。

人防工程可参照"例3-67、例3-68、例3-69、例3-70"。

例 3-1：开工报告

档　　号　<u>DX.03.01.x.01-00x</u>

　　××城市轨道交通（或地铁）××号线建设项目××标段××车站土建工程开工报审、工程概况、施工管理人员名单及现场质量管理检查记录、材料及设备进场使用报验单、工长与特殊工种报审表及附件

立卷单位　<u>　　中铁××局集团有限公司　　</u>
起止时间　<u>　　20140314-20140322　　</u>
保管期限　<u>　　　　　30 年　　　　　</u>
密　　级　<u>　　　　　　　　　　　　</u>

　　注：根据工程用表的设置，一般情况下，"工程概况、施工管理人员名单及现场质量管理检查记录、材料及设备进场使用报验单、工长与特殊工种报审表等"应为《工程开工报审表》的附件，其中的材料及设备进场使用报验单应为首批进场的材料、设备。

卷 内 目 录

序号	文件编号	责任者	文件材料题名	日期	页号	备注
1		中铁××局××监理	××城市轨道交通（或地铁）××号线建设项目××标段××车站土建工程开工报审表	20140322	1-1	
2		中铁××局××监理	××城市轨道交通（或地铁）××号线建设项目××标段××车站土建工程工程概况表	20140317	2-2	
3		中铁××局××监理	××城市轨道交通（或地铁）××号线建设项目××标段××车站土建工程施工管理人员名单	20140315	3-18	
4		中铁××局××监理	××城市轨道交通（或地铁）××号线建设项目××标段××车站土建工程施工现场质量管理检查记录	20140318	19-26	
5		中铁××局××监理	××城市轨道交通（或地铁）××号线建设项目××标段××车站土建工程××材料（构配件）进场使用报验单及附件	20140314	27-38	
6		中铁××局××监理	××城市轨道交通（或地铁）××号线建设项目××标段××车站土建工程××设备进场使用报验单及附件	20140316	39-48	
7		中铁××局××监理	××城市轨道交通（或地铁）××号线建设项目××标段××车站土建工程关于工长与特殊工种的承包单位通用报审表及附件	20140318	49-61	

例 3-2：施工组织设计

档　　　号　　DX.03.01.x.01-00x

　　××城市轨道交通（或地铁）××号线建设项目××标段××车站土建工程施工组织设计报审表及附件

立卷单位　　　　　中铁××局集团有限公司
起止时间　　　　　20140318-20140322
保管期限　　　　　　30 年
密　　　级

　　注：《施工组织设计报审表》一般由施工单位上报、监理单位审核，其"责任者"应填写施工单位、监理单位的标准简称，"施工组织设计"则填写一个责任者。

卷 内 目 录

序号	文件编号	责任者	文件材料题名	日期	页号	备注
1		中铁××局 ××监理	××城市轨道交通（或地铁）××号线建设项目××标段××车站土建工程施工组织设计报审表	20140322	1-1	
2		中铁××局	××城市轨道交通（或地铁）××号线建设项目××标段××车站土建工程施工组织设计	20140318	2-188	

例 3-3：技术交底记录

档　　号　<u>DX.03.01.x.01-00x</u>

　　××城市轨道交通（或地铁）××号线建设项目××标段××车站土建工程技术交底记录

　　立卷单位<u>　　　　　中铁××局集团有限公司　　　</u>
　　起止时间<u>　　　　　20140312-20140528　　　　</u>
　　保管期限<u>　　　　　　　　30年　　　　　　　</u>
　　密　　级<u>　　　　　　　　　　　　　　　　　</u>

　　注：该合同段的技术交底记录只有一卷，按照本案例的方法拟写案卷题名；如果超过一卷的，题名应该拟写为"…标段××、××、××等技术交底记录"。不能采用"…标段技术交底记录一"、"…标段技术交底记录二"…来表述。每次技术交底拟写一个文件题名，文件题名中"××技术交底记录"中的"××"应填拟写技术交底的具体内容，不得出现两个相同的文件题名。

68

例 3-4：施工方案

档　　号　<u>DX.03.01.x.01-00x</u>

　　××城市轨道交通（或地铁）××号线建设项目××标段××车站土建工程支护工程、桩基础、砌体基础等施工方案报审表及附件

立卷单位　<u>　　　　中铁××局集团有限公司　　　　</u>
起止时间　<u>　　　　20140323-20140418　　　　　</u>
保管期限　<u>　　　　　　　30 年　　　　　　　　　</u>
密　　级　<u>　　　　　　　　　　　　　　　　　　</u>

　　注：施工单位的各种《施工方案报审表》可单独组卷，方案较多的可组成数卷，拟写案卷题名时应包含卷内各方案的具体内容，不能采用"…施工方案一"、"…施工方案二"…的方法。

卷 内 目 录

序号	文件编号	责任者	文件材料题名	日期	页号	备注
1		中铁××局××监理	××城市轨道交通（或地铁）××号线建设项目××标段××车站土建工程支护工程施工方案报审表及附件	20140323	1-36	
2		中铁××局××监理	××城市轨道交通（或地铁）××号线建设项目××标段××车站土建工程桩基础施工方案报审表及附件	20140330	37-88	
3		中铁××局××监理	××城市轨道交通（或地铁）××号线建设项目××标段××车站土建工程砌体基础等施工方案报审表及附件	20140418	89-134	
4		中铁××局××监理	…其他施工技术方案同上	—	—	

例 3-5：建筑材料报验单

档　　号　<u>DX.03.01.x.01-00x</u>

　　××城市轨道交通（或地铁）××号线建设项目××标段××车站土建工程钢筋 2014 年 1 月 16 日至 2014 年 3 月 25 日材料进场使用报验单及附件

立卷单位　<u>　　　　中铁××局集团有限公司　　　　</u>
起止时间　<u>　　　　20140116-20140325　　　　　</u>
保管期限　<u>　　　　　　30 年　　　　　　　</u>
密　　级　<u>　　　　　　　　　　　　　　</u>

　　注：如同一种材料的进场报验单及附件只有一卷，案卷题名中的"时间"应删除。拟写案卷题名时不能采用"材料的进场报验单一"、"材料的进场报验单二"…的方法。《材料进场使用报验单》应按种类（钢筋、钢绞线等）以单位或分部工程为单位分别组卷，同一类材料按时间顺序排列，文件数量较多的可组成数卷。文件数量较少的，可几种材料组成一卷。《材料进场使用报验单》后面应附上相应的产品合格证及其他质量证明文件、试验检测报告等。由于经常出现同一种材料多次进场报验的现象，所以在拟写文件题名时，应分别标注"产品规格"、"报验时间"加以区分。拟写文件题名时不能采用"材料进场报验单一"、"材料进场报验单二"…的方法。

卷 内 目 录

序号	文件编号	责任者	文件材料题名	日期	页号	备注
1		中铁××局××监理	××城市轨道交通（或地铁）××号线建设项目××标段××车站土建工程 HRB335Φ25 钢筋 2014 年 1 月 16 日材料进场使用报验单及附件	20140116	1-7	
2		中铁××局××监理	××城市轨道交通（或地铁）××号线建设项目××标段××车站土建工程 HRB335Φ25、Q235Φ10 钢筋 2014 年 2 月 25 日材料进场使用报验单及附件	20140225	8-15	
3		中铁××局××监理	××城市轨道交通（或地铁）××号线建设项目××标段××车站土建工程 HRB335Φ28 钢筋 2014 年 3 月 1 日材料进场使用报验单及附件	20140301	16-22	
4		中铁××局××监理	××城市轨道交通（或地铁）××号线建设项目××标段××车站土建工程 HRB335Φ28 钢筋 2014 年 3 月 2 日材料进场使用报验单及附件	20140302	23-28	
5		中铁××局××监理	××城市轨道交通（或地铁）××号线建设项目××标段××车站土建工程 HRB335Φ25 钢筋 2014 年 3 月 2 日材料进场使用报验单及附件	20140302	29-36	
6		中铁××局××监理	××城市轨道交通（或地铁）××号线建设项目××标段××车站土建工程 HRB335Φ25、Φ22 钢筋 2014 年 3 月 3 日材料进场使用报验单及附件	20140303	37-48	
7		中铁××局××监理	××城市轨道交通（或地铁）××号线建设项目××标段××车站 HRB335Φ22 钢筋 2014 年 3 月 3 日材料进场使用报验单及附件	20140303	49-57	
8		中铁××局××监理	××城市轨道交通（或地铁）××号线建设项目××标段××车站土建工程 HRB335Φ16 钢筋 2014 年 3 月 3 日材料进场使用报验单及附件	20140303	58-71	
9		中铁××局××监理	××城市轨道交通（或地铁）××号线建设项目××标段××车站土建工程 Q235Φ10 钢筋 2014 年 3 月 3 日材料进场使用报验单及附件	20140303	72-80	
10		中铁××局××监理	××城市轨道交通（或地铁）××号线建设项目××标段××车站土建工程 Q235Φ10 钢筋 2014 年 3 月 4 日材料进场使用报验单及附件	20140304	81-92	
11		中铁××局××监理	××城市轨道交通（或地铁）××号线建设项目××标段××车站土建工程 Q235Φ22 钢筋 2014 年 3 月 4 日材料进场使用报验单及附件	20140304	93-100	
12		中铁××局××监理	××城市轨道交通（或地铁）××号线建设项目××标段××车站土建工程 Q235Φ10 钢筋 2014 年 3 月 4 日材料进场使用报验单及附件	20140304	101-109	
13		中铁××局××监理	××城市轨道交通（或地铁）××号线建设项目××标段××车站土建工程 HRB335Φ25、HRB335Φ22、HRB335Φ20 钢筋 2014 年 3 月 8 日材料进场使用报验单及附件	20140308	110-122	
14		中铁××局××监理	××城市轨道交通（或地铁）××号线建设项目××标段××车站土建工程 HRB335Φ16、Φ12 钢筋 2014 年 3 月 8 日材料进场使用报验单及附件	20140308	123-131	
15		中铁××局××监理	××城市轨道交通（或地铁）××号线建设项目××标段××车站土建工程 HRB335Φ25、Φ20 钢筋 2014 年 3 月 25 日材料进场使用报验单及附件	201340325	132-146	

例 3-6：车站地下连续墙（一）

档　　　号　DX. 03. 01. x. 01-00x

　　　××城市轨道交通（或地铁）××号线建设项目××
标段××车站支护子分部工程质量验收记录，地下连续墙
分项工程质量验收记录、抗压强度汇总表，西一段至西六
段地下连续墙施工测量报验单及附件、检验批质量验收记
录、工序质量报验单及施工现场试验检测记录

立卷单位　　　　　中铁××局集团有限公司
起止时间　　　　　20140225-20140606
保管期限　　　　　　　　30 年
密　　　级

　　注：支护子分部工程质量验收记录及地下连续墙成槽、钢筋、混凝土等各分项工程质量验收记录组卷时应归在桩号
或编号最小（或左侧）的地下连续墙施工测量报验单、检验批、工序报验等文件的前面，并在案卷题名中予以注明，后
面的案卷中不再归入。第 1 个段落地下连续墙所有施工测量报验单、检验批、工序质量报验单等文件整理组卷完成后，再
整理第 2 个段落，卷内文件按照施工段落的编号结合工艺流程依次排列。一个段落的文件不要分散在两个案卷中。

序号	文件编号	责任者	文件材料题名	日期	页号	备注
1		中铁××局 ××监理	××城市轨道交通（或地铁）××号线建设项目××标段××车站支护子分部工程质量验收记录	20140606	1-3	
2		中铁××局 ××监理	××城市轨道交通（或地铁）××号线建设项目××标段××车站地下连续墙成槽分项工程质量验收记录	20140406	4-6	
3		中铁××局 ××监理	××城市轨道交通（或地铁）××号线建设项目××标段××车站地下连续墙钢筋分项工程质量验收记录	20140406	7-8	
4		中铁××局 ××监理	××城市轨道交通（或地铁）××号线建设项目××标段××车站地下连续墙混凝土分项工程质量验收记录	20140506	9-10	
5		中铁××局 ××监理	××城市轨道交通（或地铁）××号线建设项目××标段××车站地下连续墙混凝土抗压强度汇总表	20140505	11-12	
6		中铁××局 ××监理	××城市轨道交通（或地铁）××号线建设项目××标段××车站西一段至西六段地下连续墙施工测量报验单及附件	20140225	13-16	
7		中铁××局 ××监理	××城市轨道交通（或地铁）××号线建设项目××标段××车站西一段地下连续墙成槽检验批质量验收记录、工序质量报验单	20140301	17-20	
8		中铁××局 ××监理	××城市轨道交通（或地铁）××号线建设项目××标段××车站西一段地下连续墙钢筋加工及安装检验批质量验收记录、工序质量报验单、隐蔽工程验收记录	20140302	21-25	
9		中铁××局 ××监理	××城市轨道交通（或地铁）××号线建设项目××标段××车站西一段地下连续墙混凝土浇筑检验批质量验收记录、工序质量报验单、混凝土出厂合格证及浇筑记录表	20140302	26-30	
10		中铁××局 ××监理	××城市轨道交通（或地铁）××号线建设项目××标段××车站西一段地下连续墙水泥抗压强度试验报告、高程及偏位复测记录	20140330	31-36	
11		中铁××局 ××监理	××城市轨道交通（或地铁）××号线建设项目××标段××车站西二段地下连续墙成槽检验批质量验收记录、工序质量报验单	20140303	37-40	
12		中铁××局 ××监理	××城市轨道交通（或地铁）××号线建设项目××标段××车站西二段地下连续墙钢筋加工及安装检验批质量验收记录、工序质量报验单、隐蔽工程验收记录	20140303	41-45	
13		中铁××局 ××监理	××城市轨道交通（或地铁）××号线建设项目××标段××车站西二段地下连续墙混凝土浇筑检验批质量验收记录、工序质量报验单、混凝土出厂合格证及浇筑记录表	20140303	46-51	
14		中铁××局 ××监理	××城市轨道交通（或地铁）××号线建设项目××标段××车站西二段地下连续墙水泥抗压强度试验报告、高程及偏位复测记录	20140331	52-55	
15		—	…下一施工段落地下连续墙各检验批质量验收记录、工序质量报验单同上，按施工段落编号结合工艺流程依次排列	—	—	

例 3-7：车站地下连续墙（二）

档　　号　DX.03.01.x.01-00x

　　××城市轨道交通（或地铁）××号线建设项目××
标段××车站西七段至西十二段地下连续墙施工测量报验
单及附件、检验批质量验收记录、工序质量报验单及施工
现场试验检测记录

立卷单位　　　　　　中铁××局集团有限公司

起止时间　　　　　　20140226-20140407

保管期限　　　　　　　　30 年

密　　级

　　注：支护子分部工程质量验收记录及地下连续墙成槽、钢筋、混凝土等各分项工程质量验收记录已经归在桩号或编
号最小（或左侧）的地下连续墙的案卷中（例 3-6），后面的案卷（例 3-7）不再出现该文件。

卷 内 目 录

序号	文件编号	责任者	文件材料题名	日期	页号	备注
1		中铁××局××监理	××城市轨道交通（或地铁）××号线建设项目××标段××车站西六段至西十二段地下连续墙施工测量报验单及附件	20140226	1-10	
2		中铁××局××监理	××城市轨道交通（或地铁）××号线建设项目××标段××车站西六段地下连续墙成槽检验批质量验收记录、工序质量报验单	20140305	11-16	
3		中铁××局××监理	××城市轨道交通（或地铁）××号线建设项目××标段××车站西六段地下连续墙钢筋加工及安装检验批质量验收记录、工序质量报验单、隐蔽工程验收记录	20140305	17-23	
4		中铁××局××监理	××城市轨道交通（或地铁）××号线建设项目××标段××车站西六段地下连续墙混凝土浇筑检验批质量验收记录、工序质量报验单、混凝土出厂合格证及浇筑记录表	20140305	24-30	
5		中铁××局××监理	××城市轨道交通（或地铁）××号线建设项目××标段××车站西六段地下连续墙水泥抗压强度试验报告、高程及偏位复测记录	20140403	31-36	
6		中铁××局××监理	××城市轨道交通（或地铁）××号线建设项目××标段××车站西七段地下连续墙成槽检验批质量验收记录、工序质量报验单	20140306	37-43	
7		中铁××局××监理	××城市轨道交通（或地铁）××号线建设项目××标段××车站西七段地下连续墙钢筋加工及安装检验批质量验收记录、工序质量报验单、隐蔽工程验收记录	20140306	44-50	
8		中铁××局××监理	××城市轨道交通（或地铁）××号线建设项目××标段××车站西七段地下连续墙混凝土浇筑检验批质量验收记录、工序质量报验单、混凝土出厂合格证及浇筑记录表	20140306	51-57	
9		中铁××局××监理	××城市轨道交通（或地铁）××号线建设项目××标段××车站西七段地下连续墙水泥抗压强度试验报告、高程及偏位复测记录	20140404	58-64	
10		中铁××局××监理	××城市轨道交通（或地铁）××号线建设项目××标段××车站西八段地下连续墙成槽检验批质量验收记录、工序质量报验单	20140308	65-72	
11		中铁××局××监理	××城市轨道交通（或地铁）××号线建设项目××标段××车站西八段地下连续墙钢筋加工及安装检验批质量验收记录、工序质量报验单、隐蔽工程验收记录	20140308	73-79	
12		中铁××局××监理	××城市轨道交通（或地铁）××号线建设项目××标段××车站西八段地下连续墙混凝土浇筑检验批质量验收记录、工序质量报验单、混凝土出厂合格证及浇筑记录表	20140308	80-86	
13		中铁××局××监理	××城市轨道交通（或地铁）××号线建设项目××标段××车站西八段地下连续墙水泥抗压强度试验报告、高程及偏位复测记录	20140407	87-93	
14		—	…下一施工段落地下连续墙各检验批质量验收记录、工序质量报验单同上，按施工段落编号结合工艺流程依次排列	—	—	

例 3-8：车站防水工程（一）

档　　号　　DX.03.01.x.01-00x

　　××城市轨道交通（或地铁）××号线建设项目××标段××车站防水分部工程质量验收记录，防水混凝土、水泥砂浆防水层、卷材防水层、涂料防水层等分项工程质量验收记录、检验批质量验收记录、工序质量报验单

立卷单位　　　　中铁××局集团有限公司
起止时间　　　　20140305-20140526
保管期限　　　　　　30 年
密　　级

注：防水分部工程质量验收记录组卷时应归在第1个分项（防水混凝土）工程质量验收记录前面，后面的案卷中不再出现该文件。各分项工程质量验收记录分别归在相应的桩号或编号最小（或左侧）施工段落的检验批、工序报验等文件的前面，后面的案卷中不再出现该文件。

序号	文件编号	责任者	文件材料题名	日期	页号	备注
1		中铁××局××监理	××城市轨道交通（或地铁）××号线建设项目××标段××车站防水工程分部工程质量验收记录	20140526	1-3	
2		中铁××局××监理	××城市轨道交通（或地铁）××号线建设项目××标段××车站防水混凝土分项工程质量验收记录	20140308	4-5	
3		中铁××局××监理	××城市轨道交通（或地铁）××号线建设项目××标段××车站×段防水混凝土检验批质量验收记录、工序质量报验单	20140305	6-9	
4		中铁××局××监理	××城市轨道交通（或地铁）××号线建设项目××标段××车站×段防水混凝土检验批质量验收记录、工序质量报验单	20140306	10-13	
5		中铁××局××监理	…下一施工段落防水混凝土检验批质量验收记录、工序质量报验单同上，按施工段落编号依次排列	—	—	
6		中铁××局××监理	××城市轨道交通（或地铁）××号线建设项目××标段××车站水泥砂浆防水层分项工程质量验收记录	20140313	32-35	
7		中铁××局××监理	××城市轨道交通（或地铁）××号线建设项目××标段××车站×段水泥砂浆防水层检验批质量验收记录、工序质量报验单	20140311	36-39	
8		中铁××局××监理	××城市轨道交通（或地铁）××号线建设项目××标段××车站×段水泥砂浆防水层检验批质量验收记录、工序质量报验单	20140310	40-42	
9		中铁××局××监理	…下一施工段落水泥砂浆防水层检验批质量验收记录、工序质量报验单同上，按施工段落编号依次排列	—	—	
10		中铁××局××监理	××城市轨道交通（或地铁）××号线建设项目××标段××车站卷材防水层分项工程质量验收记录	20140315	56-58	
11		中铁××局××监理	××城市轨道交通（或地铁）××号线建设项目××标段××车站×段卷材防水层检验批质量验收记录、工序质量报验单	20140306	59-63	
12		中铁××局××监理	××城市轨道交通（或地铁）××号线建设项目××标段××车站×段卷材防水层检验批质量验收记录、工序质量报验单	20140309	64-67	
13		中铁××局××监理	…下一施工段落卷材防水层检验批质量验收记录、工序质量报验单同上，按施工段落编号依次排列	—	—	
14		中铁××局××监理	××城市轨道交通（或地铁）××号线建设项目××标段××车站涂料防水层分项工程质量验收记录	20140314	82-85	
15			—	—	—	

例 3-9：车站防水工程（二）

档　　号　 DX.03.01.x.01-00x

　　　××城市轨道交通（或地铁）××号线建设项目××标段××车站塑料板防水层、金属板水层、防水保护层、细部结构等分项工程质量验收记录、检验批质量验收记录、工序质量报验单

立卷单位　　　　中铁××局集团有限公司
起止时间　　　　20140305-20140414
保管期限　　　　　　　30 年
密　　级

　　注：防水分部工程质量验收记录已经归在第 1 个的分项（防水混凝土）工程质量验收记录及检验批、工序报验单的案卷中（例 3-8），后面的案卷（例 3-9）不再出现该文件。例 3-8、例 3-9 为车站地基与基础防水工程案例，其他防水工程整理、组卷可参照此案例。如果该部分文件数量较少，则可以组成一卷，例 3-8 的案卷题名中"防水混凝土、水泥砂浆防水层…"部分可以删除。如果文件数量较多，超过一卷的，应参照例 3-8、例 3-9 进行整理组卷、拟写案卷题名。

序号	文件编号	责任者	文件材料题名	日期	页号	备注
1		中铁××局××监理	××城市轨道交通（或地铁）××号线建设项目××标段××车站塑料板防水层分项工程质量验收记录	20140308	1-5	
2		中铁××局××监理	××城市轨道交通（或地铁）××号线建设项目××标段××车站×段塑料板防水层检验批质量验收记录、工序质量报验单	20140305	6-9	
3		中铁××局××监理	××城市轨道交通（或地铁）××号线建设项目××标段××车站×段塑料板防水层检验批质量验收记录、工序质量报验单	20140306	10-13	
4		中铁××局××监理	…下一施工段落塑料板防水层检验批质量验收记录、工序质量报验单同上，按施工段落编号依次排列	—	—	
5		中铁××局××监理	××城市轨道交通（或地铁）××号线建设项目××标段××车站金属板防水层分项工程质量验收记录	20140313	32-35	
6		中铁××局××监理	××城市轨道交通（或地铁）××号线建设项目××标段××车站×段金属板防水层检验批质量验收记录、工序质量报验单	20140311	36-39	
7		中铁××局××监理	××城市轨道交通（或地铁）××号线建设项目××标段××车站×段金属板防水层检验批质量验收记录、工序质量报验单	20140310	40-42	
8		中铁××局××监理	…下一施工段落金属板防水层检验批质量验收记录、工序质量报验单同上，按施工段落编号依次排列	—	—	
9		中铁××局××监理	××城市轨道交通（或地铁）××号线建设项目××标段××车站防水保护层分项工程质量验收记录	20140315	56-58	
10		中铁××局××监理	××城市轨道交通（或地铁）××号线建设项目××标段××车站×段防水保护层检验批质量验收记录、工序质量报验单	20140306	59-63	
11		中铁××局××监理	××城市轨道交通（或地铁）××号线建设项目××标段××车站×段防水保护层检验批质量验收记录、工序质量报验单	20140309	64-67	
12		中铁××局××监理	…下一施工段落防水保护层检验批质量验收记录、工序质量报验单同上，按施工段落编号依次排列	—	—	
13		中铁××局××监理	××城市轨道交通（或地铁）××号线建设项目××标段××车站防水工程细部构造分项工程质量验收记录	20140414	82-85	
14		中铁××局××监理	××城市轨道交通（或地铁）××号线建设项目××标段××车站×段防水工程细部构造检验批质量验收记录、工序质量报验单	20140412	86-89	
15		中铁××局××监理	…下一施工段落防水工程细部构造检验批质量验收记录、工序质量报验单同上，按施工段落编号依次排列	—	—	

例 3-10：车站混凝土结构

档　　号　DX.03.01.x.01-00x

　　××城市轨道交通（或地铁）××号线建设项目××标段××车站主体结构分部、混凝土结构子分部、分项工程质量验收记录、抗压强度汇总表、施工测量报验单及附件、检验批质量验收记录、工序质量报验单及施工现场试验检测记录

立卷单位　　　　中铁××局集团有限公司
起止时间　　　　20140103-20140608
保管期限　　　　　　　30 年
密　　级

　　注：主体结构分部工程质量验收记录组卷时应归在第1个子分部（混凝土结构）工程质量验收记录前面，后面的案卷中不再出现该文件。本案例为混凝土结构只组了一卷，如果混凝土结构超过一卷的，应参照例3-6、例3-7或例3-8、例3-9的方法来整理组卷、拟写案卷题名。其他混凝土结构整理组卷时可参照此案例。

卷 内 目 录

例 3-11：车站钢结构（一）

档　　　号　DX.03.01.x.01-00x

　　××城市轨道交通（或地铁）××号线建设项目××标段××车站钢结构子分部、钢构件组装分项工程质量验收记录、检验批质量验收记录、工序质量报验单及允许偏差检查记录

立卷单位　　　中铁××局集团有限公司
起止时间　　　20140610-20150115
保管期限　　　　　　30 年
密　　级

　　注：主体结构分部工程质量验收记录已归在第1个子分部（混凝土结构）的案卷中（例3-10），后面的案卷（例3-11）不再出现该文件。钢结构子分部工程质量验收记录应归在第1个分项（钢构件组装）工程质量验收记录前面，后面的案卷中不再出现该文件。钢结构焊接、连接、制作、组装等分项应分别整理组卷，案例3-11为钢结构组装案例，其他分项整理、组卷时参照此案例。一个分项资料较少的，可几个分项组成一卷，第1个分项整理组卷完成以后，再整理第2个分项，一个分项的资料尽可能不要分散在两个案卷中。

序号	文件编号	责任者	文件材料题名	日期	页号	备注
1		中铁××局 ××监理	××城市轨道交通（或地铁）××号线建设项目××标段××车站钢结构子分部工程质量验收记录	20150115	1-1	
2		中铁××局 ××监理	××城市轨道交通（或地铁）××号线建设项目××标段××车站钢构件组装分项工程质量验收记录	20141115	2-2	
3		中铁××局 ××监理	××城市轨道交通（或地铁）××号线建设项目××标段××车站基础顶面（1-11轴/G-M轴）钢构件组装检验批质量验收记录、工序质量报验单	20140610	3-4	
4		中铁××局 ××监理	××城市轨道交通（或地铁）××号线建设项目××标段××车站基础顶面（1-11轴/G-M轴）钢构件组装分项工程检验批中有关允许偏差检查记录	20140610	5-6	
5		中铁××局 ××监理	××城市轨道交通（或地铁）××号线建设项目××标段××车站基础顶面（1-11轴/A-F轴）钢构件组装检验批质量验收记录、工序质量报验单	20140612	7-8	
6		中铁××局 ××监理	××城市轨道交通（或地铁）××号线建设项目××标段××车站基础顶面（1-11轴/A-F轴）钢构件组装分项工程检验批中有关允许偏差检查记录	20140612	9-10	
7		中铁××局 ××监理	××城市轨道交通（或地铁）××号线建设项目××标段××车站地下负一层（1-11轴/G-M轴）钢构件组装检验批质量验收记录、工序质量报验单	20140618	11-12	
8		中铁××局 ××监理	××城市轨道交通（或地铁）××号线建设项目××标段××车站地下负一层（1-11轴/G-M轴）钢构件组装分项工程检验批中有关允许偏差检查记录	20140618	13-14	
9		中铁××局 ××监理	××城市轨道交通（或地铁）××号线建设项目××标段××车站地下负一层（1-11轴/A-F轴）钢构件组装检验批质量验收记录、工序质量报验单	20140623	15-16	
10		中铁××局 ××监理	××城市轨道交通（或地铁）××号线建设项目××标段××车站地下负一层（1-11轴/A-F轴）钢构件组装分项工程检验批中有关允许偏差检查记录	20140623	17-18	
11		中铁××局 ××监理	××城市轨道交通（或地铁）××号线建设项目××标段××车站一层（1-11轴/G-M轴）钢构件组装检验批质量验收记录、工序质量报验单	20140716	19-20	
12		中铁××局 ××监理	××城市轨道交通（或地铁）××号线建设项目××标段××车站一层（1-11轴/G-M轴）钢构件组装分项工程检验批中有关允许偏差检查记录	20140716	21-22	
13		中铁××局 ××监理	××城市轨道交通（或地铁）××号线建设项目××标段××车站一层（1-11轴/A-F轴）钢构件组装检验批质量验收记录、工序质量报验单	20140720	23-24	
14		中铁××局 ××监理	××城市轨道交通（或地铁）××号线建设项目××标段××车站一层（1-11轴/A-F轴）钢构件组装分项工程检验批中有关允许偏差检查记录	20140720	25-26	
15		中铁××局 ××监理	…下一施工区域的钢构件组装检验批质量验收记录、工序质量报验单及检验批中有关允许偏差检查记录同上，按施工区域或部位依次排列	—	—	

例 3-12：车站钢结构（二）

档　　号　DX.03.01.x.01-00x

　　　××城市轨道交通（或地铁）××号线建设项目××标段××车站钢结构工程一、二级焊缝内部缺陷探伤报告、钢柱垂直度检测报告、防火涂料涂层厚度检测报告

立卷单位　　　中铁××局集团有限公司
起止时间　　　20141109-20150118
保管期限　　　　　30 年
密　　级

注：钢结构检测文件可单独组卷。部分检测项目文件较少的，如内部缺陷探伤报告、钢柱垂直度检测报告、防火涂料涂层厚度检测报告等，可合并组成一卷。

序号	文件编号	责任者	文件材料题名	日期	页号	备注
1		中铁××局 ××监理	××城市轨道交通（或地铁）××号线建设项目××标段××车站地下负二层钢结构一、二级焊缝内部缺陷探伤报告	20150115	1-21	
2		中铁××局 ××监理	××城市轨道交通（或地铁）××号线建设项目××标段××车站地下负一层钢结构一、二级焊缝内部缺陷探伤报告	20141110	22-41	
3		中铁××局 ××监理	××城市轨道交通（或地铁）××号线建设项目××标段××车站一层钢结构一、二级焊缝内部缺陷探伤报告	20141112	42-58	
4		中铁××局 ××监理	…下一施工区域的一、二级焊缝内部缺陷探伤报告同上，按施工区域或部位依次排列	—	—	
5		中铁××局 ××监理	××城市轨道交通（或地铁）××号线建设项目××标段××车站钢结构钢柱垂直度检测报告	20141109	71-90	
6		中铁××局 ××监理	××城市轨道交通（或地铁）××号线建设项目××标段××车站地下负二层钢结构钢柱垂直度检测报告	20150118	91-93	
7		中铁××局 ××监理	××城市轨道交通（或地铁）××号线建设项目××标段××车站地下负一层钢结构钢柱垂直度检测报告	20150118	94-97	
8		中铁××局 ××监理	××城市轨道交通（或地铁）××号线建设项目××标段××车站一层钢结构钢柱垂直度检测报告	20150118	98-100	
9		中铁××局 ××监理	…下一施工区域的钢结构钢柱垂直度检测报告同上，按施工区域或部位依次排列	—	—	
10		中铁××局 ××监理	××城市轨道交通（或地铁）××号线建设项目××标段××车站地下负二层钢结构防火涂料涂层厚度检测报告	20150118	106-110	
11		中铁××局 ××监理	××城市轨道交通（或地铁）××号线建设项目××标段××车站地下负一层钢结构防火涂料涂层厚度检测报告	20150118	111-114	
12		中铁××局 ××监理	××城市轨道交通（或地铁）××号线建设项目××标段××车站一层钢结构防火涂料涂层厚度检测报告	20150118	115-118	
13		中铁××局 ××监理	…下一施工区域的钢结构防火涂料涂层厚度检测报告同上，按施工区域或部位依次排列	—	—	

例 3-13：车站钢结构（三）

档　　号　　DX.03.01.x.01-00x

　　××城市轨道交通（或地铁）××号线建设项目××标段××车站钢结构工程钢结构焊接工艺评定报告、焊缝隐蔽工程检查验收记录、高强度螺栓施工中终拧扭矩（梅花头）检查记录、高强度螺栓摩擦面检查验收记录

立卷单位　　　　　中铁××局集团有限公司
起止时间　　　　　20141109-20150118
保管期限　　　　　　　　30 年
密　　级

卷 内 目 录

序号	文件编号	责任者	文件材料题名	日期	页号	备注
1		中铁××局××监理	××城市轨道交通（或地铁）××号线建设项目××标段××车站钢结构焊接工艺评定报告	20150115	1-28	
2		中铁××局××监理	××城市轨道交通（或地铁）××号线建设项目××标段××车站地下负一层（1-11轴/G-M轴）钢柱焊缝隐蔽工程检查验收记录	20141110	29-29	
3		中铁××局××监理	××城市轨道交通（或地铁）××号线建设项目××标段××车站地下负一层（1-11轴/A-F轴）钢柱焊缝隐蔽工程检查验收记录	20141112	30-30	
4		中铁××局××监理	××城市轨道交通（或地铁）××号线建设项目××标段××车站一层（1-11轴/G-M轴）钢柱隐蔽工程检查验收记录	20141212	31-31	
5		中铁××局××监理	××城市轨道交通（或地铁）××号线建设项目××标段××车站一层（1-11轴/G-M轴）钢梁隐蔽工程检查验收记录	20141109	32-32	
6		中铁××局××监理	××城市轨道交通（或地铁）××号线建设项目××标段××车站一层（1-11轴/A-F轴）钢柱隐蔽工程检查验收记录	20150118	33-33	
7		中铁××局××监理	…下一施工区域的钢柱隐蔽工程检查验收记录同上，按施工区域或部位依次排列	—	—	
8		中铁××局××监理	××城市轨道交通（或地铁）××号线建设项目××标段××车站负一层钢结构（1-11轴/DM轴）高强度螺栓施工中终拧扭矩（梅花头）检查记录	20150118	41-41	
9		中铁××局××监理	××城市轨道交通（或地铁）××号线建设项目××标段××车站一层钢结构（1-11轴/DM轴）高强度螺栓施工中终拧扭矩（梅花头）检查记录	20150118	42-42	
10		中铁××局××监理	…下一施工区域的高强度螺栓施工中终拧扭矩（梅花头）检查记录同上，按施工区域或部位依次排列	—	—	
11		中铁××局××监理	××城市轨道交通（或地铁）××号线建设项目××标段××车站负一层钢结构（1-11轴/G-M轴）高强度螺栓摩擦面检查验收记录	20150118	51-51	
12		中铁××局××监理	××城市轨道交通（或地铁）××号线建设项目××标段××车站一层钢结构（1-11轴/G-M轴）高强度螺栓摩擦面检查验收记录	20150118	52-52	
13		中铁××局××监理	…下一施工区域的高强度螺栓摩擦面检查验收记录同上，按施工区域或部位依次排列	—	—	

例 3-14：车站空调风系统

档　　　号　<u>DX.03.01.x.03.01-00x</u>

　　××城市轨道交通（或地铁）××号线建设项目××标段××车站通风与空调安装工程空调风系统子分部、分项工程质量验收记录、检验批质量验收记录、工序质量报验单

立卷单位　　<u>　　　　中铁××局集团有限公司　　　　</u>
起止时间　　<u>　　　　20141109—20150211　　　　</u>
保管期限　　<u>　　　　　　　30 年　　　　　　　</u>
密　　　级　　<u>　　　　　　　　　　　　　　　</u>

　　注：通风与空调分部工程质量验收记录应归在第 1 个子分部（送、排风系统）工程质量验收记录前面，不在例 3-14、例 3-15 案例中。

序号	文件编号	责任者	文件材料题名	日期	页号	备注
1		中铁××局××监理	××城市轨道交通（或地铁）××号线建设项目××标段××车站通风与空调安装工程空调风系统子分部工程质量验收记录	20150211	1-4	
2		中铁××局××监理	××城市轨道交通（或地铁）××号线建设项目××标段××车站通风与空调安装工程空调风系统风管与配件制作分项工程质量验收记录	20141120	5-7	
3		中铁××局××监理	××城市轨道交通（或地铁）××号线建设项目××标段××车站空调风系统地下负二层风管与配件制作检验批质量验收记录、工序质量报验单	20141112	8-10	
4		中铁××局××监理	××城市轨道交通（或地铁）××号线建设项目××标段××车站空调风系统地下负一层风管与配件制作检验批质量验收记录、工序质量报验单	20141112	11-13	
5		中铁××局××监理	××城市轨道交通（或地铁）××号线建设项目××标段××车站空调风系统一层风管与配件制作检验批质量验收记录、工序质量报验单	20141109	14-16	
6		中铁××局××监理	××城市轨道交通（或地铁）××号线建设项目××标段××车站空调风系统二层风管与配件制作检验批质量验收记录、工序质量报验单	20141113	17-19	
7		中铁××局××监理	××城市轨道交通（或地铁）××号线建设项目××标段××车站通风与空调安装工程空调风系统风管部件制作分项工程质量验收记录	20141220	—	
8		中铁××局××监理	××城市轨道交通（或地铁）××号线建设项目××标段××车站空调风系统地下负二层风管部件制作检验批质量验收记录、工序质量报验	20141213	30-32	
9		中铁××局××监理	…下一施工区域的风管部件制作检验批质量验收记录、工序质量报验单同上，按施工区域或部位依次排列	—	—	
10		中铁××局××监理	××城市轨道交通（或地铁）××号线建设项目××标段××车站通风与空调安装工程空调风系统风管系统安装分项工程质量验收记录	20141225	48-50	
11		中铁××局××监理	××城市轨道交通（或地铁）××号线建设项目××标段××车站空调风系统地下负二层风管系统安装检验批质量验收记录、工序质量报验单	20141218	51-53	
12		中铁××局××监理	…下一施工区域的风管系统安装检验批质量验收记录、工序质量报验单同上，按施工区域或部位依次排列	—	—	
13		中铁××局××监理	××城市轨道交通（或地铁）××号线建设项目××标段××车站通风与空调安装工程空调风系统风机与空气处理设备安装分项工程质量验收记录	20150109	65-67	
14		中铁××局××监理	××城市轨道交通（或地铁）××号线建设项目××标段××车站空调风系统地下负二层风机与空气处理设备安装检验批质量验收记录、工序质量报验单	20150101	68-70	
15		中铁××局××监理	…下一施工区域的风机与空气处理设备安装检验批质量验收记录、工序质量报验单同上，按施工区域或部位依次排列	—	—	

例 3-15：车站空调水系统

档　　号　　DX.03.01.x.03.01-00x

　　××城市轨道交通（或地铁）××号线建设项目××标段××车站通风与空调安装工程空调水系统子分部、分项工程质量验收记录、检验批质量验收记录、工序质量报验单

立卷单位_____中铁××局集团有限公司_____
起止时间_____20141109—20150122_____
保管期限_____30 年_____
密　　级_____

注：通风与空调工程的各个子分部（送、排风系统、防排烟系统、风系统、制冷设备系统、水系统、净化系统、除尘系统等）以子分部工程为单位组卷。案例 3-14、例 3-15 为车站设备安装工程的通风与空调风系统、水系统的整理组卷方法，通风与空调工程的其他各子分部可参照执行。一个子分部工程文件较少的，可以几个子分部组成一卷，一个子分部的文件尽可能不要分散在两个案卷中。

卷 内 目 录

序号	文件编号	责任者	文件材料题名	日期	页号	备注
1		中铁××局××监理	××城市轨道交通（或地铁）××号线建设项目××标段××车站通风与空调安装工程空调水系统子分部工程质量验收记录	20150122	1-4	
2		中铁××局××监理	××城市轨道交通（或地铁）××号线建设项目××标段××车站通风与空调安装工程空调水系统冷热水管道安装分项工程质量验收记录	20141120	5-7	
3		中铁××局××监理	××城市轨道交通（或地铁）××号线建设项目××标段××车站空调水系统地下负二层冷热水管道安装检验批质量验收记录、工序质量报验单	20141112	8-10	
4		中铁××局××监理	××城市轨道交通（或地铁）××号线建设项目××标段××车站空调水系统地下负一层冷热水管道安装检验批质量验收记录、工序质量报验单	20141112	11-13	
5		中铁××局××监理	××城市轨道交通（或地铁）××号线建设项目××标段××车站空调水系统一层冷热水管道安装检验批质量验收记录、工序质量报验单	20141109	14-16	
6		中铁××局××监理	××城市轨道交通（或地铁）××号线建设项目××标段××车站空调水系统二层冷热水管道安装检验批质量验收记录、工序质量报验单	20141113	17-19	
7		中铁××局××监理	××城市轨道交通（或地铁）××号线建设项目××标段××车站通风与空调安装工程空调水系统冷却水管道系统安装分项工程质量验收记录	20141220	20-22	
8		中铁××局××监理	××城市轨道交通（或地铁）××号线建设项目××标段××车站空调水系统地下负二层冷却水管道系统安装检验批质量验收记录、工序质量报验单	20141213	23-25	
9		中铁××局××监理	…下一施工区域的冷却水管道系统安装检验批质量验收记录、工序质量报验单同上，按施工区域或部位依次排列	—	—	
10		中铁××局××监理	××城市轨道交通（或地铁）××号线建设项目××标段××车站通风与空调安装工程空调水系统冷凝水管道系统安装分项工程质量验收记录	20141225	48-50	
11		中铁××局××监理	××城市轨道交通（或地铁）××号线建设项目××标段××车站空调水系统地下负二层冷凝水管道系统安装检验批质量验收记录、工序质量报验单	20141218	51-53	
12		中铁××局××监理	…下一施工区域的冷凝水管道系统安装检验批质量验收记录、工序质量报验单同上，按施工区域或部位依次排列	—	—	
13		中铁××局××监理	××城市轨道交通（或地铁）××号线建设项目××标段××车站通风与空调安装工程空调水系统阀门及部件安装分项工程质量验收记录	20150109	65-67	
14		中铁××局××监理	××城市轨道交通（或地铁）××号线建设项目××标段××车站空调水系统地下负二层阀门及部件安装检验批质量验收记录、工序质量报验单	20150101	68-70	
15		中铁××局××监理	…下一施工区域的阀门及部件安装检验批质量验收记录、工序质量报验单同上，按施工区域或部位依次排列	—	—	

例 3-16：车站给排水与采暖工程（一）

档　　号　DX.03.01.x.03.02-00x

　　××城市轨道交通（或地铁）××号线建设项目××标段××车站给水排水与采暖分部工程质量验收记录，室内给水排水系统子分部、分项工程质量验收记录、检验批质量验收记录、工序质量报验单

立卷单位　　　　中铁××局集团有限公司
起止时间　　　20141109-20150308
保管期限　　　　　　30 年
密　　级

注：给水排水与采暖分部工程质量验收记录组卷时应归在第 1 个子分部（室内给水系统）工程质量验收文件的前面，各子分部工程质量验收记录应归在相应的第 1 个分项工程质量验收记录的前面，后面的案卷中不再出现该文件，在拟写案卷题名时应予以注明。

卷 内 目 录

序号	文件编号	责任者	文件材料题名	日期	页号	备注
1		中铁××局××监理	××城市轨道交通（或地铁）××号线建设项目××标段××车站给水排水与采暖分部工程质量验收记录	20150308	1-4	
2		中铁××局××监理	××城市轨道交通（或地铁）××号线建设项目××标段××车站室内给水系统子分部工程质量验收记录	20150215	5-7	
3		中铁××局××监理	××城市轨道交通（或地铁）××号线建设项目××标段××车站室内给水系统支架制作安装分项工程质量验收记录	20141120	8-10	
4		中铁××局××监理	××城市轨道交通（或地铁）××号线建设项目××标段××车站室内给水系统地下负一层支架制作安装检验批质量验收记录、工序质量报验单	20141112	11-13	
5		中铁××局××监理	××城市轨道交通（或地铁）××号线建设项目××标段××车站室内给水系统一层支架制作安装检验批质量验收记录、工序质量报验单	20141112	14-16	
6		中铁××局××监理	××城市轨道交通（或地铁）××号线建设项目××标段××车站室内给水系统二层支架制作安装检验批质量验收记录、工序质量报验单	20141109	17-19	
7		中铁××局××监理	××城市轨道交通（或地铁）××号线建设项目××标段××车站室内给水系统给水管道及配件安装分项工程质量验收记录	20141113	20-22	
8		中铁××局××监理	××城市轨道交通（或地铁）××号线建设项目××标段××车站室内给水系统地下负一层给水管道及配件安装检验批质量验收记录、工序质量报验单	20141220	23-25	
9		中铁××局××监理	…下一施工区域的给水管道及配件安装检验批质量验收记录、工序质量报验单同上，按施工区域或部位依次排列	—	—	
10		中铁××局××监理	××城市轨道交通（或地铁）××号线建设项目××标段××车站室内给水系统室内消火栓系统安装分项工程质量验收记录	20141225	48-50	
11		中铁××局××监理	××城市轨道交通（或地铁）××号线建设项目××标段××车站室内给水系统地下负一层室内消火栓系统安装检验批质量验收记录、工序质量报验单	20141218	51-53	
12		中铁××局××监理	…下一施工区域的室内消火栓系统安装检验批质量验收记录、工序质量报验单同上，按施工区域或部位依次排列	—	—	
13		中铁××局××监理	××城市轨道交通（或地铁）××号线建设项目××标段××车站室内排水系统子分部工程质量验收记录	20150208	65-67	
14		中铁××局××监理	××城市轨道交通（或地铁）××号线建设项目××标段××车站室内排水系统排水管道及配件安装分项工程质量验收记录	20150109	68-70	
15		中铁××局××监理	××城市轨道交通（或地铁）××号线建设项目××标段××车站室内排水系统地下负一层排水管道及配件安装检验批质量验收记录、工序质量报验单	20150101	—	

95

例 3-17：车站给排水与采暖工程（二）

档　　号　DX.03.01.x.03.02-00x

　　××城市轨道交通（或地铁）××号线建设项目××标段××车站卫生器具安装、消防水系统子分部、分项工程质量验收记录、检验批质量验收记录、工序质量报验单

立卷单位_____中铁××局集团有限公司_____
起止时间_____20141109-20150211_____
保管期限_____30 年_____
密　　级_____

　　注：分部工程质量验收记录已归在第 1 个子分部（室内给水系统）的案卷中（例 3-16），后面的案卷（例 3-17）中不再出现该文件。给水排水与采暖各分项工程质量验收记录、检验批、工序报验单等文件组卷时应以子分部工程（室内给水系统、室内水排水系统、卫生器具安装等）为单位组卷。分项工程质量验收记录归在相应的检验批、工序报验单等文件前面。文件数量较少的，可以几个子分部工程组成一卷，例 3-16 为室内给水系统、室内排水系统组成一卷，例 3-17 为卫生器具安装、消防水系统组成一卷。

卷 内 目 录

序号	文件编号	责任者	文件材料题名	日期	页号	备注
1		中铁××局 ××监理	××城市轨道交通（或地铁）××号线建设项目××标段××车站卫生器具安装子分部工程质量验收记录	20150211	1-4	
2		中铁××局 ××监理	××城市轨道交通（或地铁）××号线建设项目××标段××车站卫生器具安装卫生器具安装分项工程质量验收记录	20141120	5-7	
3		中铁××局 ××监理	××城市轨道交通（或地铁）××号线建设项目××标段××车站卫生器具安装地下负一层卫生器具安装检验批质量验收记录、工序质量报验单	20141112	8-10	
4		中铁××局 ××监理	××城市轨道交通（或地铁）××号线建设项目××标段××车站卫生器具安装一层卫生器具安装检验批质量验收记录、工序质量报验单	20141112	11-13	
5		中铁××局 ××监理	××城市轨道交通（或地铁）××号线建设项目××标段××车站卫生器具安装二层卫生器具安装检验批质量验收记录、工序质量报验单	20141109	14-16	
6		中铁××局 ××监理	××城市轨道交通（或地铁）××号线建设项目××标段××车站卫生器具安装卫生器具给水配件安装分项工程质量验收记录	20141113	17-19	
7		中铁××局 ××监理	××城市轨道交通（或地铁）××号线建设项目××标段××车站卫生器具安装地下负一层卫生器具给水配件安装检验批质量验收记录、工序质量报验单	20141216	20-22	
8		中铁××局 ××监理	…下一施工区域的卫生器具给水配件安装检验批质量验收记录、工序质量报验单同上，按施工区域或部位依次排列	—	—	
9		中铁××局 ××监理	××城市轨道交通（或地铁）××号线建设项目××标段××车站室卫生器具安装卫生器具排水管道安装分项工程质量验收记录	20141225	46-47	
10		中铁××局 ××监理	××城市轨道交通（或地铁）××号线建设项目××标段××车站卫生器具安装地下负一层卫生器具排水管道安装检验批质量验收记录、工序质量报验单	20141218	48-50	
11		中铁××局 ××监理	…下一施工区域的卫生器具排水管道安装检验批质量验收记录、工序质量报验单同上，按施工区域或部位依次排列	—	—	
12		中铁××局 ××监理	××城市轨道交通（或地铁）××号线建设项目××标段××车站消防水系统子分部工程质量验收记录	20150109	62-64	
13		中铁××局 ××监理	××城市轨道交通（或地铁）××号线建设项目××标段××车站消防水系统消防泵组安装分项工程质量验收记录	20150101	65-67	
14		中铁××局 ××监理	××城市轨道交通（或地铁）××号线建设项目××标段××车站室消防水系统地下负一层消防泵组安装检验批质量验收记录、工序质量报验单	20141218	68-70	
15		中铁××局 ××监理	…下一施工区域的消防泵组安装检验批质量验收记录、工序质量报验单同上，按施工区域或部位依次排列	—	—	

例 3-18：车站建筑电气-电气动力

档　　　号　DX.03.01.x.03.03-00x

　　××城市轨道交通（或地铁）××号线建设项目××标段××车站建筑电气分部、电气动力子分部工程质量验收记录，环控电柜箱、控制柜（屏、台）和动力、照明配电箱（盘）安装、低压电动机等分项工程质量验收记录、检验批质量验收记录、工序质量报验单

立卷单位　　　　　中铁××局集团有限公司
起止时间　　　　　20141111-20150307
保管期限　　　　　　　30 年
密　　　级

　　注：建筑电气分部工程质量验收记录组卷时应归在第 1 个子分部（电气动力）工程质量验收文件的前面，后面的案卷中不再出现该文件，在拟写案卷题名时应予以注明。

卷 内 目 录

序号	文件编号	责任者	文件材料题名	日期	页号	备注
1		中铁××局××监理	××城市轨道交通（或地铁）××号线建设项目××标段××车站建筑电气分部工程质量验收记录	20150307	1-4	
2		中铁××局××监理	××城市轨道交通（或地铁）××号线建设项目××标段××车站电气动力子分部工程质量验收记录	20150215	5-7	
3		中铁××局××监理	××城市轨道交通（或地铁）××号线建设项目××标段××车站电气动力子分部环控电柜箱分项工程质量验收记录	20141118	8-10	
4		中铁××局××监理	××城市轨道交通（或地铁）××号线建设项目××标段××车站电气动力子分部环控电柜箱检验批质量验收记录、工序质量报验单	20141111	11-13	
5		中铁××局××监理	××城市轨道交通（或地铁）××号线建设项目××标段××车站电气动力子分部控制柜（屏、台）和动力分项工程质量验收记录	20141120	14-16	
6		中铁××局××监理	××城市轨道交通（或地铁）××号线建设项目××标段××车站电气动力子分部控制柜（屏、台）和动力检验批质量验收记录、工序质量报验单	20141112	17-19	
7		中铁××局××监理	一照明配电箱（盘）安装、低压电气动力设备试验和试运行等分项工程质量验收及检验批质量验收记录、工序质量报验单同上			
8		中铁××局××监理	—	—	—	
9		中铁××局××监理	××城市轨道交通（或地铁）××号线建设项目××标段××车站电气动力子分部电缆桥架安装和桥架内电缆敷设分项工程质量验收记录	20141122	26-28	
10		中铁××局××监理	××城市轨道交通（或地铁）××号线建设项目××标段××车站电气动力子分部负一层电缆桥架安装和桥架内电缆敷设检验批质量验收记录、工序质量报验单	20141113	29-31	
11		中铁××局××监理	××城市轨道交通（或地铁）××号线建设项目××标段××车站电气动力子分部一层电缆桥架安装和桥架内电缆敷设检验批质量验收记录、工序质量报验单	20141114	32-35	
12		中铁××局××监理	…下一施工区域的电缆桥架安装和桥架内电缆敷设检验批质量验收记录、工序质量报验单同上，按施工区域依次排列	—	—	
13		中铁××局××监理	××城市轨道交通（或地铁）××号线建设项目××标段××车站电气动力子分部电线导管、电缆导管和线槽敷设分项工程质量验收记录	20150109	39-41	
14		中铁××局××监理	××城市轨道交通（或地铁）××号线建设项目××标段××车站电气动力子分部地下负一层电线导管、电缆导管和线槽敷设检验批质量验收记录、工序质量报验单	20150101	42-45	
15		中铁××局××监理	…下一施工区域的电线导管、电缆导管和线槽敷设检验批质量验收记录、工序质量报验单同上，按施工区域依次排列			

99

例 3-19：车站建筑电气-电气照明安装

档　　　号　DX.03.01.x.03.03-00x

　　　××城市轨道交通（或地铁）××号线建设项目××标段××车站电气照明安装子分部电缆头制作、接线和线路绝缘测试、普通灯具安装、专用灯具安装及开关、插座、风扇安装等分项工程质量验收记录、检验批质量验收记录、工序质量报验单

立卷单位　　　　　　中铁××局集团有限公司
起止时间　　　　　　20141113-20141214
保管期限　　　　　　　　30 年
密　　　级

　　注：建筑电气分部工程质量验收记录已经归在第 1 个子分部（电气动力）工程的案卷中（例 3-18），电气照明安装子分部工程质量验收记录已经归在第 1 个分项（成套配电柜等）工程的案卷中，后面的案卷中（例 3-19）中不再出现分部、子分部工程质量验收记录。

卷 内 目 录

序号	文件编号	责任者	文件材料题名	日期	页号	备注
1		中铁××局××监理	××城市轨道交通（或地铁）××号线建设项目××标段××车站电气照明安装子分部电缆头制作、接线和线路绝缘测试分项工程质量验收记录	20141122	1-4	
2		中铁××局××监理	××城市轨道交通（或地铁）××号线建设项目××标段××车站电气照明安装子分部地下负一层电缆头制作、接线和线路绝缘测试检验批质量验收记录、工序质量报验单	20141113	5-7	
3		中铁××局××监理	××城市轨道交通（或地铁）××号线建设项目××标段××车站电气照明安装子分部一层电缆头制作、接线和线路绝缘测试检验批质量验收记录、工序质量报验单	20141114	8-10	
4		中铁××局××监理	…下一施工区域的电缆头制作、接线和线路绝缘测试检验批质量验收记录、工序质量报验单同上，按施工区域或部位依次排列	—	—	
5		中铁××局××监理	××城市轨道交通（或地铁）××号线建设项目××标段××车站电气照明安装子分部普通灯具安装分项工程质量验收记录	20141124	14-16	
6		中铁××局××监理	××城市轨道交通（或地铁）××号线建设项目××标段××车站电气照明安装子分部地下负一层普通灯具安装检验批质量验收记录、工序质量报验单	20141113	17-19	
7		中铁××局××监理	××城市轨道交通（或地铁）××号线建设项目××标段××车站电气照明安装子分部一层普通灯具安装检验批质量验收记录、工序质量报验单	20141115	20-22	
8		中铁××局××监理	…下一施工区域的普通灯具安装检验批质量验收记录、工序质量报验单同上，按施工区域或部位依次排列	—	—	
9		中铁××局××监理	××城市轨道交通（或地铁）××号线建设项目××标段××车站电气照明安装子分部专用灯具安装分项工程质量验收记录	20141212	26-28	
10		中铁××局××监理	××城市轨道交通（或地铁）××号线建设项目××标段××车站电气照明安装子分部地下负一层专用灯具安装检验批质量验收记录、工序质量报验单	20141201	29-31	
11		中铁××局××监理	××城市轨道交通（或地铁）××号线建设项目××标段××车站电气照明安装子分部一层专用灯具安装检验批质量验收记录、工序质量报验单	20141203	32-35	
12		中铁××局××监理	…下一施工区域的专用灯具安装检验批或部位质量验收记录、工序质量报验单同上，按施工区域依次排列	—	—	
13		中铁××局××监理	××城市轨道交通（或地铁）××号线建设项目××标段××车站电气照明安装子分部开关、插座、风扇安装分项工程质量验收记录	20141214	39-41	
14		中铁××局××监理	××城市轨道交通（或地铁）××号线建设项目××标段××车站电气照明安装子分部地下负一层开关、插座、风扇安装检验批质量验收记录、工序质量报验单	20141205	42-44	
15		中铁××局××监理	…下一施工区域的开关、插座、风扇安装检验批质量验收记录、工序质量报验单同上，按施工区域或部位依次排列	—	—	

例 3-20：车站装饰装修工程-地面子分部

档　　　号　　DX. 03. 01. x. 04-00x

　　××城市轨道交通（或地铁）××号线建设项目××标段××车站装饰装修分部工程质量验收记录，地面子分部、分项工程质量验收记录、检验批质量验收记录、工序质量报验单

立卷单位　　　　中铁××局集团有限公司

起止时间　　　　20141220-20150310

保管期限　　　　　　30 年

密　　　级

　　注：装饰装修分部工程质量验收记录组卷时应归在第 1 个子分部（地面）工程质量验收文件的前面，后面的案卷中不再出现该文件，在拟写案卷题名时应予以注明。装饰工程中的安装工程（电气照明、给排水安装）可参照给排水及采暖、建筑电气的方法整理组卷。基层、混凝土面层、大理石面层、木地板面层等各分项工程质量检验文件以分项工程为单位整理，分项工程质量验收记录归在首位，各检验批质量验收记录、工序质量报验单按施工区域或部位（不能按施工时间）依次排列。文件数量较少的，可几个分项组成一卷。

卷 内 目 录

序号	文件编号	责任者	文件材料题名	日期	页号	备注
1		中铁××局××监理	××城市轨道交通（或地铁）××号线建设项目××标段××车站装饰装修分部工程质量验收记录	20150310	1-4	
2		中铁××局××监理	××城市轨道交通（或地铁）××号线建设项目××标段××车站装饰装修分部地面子分部工程质量验收记录	20150307	5-7	
3		中铁××局××监理	××城市轨道交通（或地铁）××号线建设项目××标段××车站装饰装修分部地面子分部基层分项工程质量验收记录	20150118	8-10	
4		中铁××局××监理	××城市轨道交通（或地铁）××号线建设项目××标段××车站装饰装修分部地面子分部地下负一层基层检验批质量验收记录、工序质量报验单	20141228	11-13	
5		中铁××局××监理	××城市轨道交通（或地铁）××号线建设项目××标段××车站装饰装修分部地面子分部一层基层检验批质量验收记录、工序质量报验单	20141225	14-16	
6		中铁××局××监理	××城市轨道交通（或地铁）××号线建设项目××标段××车站装饰装修分部地面子分部二层基层检验批质量验收记录、工序质量报验单	20141220	17-19	
7		中铁××局××监理	××城市轨道交通（或地铁）××号线建设项目××标段××车站装饰装修分部地面子分部水泥混凝土面层分项工程质量验收记录	20150125	20-22	
8		中铁××局××监理	××城市轨道交通（或地铁）××号线建设项目××标段××车站装饰装修分部地面子分部地下负一层水泥混凝土面层检验批质量验收记录、工序质量报验单	20150120	23-25	
9		中铁××局××监理	…下一施工区域的水泥混凝土面层检验批质量验收记录、工序质量报验单同上，按施工区域或部位依次排列	—	—	
10		中铁××局××监理	××城市轨道交通（或地铁）××号线建设项目××标段××车站装饰装修分部地面子分部水泥砂浆面层分项工程质量验收记录	20150130	28-30	
11		中铁××局××监理	××城市轨道交通（或地铁）××号线建设项目××标段××车站装饰装修分部地面子分部地下负一层水泥砂浆面层检验批质量验收记录、工序质量报验单	20150129	31-33	
12		中铁××局××监理	…下一施工区域的水泥砂浆面层检验批质量验收记录、工序质量报验单同上，按施工区域或部位依次排列	—	—	
13		中铁××局××监理	××城市轨道交通（或地铁）××号线建设项目××标段××车站装饰装修分部地面子分部大理石面层分项工程质量验收记录	20150211	38-39	
14		中铁××局××监理	××城市轨道交通（或地铁）××号线建设项目××标段××车站装饰装修分部地面子分部地下负一层大理石面层检验批质量验收记录、工序质量报验单	20150201	40-42	
15		中铁××局××监理	…下一施工区域的大理石面层检验批质量验收记录、工序质量报验单同上，按施工区域或部位依次排列	—	—	

例 3-21：车站装饰工程-抹灰、门窗等子分部

档　　号　　　DX.03.01.x.04-00x

　　　　××城市轨道交通（或地铁）××号线建设项目××标段××车站装饰装修分部抹灰、门窗子分部、分项工程质量验收记录、检验批质量验收记录、工序质量报验单

立卷单位　　　　　　中铁××局集团有限公司
起止时间　　　　　　20141220-20150212
保管期限　　　　　　　30 年
密　　级

注：装饰装修分部工程质量验收记录已经归在第 1 个子分部（地面）工程的案卷中（例 3-20），后面的案卷（例 3-21）不再出现该文件。抹灰、门窗等子分部、分项工程质量验收记录、检验批质量验收记录、工序质量报验单等文件数量较少的可几个子分部组成一卷，在拟写案卷题名时应将本卷所含的子分部工程逐一列出。

序号	文件编号	责任者	文件材料题名	日期	页号	备注
1		中铁××局××监理	××城市轨道交通（或地铁）××号线建设项目××标段××车站装饰装修分部抹灰子分部工程质量验收记录	20150115	1-3	
2		中铁××局××监理	××城市轨道交通（或地铁）××号线建设项目××标段××车站装饰装修分部抹灰子分部一般抹灰分项工程质量验收记录	20150108	4-6	
3		中铁××局××监理	××城市轨道交通（或地铁）××号线建设项目××标段××车站装饰装修分部抹灰子分部地下负一层一般抹灰检验批质量验收记录、工序质量报验单	20141228	7-9	
4		中铁××局××监理	××城市轨道交通（或地铁）××号线建设项目××标段××车站装饰装修分部抹灰子分部一层一般抹灰检验批质量验收记录、工序质量报验单	20141225	10-12	
5		中铁××局××监理	××城市轨道交通（或地铁）××号线建设项目××标段××车站装饰装修分部抹灰子分部二层一般抹灰检验批质量验收记录、工序质量报验单	20141220	13-15	
6		中铁××局××监理	…下一施工区域一般抹灰检验批质量验收记录、工序质量报验单同上，按施工区域或部位依次排列	—	—	
7		中铁××局××监理	××城市轨道交通（或地铁）××号线建设项目××标段××车站装饰装修分部抹灰子分部清水砌体勾缝分项工程质量验收记录	20150128	38-40	
8		中铁××局××监理	××城市轨道交通（或地铁）××号线建设项目××标段××车站装饰装修分部抹灰子分部地下负一层清水砌体勾缝检验批质量验收记录、工序质量报验单	20150111	41-43	
9		中铁××局××监理	…下一施工区域清水砌体勾缝检验批质量验收记录、工序质量报验单同上，按施工区域或部位依次排列	—	—	
10		中铁××局××监理	××城市轨道交通（或地铁）××号线建设项目××标段××车站装饰装修分部门窗子分部工程质量验收记录	20150115	65-67	
11		中铁××局××监理	××城市轨道交通（或地铁）××号线建设项目××标段××车站装饰装修分部门窗子分部金属门窗安装分项工程质量验收记录	20150108	68-70	
12		中铁××局××监理	××城市轨道交通（或地铁）××号线建设项目××标段××车站装饰装修分部门窗子分部地下负一层金属门窗安装检验批质量验收记录、工序质量报验单	20141228	71-73	
13		中铁××局××监理	…下一施工区域金属门窗安装检验批质量验收记录、工序质量报验单同上，按施工区域或部位依次排列	—	—	
14		中铁××局××监理	××城市轨道交通（或地铁）××号线建设项目××标段××车站装饰装修分部门窗子分部门窗玻璃安装分项工程质量验收记录	20150212	98-100	
15		中铁××局××监理	…下一施工区域门窗玻璃安装检验批质量验收记录、工序质量报验单同上，按施工区域或部位依次排列	—	—	

档　　　号　　DX.03.01.x.04-00x

　　××城市轨道交通（或地铁）××号线建设项目××标段××车站装饰装修外立面幕墙分部幕墙子分部、分项工程质量验收记录、检验批质量验收记录、工序质量报验单

立卷单位　　　　中铁××局集团有限公司
起止时间　　　　20140718-20140915
保管期限　　　　　　30 年
密　　　级

　　注：幕墙分部工程质量验收记录应归在幕墙的第 1 个子分部（抹灰）工程的案卷中（不在本案例中）。金属、玻璃、石材幕墙分项工程质量验收记录、检验批质量验收记录、工序质量报验单等应分别整理组卷，文件数量较少的可几个分项组成一卷（本案例为文件数量较少的）。如果文件数量较多，金属、玻璃、石材幕墙应分别整理组卷。

例 3-23：明挖区间-地基基础与支护工程-土方工程

档　　　号　　DX.03.02.x-00x

　　　××城市轨道交通（或地铁）××号线建设项目××标段××车站至××车站明挖区间地基基础与支护分部工程质量验收记录，土方子分部、分项工程质量验收记录、施工测量报验单及附件、检验批质量验收记录、工序质量报验单及施工现场试验检测记录

立卷单位　　　　　　中铁××局集团有限公司
起止时间　　　　　20140410-20140828
保管期限　　　　　　　　　30 年
密　　级

　　注：明挖区间地基基础与支护分部包括土方、支护、地基处理等子分部工程，其分部工程质量验收记录应归在第1个子分部（土方）工程质量验收记录的前面。土方开挖、回填的施工测量报验单、检验批质量验收记录、工序质量报验单等整理组卷时应分别按桩号结合工艺流程依次排列。如果文件数量较多，开挖、回填应分别整理组卷。

序号	文件编号	责任者	文件材料题名	日期	页号	备注
1		中铁××局××监理	××城市轨道交通（或地铁）××号线建设项目××标段××车站至××车站明挖区间地基基础与支护分部工程质量验收记录	20140828	1-3	
2		中铁××局××监理	××城市轨道交通（或地铁）××号线建设项目××标段××车站至××车站明挖区间地基基础与支护土方子分部工程质量验收记录	20140720	4-6	
3		中铁××局××监理	××城市轨道交通（或地铁）××号线建设项目××标段××车站至××车站明挖区间地基基础与支护土方开挖分项工程质量验收记录	20140514	7-9	
4		中铁××局××监理	××城市轨道交通（或地铁）××号线建设项目××标段××车站至××车站明挖区间K×+××-K×+××土方开挖施工测量报验单及附件	20140410	10-12	
5		中铁××局××监理	××城市轨道交通（或地铁）××号线建设项目××标段××车站至××车站明挖区间K×+××-K×+××土方开挖检验批质量验收记录、工序质量报验单、地基验槽记录及地基处理记录	20140423	13-16	
6		中铁××局××监理	××城市轨道交通（或地铁）××号线建设项目××标段××车站至××车站明挖区间K×+××-K×+××土方开挖施工测量报验单及附件	20140425	17-20	
7		中铁××局××监理	××城市轨道交通（或地铁）××号线建设项目××标段××车站至××车站明挖区间K×+××-K×+××土方开挖检验批质量验收记录、工序质量报验单、地基验槽记录及地基处理记录	20140428	21-24	
8		中铁××局××监理	…下一施工段落土方开挖的施工测量报验单、检验批质量验收记录、工序质量报验单、地基验槽记录及地基处理记录同上，按里程桩号结合工艺流程依次排列	—	—	
9		中铁××局××监理	××城市轨道交通（或地铁）××号线建设项目××标段××车站至××车站明挖区间地基基础与支护土方回填分项工程质量验收记录	20140718	77-81	
10		中铁××局××监理	××城市轨道交通（或地铁）××号线建设项目××标段××车站至××车站明挖区间K×+××-K×+××土方回填检验批质量验收记录、工序质量报验单、压实度试验记录	20140610	82-86	
11		中铁××局××监理	××城市轨道交通（或地铁）××号线建设项目××标段××车站至××车站明挖区间K×+××-K×+××土方回填检验批质量验收记录、工序质量报验单、压实度试验记录	20140623	87-90	
12		中铁××局××监理	××城市轨道交通（或地铁）××号线建设项目××标段××车站至××车站明挖区间K×+××-K×+××土方回填检验批质量验收记录、工序质量报验单、压实度试验记录	20140621	91-94	
13		中铁××局××监理	…下一施工段落土方回填的检验批质量验收记录、工序质量报验单、压实度试验记录同上，按里程桩号结合工艺流程依次排列	—	—	

例 3-24：明挖区间-地基基础与支护工程-水泥搅拌桩地基

档 号 <u>DX.03.02.x-00x</u>

　　××城市轨道交通（或地铁）××号线建设项目××标段××车站至××车站明挖区间地基基础与支护分部水泥搅拌桩分项工程质量验收记录，K×＋×××-K×＋×××水泥搅拌桩施工测量报验单及附件、检验批质量验收记录、工序质量报验单及施工现场试验检测记录

立卷单位　　<u>　中铁××局集团有限公司　</u>
起止时间　　<u>　20140510-20140814　</u>
保管期限　　<u>　　　　30 年　　　　</u>
密　　级　　<u>　　　　　　　　　　</u>

　　注：地基处理（高压喷射注浆、注浆地基，水泥土搅拌桩等）的分项工程质量验收记录应归在桩号最小施工段落的施工测量报验单、检验批质量验收记录、工序质量报验单等文件前面。施工测量报验单的起止桩号尽可能与相应的检验批质量验收记录、工序质量报验单等一一对应。一般情况下，水泥土搅拌桩的文件数量较多，如果一个施工段落施工了数天，应按照施工段落来填写检验批质量验收记录、工序质量报验单，后面附每根桩的施工现场试验检测记录，无需每天都填写检验批质量验收记录、工序质量报验单。

110

卷 内 目 录

序号	文件编号	责任者	文件材料题名	日期	页号	备注
1		中铁××局 ××监理	××城市轨道交通（或地铁）××号线建设项目××标段××车站至××车站明挖区间地基基础与支护水泥搅拌桩分项工程质量验收记录	20140814	1-3	
2		中铁××局 ××监理	××城市轨道交通（或地铁）××号线建设项目××标段××车站至××车站明挖区间K×＋×××-K×＋×××水泥搅拌桩施工测量报验单及附件	20140510	4-6	
3		中铁××局 ××监理	××城市轨道交通（或地铁）××号线建设项目××标段××车站至××车站明挖区间K×＋×××-K×＋×××水泥搅拌桩检验批质量验收记录、工序质量报验单、施工现场试验检测记录	201410518	7-38	
4		中铁××局 ××监理	××城市轨道交通（或地铁）××号线建设项目××标段××车站至××车站明挖区间K×＋×××-K×＋×××水泥搅拌桩检验批质量验收记录、工序质量报验单、施工现场试验检测记录	20140528	39-66	
5		中铁××局 ××监理	…下一施工段落水泥搅拌桩的检验批质量验收记录、工序质量报验单、施工现场试验检测记录同上，按里程桩号依次排列	—	—	
6		中铁××局 ××监理	××城市轨道交通（或地铁）××号线建设项目××标段××车站至××车站明挖区间K×＋×××-K×＋×××水泥搅拌桩施工测量报验单及附件	20140529	94-96	
7		中铁××局 ××监理	××城市轨道交通（或地铁）××号线建设项目××标段××车站至××车站明挖区间K×＋×××-K×＋×××水泥搅拌桩检验批质量验收记录、工序质量报验单、施工现场试验检测记录	20140603	97-129	
8		中铁××局 ××监理	××城市轨道交通（或地铁）××号线建设项目××标段××车站至××车站明挖区间K×＋×××-K×＋×××水泥搅拌桩检验批质量验收记录、工序质量报验单、施工现场试验检测记录	20140607	130-151	
9		中铁××局 ××监理	…下一施工段落水泥搅拌桩的检验批质量验收记录、工序质量报验单、施工现场试验检测记录同上，按里程桩号结合工艺流程依次排列	—	—	

例 3-25：明挖区间-主体结构-配筋砖砌体

档　　号　DX.03.02.x-00x

　　　××城市轨道交通（或地铁）××号线建设项目××
标段××车站至××车站明挖区间主体结构分部砌体结构
子分部工程质量验收记录，配筋砖砌体分项工程质量验收
记录、检验批质量验收记录、工序质量报验单及施工现场
试验检测记录

立卷单位　　　　中铁××局集团有限公司
起止时间　　　　20140710-20140814
保管期限　　　　　　　30 年
密　　级

　　注：砖砌体、混凝土小型空心砌块砌体、填充墙砌体、石砌体的整理组卷方式与配筋砖砌体基本相同。砌体结构
的检验批质量验收记录、工序质量报验单等在整理组卷时应按照桩号或部位依次排列，不能按照施工时间顺序来排列。

卷 内 目 录

例 3-26：明挖区间-附属工程-泵房

档　　号　DX.03.02.x-00x

　　　××城市轨道交通（或地铁）××号线建设项目××标段××车站至××车站明挖区间附属工程分部工程质量验收记录，泵房子分部、分项工程质量验收记录、施工测量报验单及附件、检验批质量验收记录、工序质量报验单及施工现场试验检测记录

立卷单位＿＿＿＿＿＿＿中铁××局集团有限公司＿＿＿＿＿＿＿

起止时间＿＿＿＿＿＿＿20140721-20141114＿＿＿＿＿＿＿

保管期限＿＿＿＿＿＿＿＿＿＿＿30 年＿＿＿＿＿＿＿＿＿＿＿

密　　级＿＿＿＿＿＿＿＿＿＿＿＿＿＿＿＿＿＿＿＿＿＿＿＿＿

　　注：附属工程分部工程质量验收记录组卷时应归在第 1 个子分部（泵房）的案卷中，风井、风道的案卷中不再出现该文件，风井、风道子分部及分项工程质量验收记录等文件整理组卷方式与泵房基本相同。一个合同段施工的泵房超过一处的，分部、子分部、分项工程质量验收记录归在第 1 处泵房土方开挖施工测量报验单前面，各检验批、工序质量报验单等文件按工艺流程依次排列，第 1 处泵房所有文件整理组卷完成后，再整理第 2 处泵房，同一处泵房的文件不能分散在两个案卷中。如果一个合同段只施工一处泵房，各分项工程质量验收记录应归在相应各工序施工测量报验单、检验批、质量报验单等文件前面（本案例为一个合同段只施工一处泵房）。泵房、风井、风道等文件数量较少的，可几个合并组成一卷。

卷 内 目 录

序号	文件编号	责任者	文件材料题名	日期	页号	备注
1		中铁××局××监理	××城市轨道交通（或地铁）××号线建设项目××标段××车站至××车站明挖区间附属工程分部工程质量验收记录	20141114	1-3	
2		中铁××局××监理	××城市轨道交通（或地铁）××号线建设项目××标段××车站至××车站明挖区间泵房子分部工程质量验收记录	20141110	4-6	
3		中铁××局××监理	××城市轨道交通（或地铁）××号线建设项目××标段××车站至××车站明挖区间××泵房支护分项工程质量验收记录	20140723	7-9	
4		中铁××局××监理	××城市轨道交通（或地铁）××号线建设项目××标段××车站至××车站明挖区间××泵房支护检验批质量验收记录、工序质量报验单、施工现场检测记录	20140721	10-12	
5		中铁××局××监理	××城市轨道交通（或地铁）××号线建设项目××标段××车站至××车站明挖区间××泵房土方开挖分项工程质量验收记录	20140726	13-15	
6		中铁××局××监理	××城市轨道交通（或地铁）××号线建设项目××标段××车站至××车站明挖区间××泵房土方开挖施工测量报验单及附件	20140724	16-18	
7		中铁××局××监理	××城市轨道交通（或地铁）××号线建设项目××标段××车站至××车站明挖区间××泵房土方开挖检验批质量验收记录、工序质量报验单、地基验槽记录及地基处理记录	20140725	19-23	
8		中铁××局××监理	××城市轨道交通（或地铁）××号线建设项目××标段××车站至××车站明挖区间××泵房模板及支架分项工程质量验收记录	20140728	24-26	
9		中铁××局××监理	××城市轨道交通（或地铁）××号线建设项目××标段××车站至××车站明挖区间××泵房模板及支架检验批质量验收记录、工序质量报验单	20140727	27-29	
10		中铁××局××监理	××城市轨道交通（或地铁）××号线建设项目××标段××车站至××车站明挖区间××泵房钢筋分项工程质量验收记录	20140729	30-31	
11		中铁××局××监理	××城市轨道交通（或地铁）××号线建设项目××标段××车站至××车站明挖区间××泵房钢筋检验批质量验收记录、工序质量报验单、隐蔽工程验收记录	20140728	32-34	
12		中铁××局××监理	××城市轨道交通（或地铁）××号线建设项目××标段××车站至××车站明挖区间××泵房混凝土浇筑分项工程质量验收记录	20140730	35-36	
13		中铁××局××监理	××城市轨道交通（或地铁）××号线建设项目××标段××车站至××车站明挖区间××泵房混凝土浇筑检验批质量验收记录、工序质量报验单、混凝土出厂合格证及浇筑记录表	20140730	37-42	
14		中铁××局××监理	××城市轨道交通（或地铁）××号线建设项目××标段××车站至××车站明挖区间××泵房水泥抗压强度试验报告、高程及偏位复测记录	20140827	43-44	
15		中铁××局××监理	…泵房衬砌、防水和排水、土体加固分项工程质量验收记录、检验批质量验收记录、工序质量报验单、施工现场试验检测记录等依次排列	—	—	

例 3-27：暗挖区间-洞口工程

档　　号　　DX.03.02.x-00x

　　××城市轨道交通（或地铁）××号线建设项目××标段××车站至××车站暗挖区间洞口工程分部、分项工程质量验收记录、工序质量报验单、施工测量报验单及附件、检验批质量验收记录及施工现场试验检测记录

立卷单位　　　　中铁××局集团有限公司
起止时间　　　　20140223-20140410
保管期限　　　　　　30 年
密　　级

　　注：一个合同段施工两个以上洞口的，分部、各分项工程质量验收记录组卷时应归在第1个洞口的各施工测量报验单、检验批、工序质量报验单等文件前面，在第1个洞口所有的施工测量报验单、检验批、工序质量报验单文件等整理组卷完成后，再整理第2个洞口，各文件按工艺流程依次排列。一个或几个洞口工程可组成一卷，文件数量较多的可组成数卷，不能将同一洞口的文件分散在两个案卷里面。一个合同段只施工一个洞口的，分部工程质量验收记录放在首位，各分项工程质量验收记录应分别归在各施工测量报验单、检验批、工序质量报验单等文件前面（本案例为一个合同段只施工一个洞口）。

卷 内 目 录

序号	文件编号	责任者	文件材料题名	日期	页号	备注
1		中铁××局 ××监理	××城市轨道交通（或地铁）××号线建设项目××标段××车站至××车站暗挖区间洞口工程分部工程质量验收记录	20140410	1-3	
2		中铁××局 ××监理	××城市轨道交通（或地铁）××号线建设项目××标段××车站至××车站暗挖区间洞口开挖分项工程质量验收记录	20140225	4-6	
3		中铁××局 ××监理	××城市轨道交通（或地铁）××号线建设项目××标段××车站至××车站暗挖区间K×＋××洞口开挖施工测量报验单及附件	20140223	7-9	
4		中铁××局 ××监理	××城市轨道交通（或地铁）××号线建设项目××标段××车站至××车站暗挖区间K×＋××洞口开挖检验批质量验收记录、工序质量报验单、施工现场检测记录	20140224	10-12	
5		中铁××局 ××监理	××城市轨道交通（或地铁）××号线建设项目××标段××车站至××车站暗挖区间洞口钢筋分项工程质量验收记录	20140226	13-15	
6		中铁××局 ××监理	××城市轨道交通（或地铁）××号线建设项目××标段××车站至××车站暗挖区间K×＋××洞口钢筋检验批质量验收记录、工序质量报验单、隐蔽工程验收记录	20140226	16-18	
7		中铁××局 ××监理	××城市轨道交通（或地铁）××号线建设项目××标段××车站至××车站暗挖区间洞口模板分工分项工程质量验收记录	20140226	19-23	
8		中铁××局 ××监理	××城市轨道交通（或地铁）××号线建设项目××标段××车站至××车站暗挖区间K×＋××洞口模板检验批质量验收记录、工序质量报验单	20140226	24-26	
9		中铁××局 ××监理	××城市轨道交通（或地铁）××号线建设项目××标段××车站至××车站暗挖区间洞口混凝土分项工程质量验收记录	20140328	27-29	
10		中铁××局 ××监理	××城市轨道交通（或地铁）××号线建设项目××标段××车站至××车站暗挖区间K×＋××洞口混凝土浇筑检验批质量验收记录、工序质量报验单、混凝土出厂合格证及浇筑记录表	20140228	30-35	
11		中铁××局 ××监理	××城市轨道交通（或地铁）××号线建设项目××标段××车站至××车站暗挖区间K×＋××洞口水泥抗压强度试验报告、高程及偏位复测记录	20140327	36-38	
12		中铁××局 ××监理	××城市轨道交通（或地铁）××号线建设项目××标段××车站至××车站暗挖区间洞口防护分项工程质量验收记录	20140330	39-41	
13		中铁××局 ××监理	××城市轨道交通（或地铁）××号线建设项目××标段××车站至××车站暗挖区间K×＋××侧洞口防护检验批质量验收记录、工序质量报验单	20140329	42-44	

例 3-28：暗挖区间-明洞工程

档　　号　　DX.03.02.x-00x

　　××城市轨道交通（或地铁）××号线建设项目××标段××车站至××车站暗挖区间明洞工程分部、土方开挖分项工程质量验收记录，K×＋××-K×＋××土方开挖施工测量报验单及附件、检验批质量验收记录、工序质量报验单及施工现场检测记录

立卷单位　　　　中铁××局集团有限公司
起止时间　　　　20140223-20140318
保管期限　　　　　　30 年
密　　级　　　　

　　注：明洞工程分部工程质量验收记录组卷时应归在第 1 个分项（土方开挖）的分项工程质量验收记录前面。土方开挖、支护、衬砌、土体加固等以分项工程为单位分别整理组卷。一个分项工程文件数量较多的可组成数卷，一个分项工程文件数量较少的可几个分项合并组成一卷。土方开挖、支护、衬砌等施工测量报验单的起止桩号应尽量与相应的检验批、工序质量报验单等对应、闭合，可以一个施工测量报验单对应一个检验批、工序质量报验单，也可以一个施工测量报验单对多个检验批、工序质量报验单。

<h1>卷 内 目 录</h1>

序号	文件编号	责任者	文件材料题名	日期	页号	备注
1		中铁××局××监理	××城市轨道交通（或地铁）××号线建设项目××标段××车站至××车站暗挖区间明洞工程分部工程质量验收记录	20140318	1-3	
2		中铁××局××监理	××城市轨道交通（或地铁）××号线建设项目××标段××车站至××车站暗挖区间明洞工程土方开挖分项工程质量验收记录	20140225	4-6	
3		中铁××局××监理	××城市轨道交通（或地铁）××号线建设项目××标段××车站至××车站暗挖区间明洞工程K×+××-K×+××土方开挖施工测量报验单及附件	20140223	7-9	
4		中铁××局××监理	××城市轨道交通（或地铁）××号线建设项目××标段××车站至××车站暗挖区间明洞工程K×+××-K×+××土方开挖检验批质量验收记录、工序质量报验单、施工现场检测记录	20140224	10-12	
5		中铁××局××监理	××城市轨道交通（或地铁）××号线建设项目××标段××车站至××车站暗挖区间明洞工程K×+××-K×+××土方开挖施工测量报验单及附件	20140226	13-15	
6		中铁××局××监理	××城市轨道交通（或地铁）××号线建设项目××标段××车站至××车站暗挖区间明洞工程K×+××-K×+××土方开挖检验批质量验收记录、工序质量报验单、施工现场检测记录	20140226	16-18	
7		中铁××局××监理	××城市轨道交通（或地铁）××号线建设项目××标段××车站至××车站暗挖区间明洞工程K×+××-K×+××土方开挖施工测量报验单及附件	20140226	19-23	
8		中铁××局××监理	××城市轨道交通（或地铁）××号线建设项目××标段××车站至××车站暗挖区间明洞工程K×+××-K×+××土方开挖检验批质量验收记录、工序质量报验单、施工现场检测记录	20140226	24-26	
9		中铁××局××监理	…下一施工段落土方开挖的施工测量报验单及附件、检验批质量验收记录、工序质量报验单及检测记录同上，按里程桩号结合工艺流程依次排列	—	—	

例 3-29：暗挖区间-主体结构-支护工程

档　　　号　　DX.03.02.x-00x

　　××城市轨道交通（或地铁）××号线建设项目××标段××车站至××车站暗挖区间主体结构分部、支护子分部、超前小导管分项工程质量验收记录，K×+××-K×+××超前小导管施工测量报验单及附件、检验批质量验收记录、工序质量报验单及施工现场检测记录

立卷单位　　　　　　中铁××局集团有限公司　　　　　　
起止时间　　　　　　20140223-20140610　　　　　　
保管期限　　　　　　　　　30 年　　　　　　
密　　级　　　　　　　　　　　　　　　　　　

　　注：主体结构分部工程质量验收记录组卷时应归在第1个子分部（支护工程）工程质量验收记录前面。超前小导管、管棚、锚杆等以分项工程为单位分别整理组卷，一个分项工程文件数量较多的，可组成数卷卷。一个分项工程文件数量较少的，可几个分项合并组成一卷。超前小导管、管棚、锚杆等分项工程的各施工测量报验单、检验批、工序报验单等文件应按照里程桩号结合工艺流程依次排序。

卷 内 目 录

序号	文件编号	责任者	文件材料题名	日期	页号	备注
1		中铁××局××监理	××城市轨道交通（或地铁）××号线建设项目××标段××车站至××车站暗挖区间主体结构分部工程质量验收记录	20140610	1-3	
2		中铁××局××监理	××城市轨道交通（或地铁）××号线建设项目××标段××车站至××车站暗挖区间主体结构支护子分部工程质量验收记录	20140311	4-6	
3		中铁××局××监理	××城市轨道交通（或地铁）××号线建设项目××标段××车站至××车站暗挖区间主体结构超前小导管分项工程质量验收记录	20140225	7-8	
4		中铁××局××监理	××城市轨道交通（或地铁）××号线建设项目××标段××车站至××车站暗挖区间主体结构K×+×××-K×+×××超前小导管施工测量报验单及附件	20140223	9-11	
5		中铁××局××监理	××城市轨道交通（或地铁）××号线建设项目××标段××车站至××车站暗挖区间主体结构K×+×××-K×+×××超前小导管检验批质量验收记录、工序质量报验单、施工现场检测记录	20140224	12-15	
6		中铁××局××监理	××城市轨道交通（或地铁）××号线建设项目××标段××车站至××车站暗挖区间主体结构K×+×××-K×+×××超前小导管施工测量报验单及附件	20140225	16-17	
7		中铁××局××监理	××城市轨道交通（或地铁）××号线建设项目××标段××车站至××车站暗挖区间主体结构K×+×××-K×+×××超前小导管检验批质量验收记录、工序质量报验单、施工现场检测记录	20140226	18-20	
8		中铁××局××监理	××城市轨道交通（或地铁）××号线建设项目××标段××车站至××车站暗挖区间主体结构K×+×××-K×+×××超前小导管施工测量报验单及附件	20140226	21-23	
9		中铁××局××监理	××城市轨道交通（或地铁）××号线建设项目××标段××车站至××车站暗挖区间主体结构K×+×××-K×+×××超前小导管检验批质量验收记录、工序质量报验单、施工现场检测记录	20140227	24-27	
10		中铁××局××监理	…下一施工段落超前小导管的施工测量报验单及附件、检验批质量验收记录、工序质量报验单及试验检测记录同上，按里程桩号结合工艺流程依次排列	—	—	

例 3-30：暗挖区间-主体结构-衬砌（一）

档　　　号　　DX.03.02.x-00x

　　××城市轨道交通（或地铁）××号线建设项目××标段××车站至××车站暗挖区间主体结构衬砌子分部、衬砌钢筋、模板、混凝土分项工程质量验收记录、抗压强度汇总表，K×＋××-K×＋××衬砌施工测量报验单及附件、检验批质量验收记录、工序质量报验单及施工现场试验检测记录

立卷单位_____中铁××局集团有限公司_____
起止时间_____20140324-20140808_____
保管期限_____30 年_____
密　　　级_____

注：主体结构分部工程质量验收记录已归在第 1 个子分部（支护）工程的案卷中（例 3-29），后面的案卷（例 3-30）不再出现该文件。衬砌钢筋、模板、混凝土三个分项工程质量验收记录及抗压强度汇总表归在第 1 个施工段落施工测量报验单、检验批、工序质量报验单等文件的前面。衬砌（钢筋、模板、混凝土）的施工测量报验单、检验批、工序质量报验单等文件按里程桩号结合工艺流程依次排列。

卷 内 目 录

序号	文件编号	责任者	文件材料题名	日期	页号	备注
1		中铁××局××监理	××城市轨道交通（或地铁）××号线建设项目××标段××车站至××车站暗挖区间主体结构分部衬砌子分部工程质量验收记录	20140808	1-3	
2		中铁××局××监理	××城市轨道交通（或地铁）××号线建设项目××标段××车站至××车站暗挖区间主体结构分部衬砌钢筋分项工程质量验收记录	20140701	4-6	
3		中铁××局××监理	××城市轨道交通（或地铁）××号线建设项目××标段××车站至××车站暗挖区间主体结构分部衬砌模板分项工程质量验收记录	20140701	7-8	
4		中铁××局××监理	××城市轨道交通（或地铁）××号线建设项目××标段××车站至××车站暗挖区间主体结构分部衬砌混凝土分项工程质量验收记录	20140728	9-11	
5		中铁××局××监理	××城市轨道交通（或地铁）××号线建设项目××标段××车站至××车站暗挖区间主体结构分部衬砌混凝土抗压强度汇总表	20140801	12-15	
6		中铁××局××监理	××城市轨道交通（或地铁）××号线建设项目××标段××车站至××车站暗挖区间主体结构K×+××-K×+××衬砌施工测量报验单及附件	20140324	16-18	
7		中铁××局××监理	××城市轨道交通（或地铁）××号线建设项目××标段××车站至××车站暗挖区间主体结构K×+××-K×+××衬砌钢筋检验批质量验收记录、工序质量报验单、隐蔽工程验收记录	20140325	19-21	
8		中铁××局××监理	××城市轨道交通（或地铁）××号线建设项目××标段××车站至××车站暗挖区间主体结构K×+××-K×+××衬砌模板检验批质量验收记录、工序质量报验单	20140326	22-26	
9		中铁××局××监理	××城市轨道交通（或地铁）××号线建设项目××标段××车站至××车站暗挖区间主体结构K×+××-K×+××衬砌混凝土检验批质量验收记录、工序质量报验单、混凝土出厂合格证及浇筑记录表	20140326	27-31	
10		中铁××局××监理	××城市轨道交通（或地铁）××号线建设项目××标段××车站至××车站暗挖区间主体结构K×+××-K×+××衬砌水泥抗压强度试验报告、高程及偏位复测记录	20140423	32-35	
11		中铁××局××监理	××城市轨道交通（或地铁）××号线建设项目××标段××车站至××车站暗挖区间主体结构K×+××-K×+××衬砌施工测量报验单及附件	20140401	36-38	
12		中铁××局××监理	××城市轨道交通（或地铁）××号线建设项目××标段××车站至××车站暗挖区间主体结构K×+××-K×+××衬砌钢筋检验批质量验收记录、工序质量报验单、隐蔽工程验收记录	20140401	39-42	
13		中铁××局××监理	××城市轨道交通（或地铁）××号线建设项目××标段××车站至××车站暗挖区间主体结构K×+××-K×+××衬砌模板检验批质量验收记录、工序质量报验单	20140401	43-45	
14		中铁××局××监理	××城市轨道交通（或地铁）××号线建设项目××标段××车站至××车站暗挖区间主体结构K×+××-K×+××衬砌混凝土检验批质量验收记录、工序质量报验单、混凝土出厂合格证及浇筑记录表	20130402	46-49	
15		中铁××局××监理	…下一施工段落衬砌施工测量报验单及附件、检验批质量验收记录、工序质量报验单及试验检测记录同上，按里程桩号结合工艺流程依次排列	—	—	

123

档　　　号　　DX.03.02.x-00x

　　　××城市轨道交通（或地铁）××号线建设项目××标段××车站至××车站暗挖区间主体结构×＋××-K×＋××衬砌施工测量报验单及附件、检验批质量验收记录、工序质量报验单及施工现场试验检测记录

立卷单位　　　　中铁××局集团有限公司

起止时间　　　　20140407-20140511

保管期限　　　　　　　30 年

密　　　级

　　注：从衬砌的第 2 个案卷开始，只归衬砌（钢筋、模板、混凝土）各施工测量报验单、检验批、工序质量报验单等文件，各文件按里程桩号结合工艺流程依次排列。案卷题名中不再标注分部、子分部、分项工程质量验收记录。后面的案卷依次类推。

例 3-32：暗挖区间-主体结构-衬砌底板混凝土

档　　　号　　DX.03.02.x-00x

　　××城市轨道交通（或地铁）××号线建设项目××标段××车站至××车站暗挖区间主体结构衬砌底板混凝土分项工程质量验收记录，K×＋××-K×＋××衬砌底板混凝土施工测量报验单及附件、检验批质量验收记录、工序质量报验单及施工现场试验检测记录

立卷单位　　　　　中铁××局集团有限公司
起止时间　　　　　20140407-20140801
保管期限　　　　　　　　30 年
密　　　级

注：衬砌底板混凝土、仰拱混凝土、仰拱填充、回填注浆等以分项工程为单位分别整理组卷，各分项工程质量验收记录归在相应的第 1 个段落施工测量报验单、检验批、工序质量报验单等文件前面，后面段落的各施工测量报验单、检验批、工序质量报验单等文件按里程桩号结合工艺流程依次排列。仰拱混凝土、仰拱填充、回填注浆等整理组卷方法与衬砌底板混凝土基本相同。

126

卷 内 目 录

序号	文件编号	责任者	文件材料题名	日期	页号	备注
1		中铁××局××监理	××城市轨道交通（或地铁）××号线建设项目××标段××车站至××车站暗挖区间主体结构分部衬砌底板混凝土分项工程质量验收记录	20140801	1-3	
2		中铁××局××监理	××城市轨道交通（或地铁）××号线建设项目××标段××车站至××车站暗挖区间主体结构K×+××-K×+××衬砌底板混凝土施工测量报验单及附件	20140407	4-8	
3		中铁××局××监理	××城市轨道交通（或地铁）××号线建设项目××标段××车站至××车站暗挖区间主体结构K×+××-K×+××衬砌底板混凝土钢筋检验批质量验收记录、工序质量报验单、隐蔽工程验收记录	20140407	9-14	
4		中铁××局××监理	××城市轨道交通（或地铁）××号线建设项目××标段××车站至××车站暗挖区间主体结构K×+××-K×+××衬砌底板混凝土模板检验批质量验收记录、工序质量报验单	20140407	15-17	
5		中铁××局××监理	××城市轨道交通（或地铁）××号线建设项目××标段××车站至××车站暗挖区间主体结构K×+××-K×+××衬砌底板混凝土浇筑检验批质量验收记录、工序质量报验单、混凝土出厂合格证及浇筑记录表	20140504	18-22	
6		中铁××局××监理	××城市轨道交通（或地铁）××号线建设项目××标段××车站至××车站暗挖区间主体结构K×+××-K×+××分部衬砌底板混凝土水泥抗压强度试验报告、高程及偏位复测记录	20140504	23-26	
7		中铁××局××监理	××城市轨道交通（或地铁）××号线建设项目××标段××车站至××车站暗挖区间主体结构K×+××-K×+××衬砌底板混凝土施工测量报验单及附件	20140414	27-29	
8		中铁××局××监理	××城市轨道交通（或地铁）××号线建设项目××标段××车站至××车站暗挖区间主体结构K×+××-K×+××衬砌底板混凝土钢筋检验批质量验收记录、工序质量报验单、隐蔽工程验收记录	20140414	30-33	
9		中铁××局××监理	××城市轨道交通（或地铁）××号线建设项目××标段××车站至××车站暗挖区间主体结构K×+××-K×+××衬砌底板混凝土模板检验批质量验收记录、工序质量报验单	20140414	34-36	
10		中铁××局××监理	××城市轨道交通（或地铁）××号线建设项目××标段××车站至××车站暗挖区间主体结构K×+××-K×+××衬砌底板混凝土浇筑检验批质量验收记录、工序质量报验单、混凝土出厂合格证及浇筑记录表	20140511	37-40	
11		中铁××局××监理	××城市轨道交通（或地铁）××号线建设项目××标段××车站至××车站暗挖区间主体结构K×+××-K×+××分部衬砌底板混凝土水泥抗压强度试验报告、高程及偏位复测记录	20140511	41-42	
12		中铁××局××监理	…下一施工段落衬砌底板混凝土的施工测量报验单及附件、检验批质量验收记录、工序质量报验单及试验检测记录同上，按里程桩号结合工艺流程依次排列	—	—	

例 3-33：盾构区间-管片制作

档　　　号　DX.03.02.x-00x

　　××城市轨道交通（或地铁）××号线建设项目××标段××车站至××车站盾构区间管片制作分部、分项工程质量验收记录、抗压强度汇总表，左线第1环-×环管片制作检验批质量验收记录、工序质量报验单及试验检测记录

立卷单位　　　中铁××局集团有限公司
起止时间　　　20140324-20141108
保管期限　　　　　　　30年
密　　级

　　注：管片制作分部、分项工程质量验收记录组卷时应归在第1环管片制作检验批、工序质量报验单等文件的前面。管片模具、钢筋、成品各检验批、工序质量报验单等文件按管片编号结合工艺流程依次排列。所有左线的管片预制整理组卷完成后，再整理组卷右线的管片预制。左、右线的管片预制各检验批、工序质量报验单等文件尽量不要组在一个案卷里面。如果原始文件中没有注明编号，只注明生产日期，则按日期依次排列，将案卷题名中的"第1环-×环"改为"×××年×月×日"。钢管片单独整理组卷。

卷 内 目 录

序号	文件编号	责任者	文件材料题名	日期	页号	备注
1		中铁××局××监理	××城市轨道交通（或地铁）××号线建设项目××标段××车站至××车站盾构区间管片制作分部工程质量验收记录	20141108	1-3	
2		中铁××局××监理	××城市轨道交通（或地铁）××号线建设项目××标段××车站至××车站盾构区间管片模具分项工程质量验收记录	20141007	4-6	
3		中铁××局××监理	××城市轨道交通（或地铁）××号线建设项目××标段××车站至××车站盾构区间管片钢筋分项工程质量验收记录	20141008	7-10	
4		中铁××局××监理	××城市轨道交通（或地铁）××号线建设项目××标段××车站至××车站盾构区间管片成品分项工程质量验收记录	20141106	11-14	
5		中铁××局××监理	××城市轨道交通（或地铁）××号线建设项目××标段××车站至××车站盾构区间管片混凝土抗压强度汇总表	20141106	15-16	
6		中铁××局××监理	××城市轨道交通（或地铁）××号线建设项目××标段××车站至××车站盾构区间左线第1环-×环管片模具检验批质量验收记录、工序质量报验单、模具检测记录	20140324	17-20	
7		中铁××局××监理	××城市轨道交通（或地铁）××号线建设项目××标段××车站至××车站盾构区间左线第1环-×环管片钢筋检验批质量验收记录、工序质量报验单、隐蔽工程验收记录	20140325	21-25	
8		中铁××局××监理	××城市轨道交通（或地铁）××号线建设项目××标段××车站至××车站盾构区间左线第1环-×环管片混凝土浇筑检验批质量验收记录、工序质量报验单、混凝土出厂合格证及浇筑记录表	20140326	26-30	
9		中铁××局××监理	××城市轨道交通（或地铁）××号线建设项目××标段××车站至××车站盾构区间左线第1环-×环管片成品检验批质量验收记录、工序质量报验单、水泥抗压强度试验报告	20140423	31-34	
10		中铁××局××监理	××城市轨道交通（或地铁）××号线建设项目××标段××车站至××车站盾构区间左线第×环-×环管片模具检验批质量验收记录、工序质量报验单、模具检测记录	20140325	35-38	
11		中铁××局××监理	××城市轨道交通（或地铁）××号线建设项目××标段××车站至××车站盾构区间左线第×环-×环管片钢筋检验批质量验收记录、工序质量报验单、隐蔽工程验收记录	20140326	39-44	
12		中铁××局××监理	××城市轨道交通（或地铁）××号线建设项目××标段××车站至××车站盾构区间左线第×环-×环管片混凝土浇筑检验批质量验收记录、工序质量报验单、混凝土出厂合格证及浇筑记录表	20140327	45-49	
13		中铁××局××监理	××城市轨道交通（或地铁）××号线建设项目××标段××车站至××车站盾构区间左线第×环-×环管片成品检验批质量验收记录、工序质量报验单、水泥抗压强度试验报告	20140424	50-54	
14		中铁××局××监理	…下一组管片制作的检验批质量验收记录、工序质量报验单及试验检测记录同上，按环的编号结合工艺流程依次排列	—	—	

例 3-34：盾构区间-盾构掘进与管片拼装

档　　号　　DX.03.02.x-00x

　　××城市轨道交通（或地铁）××号线建设项目××标段××车站至××车站盾构区间盾构掘进与管片拼装分部、分项工程质量验收记录，左线第 1 环-×环盾构掘进与管片拼装检验批质量验收记录、工序质量报验单及试验检测记录

立卷单位　　　　中铁××局集团有限公司
起止时间　　　　20140428-20150208
保管期限　　　　　　　30 年
密　　级

　　注：盾构掘进与管片拼装分部、分项工程质量验收记录组卷时应归在第 1 环盾构掘进与管片拼装检验批、工序质量报验单等文件的前面，以后的案卷中不再出现该文件。各环的检验批、工序质量报验单等文件按里程桩号结合工艺流程依次排列。在施工过程中，可以将"拌浆记录、同步注浆记录、二次注浆记录"处理为"盾构掘进检验批质量验收记录、工序质量报验单"的附件，壁后注浆可以不再填写检验批质量验收记录、工序质量报验单。

卷 内 目 录

例 3-35：区间路基工程-基床以下路堤-一般路堤填筑（一）

档　　　号　<u>DX.03.02.x-00x</u>

　　××城市轨道交通（或地铁）××号线建设项目××标段××车站至××车站路基区间基床以下路堤分部、一般路堤填筑分项工程质量验收记录，K×＋××-K×＋××一般路堤填筑施工测量报验单及附件、检验批质量验收记录、工序质量报验单及试验检测记录

立卷单位　<u>　　　　中铁××局集团有限公司　　　　</u>
起止时间　<u>　　　　20140308-20140708　　　　</u>
保管期限　<u>　　　　　　　　30 年　　　　　　　　</u>
密　　级　<u>　　　　　　　　　　　　　　　　　　</u>

注：基床以下路堤分部工程质量验收记录组卷时应归在第 1 个分项（一般路堤填筑）工程质量验收记录前面，路堤边坡、路堤与桥台间过渡段填筑、填石路堤等以分项工程为单位分别整理组卷，其案卷中不再出现分部工程质量验收记录。一个分项工程文件数量较多的，可组成数卷。各文件按里程桩号结合工艺流程依次排列。路堤填筑施工测量报验单的起止桩号应尽量与相应的检验批、工序质量报验单等文件对应、闭合。

卷 内 目 录

序号	文件编号	责任者	文件材料题名	日期	页号	备注
1		中铁××局××监理	××城市轨道交通（或地铁）××号线建设项目××标段××车站至××车站路基区间基床以下路堤分部工程质量验收记录	20140708	1-3	
2		中铁××局××监理	××城市轨道交通（或地铁）××号线建设项目××标段××车站至××车站路基区间基床以下路堤一般路堤填筑分项工程质量验收记录	20140608	4-6	
3		中铁××局××监理	××城市轨道交通（或地铁）××号线建设项目××标段××车站至××车站路基区间基床以下路堤 K×＋××-K×＋××一般路堤填筑施工测量报验单及附件	20140308	7-10	
4		中铁××局××监理	××城市轨道交通（或地铁）××号线建设项目××标段××车站至××车站路基区间基床以下路堤 K×＋××-K×＋××一般路堤填筑第1层检验批质量验收记录、工序质量报验单及试验检测记录	20140308	11-25	
5		中铁××局××监理	××城市轨道交通（或地铁）××号线建设项目××标段××车站至××车站路基区间基床以下路堤 K×＋××-K×＋××一般路堤填筑第2层检验批质量验收记录、工序质量报验单及试验检测记录	20140315	26-40	
6		中铁××局××监理	…本段落一般路堤填筑第3、4…层检验批质量验收记录、工序质量报验单及试验检测记录同上，按层次依次排列	—		
7		中铁××局××监理	××城市轨道交通（或地铁）××号线建设项目××标段××车站至××车站路基区间基床以下路堤 K×＋××-K×＋××一般路堤填筑施工测量报验单及附件	20140312	61-63	
8		中铁××局××监理	××城市轨道交通（或地铁）××号线建设项目××标段××车站至××车站路基区间基床以下路堤 K×＋××-K×＋××一般路堤填筑第1层检验批质量验收记录、工序质量报验单及试验检测记录	20140313	64-89	
9		中铁××局××监理	××城市轨道交通（或地铁）××号线建设项目××标段××车站至××车站路基区间基床以下路堤 K×＋××-K×＋××一般路堤填筑第2层检验批质量验收记录、工序质量报验单及试验检测记录	20140317	90-105	
10		中铁××局××监理	…本段落一般路堤填筑第3、4…层检验批质量验收记录、工序质量报验单及试验检测记录同上，按层次依次排列	—	—	
11		中铁××局××监理	…下一段落一般路堤填筑施工测量报验单及附件、检验批质量验收记录、工序质量报验单及试验检测记录同上，按里程桩号结合层次依次排列	—	—	

例 3-36：区间路基工程-基床以下路堤-一般路堤填筑（二）

档　　号　<u>DX.03.02.x-00x</u>

　　××城市轨道交通（或地铁）××号线建设项目××标段××车站至××车站路基区间基床以下路堤 K×+××-K×+××一般路堤填筑施工测量报验单及附件、检验批质量验收记录、工序质量报验单及试验检测记录

立卷单位<u>　　　中铁××局集团有限公司　　　</u>
起止时间<u>　　　　20140311-20140319　　　　</u>
保管期限<u>　　　　　　　30 年　　　　　　　</u>
密　　级<u>　　　　　　　　　　　　　　　　</u>

　　注：路堤填筑文件较多的，应组成数卷，从第 2 卷开始，不再出现分部、分项工程的质量验收记录，案卷题名中只有施工测量报验单及附件、检验批、工序质量报验单等文件。在整理组卷路堤填筑施工测量报验单及附件、检验批、工序质量报验单等文件时，尽量不要将同一施工段落的文件分散在两个案卷中。路堤与桥台间过渡段填筑的组卷方法与路堤填筑基本相同。

卷 内 目 录

序号	文件编号	责任者	文件材料题名	日期	页号	备注
1		中铁××局××监理	××城市轨道交通（或地铁）××号线建设项目××标段××车站至××车站路基区间基床以下路堤K×+××-K×+××一般路堤填筑施工测量报验单及附件	20140311	1-4	
2		中铁××局××监理	××城市轨道交通（或地铁）××号线建设项目××标段××车站至××车站路基区间基床以下路堤K×+××-K×+××一般路堤填筑第1层检验批质量验收记录、工序质量报验单及试验检测记录	20140312	5-20	
3		中铁××局××监理	××城市轨道交通（或地铁）××号线建设项目××标段××车站至××车站路基区间基床以下路堤K×+××-K×+××一般路堤填筑第2层检验批质量验收记录、工序质量报验单及试验检测记录	20140315	21-35	
4		中铁××局××监理	…本段落一般路堤填筑第3、4…层检验批质量验收记录、工序质量报验单及试验检测记录同上，按层次依次排列	—	—	
5		中铁××局××监理	××城市轨道交通（或地铁）××号线建设项目××标段××车站至××车站路基区间基床以下路堤K×+××-K×+××一般路堤填筑施工测量报验单及附件	20140316	66-80	
6		中铁××局××监理	××城市轨道交通（或地铁）××号线建设项目××标段××车站至××车站路基区间基床以下路堤K×+××-K×+××一般路堤填筑第1层检验批质量验收记录、工序质量报验单及试验检测记录	20140316	81-95	
7		中铁××局××监理	××城市轨道交通（或地铁）××号线建设项目××标段××车站至××车站路基区间基床以下路堤K×+××-K×+××一般路堤填筑第2层检验批质量验收记录、工序质量报验单及试验检测记录	20140317	96-110	
8		中铁××局××监理	…本段落一般路堤填筑第3、4…层检验批质量验收记录、工序质量报验单及试验检测记录同上，按层次依次排列	—	—	
9		中铁××局××监理	××城市轨道交通（或地铁）××号线建设项目××标段××车站至××车站路基区间基床以下路堤K×+××-K×+××一般路堤填筑施工测量报验单及附件	20140318	136-138	
10		中铁××局××监理	××城市轨道交通（或地铁）××号线建设项目××标段××车站至××车站路基区间基床以下路堤K×+××-K×+××一般路堤填筑第1层检验批质量验收记录、工序质量报验单及试验检测记录	20140318	139-150	
11		中铁××局××监理	××城市轨道交通（或地铁）××号线建设项目××标段××车站至××车站路基区间基床以下路堤K×+××-K×+××一般路堤填筑第2层检验批质量验收记录、工序质量报验单及试验检测记录	20140319	151-160	
12		中铁××局××监理	…本段落一般路堤填筑第3、4…层检验批质量验收记录、工序质量报验单及试验检测记录同上，按层次依次排列	—	—	
13		中铁××局××监理	…下一段落路堤填筑施工测量报验单及附件、检验批质量验收记录、工序质量报验单及试验检测记录同上，按里程桩号结合层次依次排列	—	—	

例 3-37：区间路基工程-基床以下路堤-路堤边坡

```
档    号    DX.03.02.x-00x




    ××城市轨道交通（或地铁）××号线建设项目××
标段××车站至××车站路基区间基床以下路堤边坡分项
工程质量验收记录、施工测量报验单及附件、检验批质量
验收记录、工序质量报验单及试验检测记录




                立卷单位        中铁××局集团有限公司
                起止时间        20140708-20140828
                保管期限                30 年
                密    级
```

注：基床以下路堤边坡单独组卷，分项工程质量验收记录归在首位。本分项工程文件数量较少，一般组成一卷。如果文件数量较多，也可组成数卷，左右侧分开组卷。路堤边坡施工测量报验单的起止桩号应尽量与相应的检验批、工序质量报验单等文件对应、闭合，各文件按里程桩号结合工艺流程依次排列。在整理一个区间的基床以下路堤边坡文件时应注意：左侧在前、右侧在后。

卷 内 目 录

序号	文件编号	责任者	文件材料题名	日期	页号	备注
1		中铁××局××监理	××城市轨道交通（或地铁）××号线建设项目××标段××车站至××车站路基区间基床以下路堤边坡分项工程质量验收记录	20140828	1-3	
2		中铁××局××监理	××城市轨道交通（或地铁）××号线建设项目××标段××车站至××车站路基区间K×+××-K×+×××基床以下路堤左侧边坡施工测量报验单及附件	20140708	4-6	
3		中铁××局××监理	××城市轨道交通（或地铁）××号线建设项目××标段××车站至××车站路基区间K×+××-K×+×××基床以下路堤左侧边坡检验批质量验收记录、工序质量报验单及检测记录	20140708	7-10	
4		中铁××局××监理	××城市轨道交通（或地铁）××号线建设项目××标段××车站至××车站路基区间K×+××-K×+×××基床以下路堤左侧边坡施工测量报验单及附件	20140710	11-25	
5		中铁××局××监理	××城市轨道交通（或地铁）××号线建设项目××标段××车站至××车站路基区间K×+××-K×+×××基床以下路堤左侧边坡检验批质量验收记录、工序质量报验单及检测记录	20140711	26-29	
6		中铁××局××监理	…其他段落基床以下路堤左侧边坡施工测量报验单及附件、检验批质量验收记录、工序质量报验单及试验检测记录同上，按里程桩号结合工艺流程依次排列	—	—	
7		中铁××局××监理	××城市轨道交通（或地铁）××号线建设项目××标段××车站至××车站路基区间K×+××-K×+×××基床以下路堤右侧边坡施工测量报验单及附件	20140712	45-48	
8		中铁××局××监理	××城市轨道交通（或地铁）××号线建设项目××标段××车站至××车站路基区间K×+××-K×+×××基床以下路堤右侧边坡检验批质量验收记录、工序质量报验单及检测记录	20140712	49-64	
9		中铁××局××监理	××城市轨道交通（或地铁）××号线建设项目××标段××车站至××车站路基区间K×+××-K×+×××基床以下路堤右侧边坡施工测量报验单及附件	20140713	65-68	
10		中铁××局××监理	××城市轨道交通（或地铁）××号线建设项目××标段××车站至××车站路基区间K×+××-K×+×××基床以下路堤右侧边坡检验批质量验收记录、工序质量报验单及检测记录	20140713	69-74	
11		中铁××局××监理	…其他段落基床以下路堤右侧边坡施工测量报验单及附件、检验批质量验收记录、工序质量报验单及试验检测记录同上，按里程桩号结合工艺流程依次排列		—	

例 3-38：区间路基工程-基床

档　　　号　　DX.03.02.x-00x

　　　××城市轨道交通（或地铁）××号线建设项目×× 标段××车站至××车站路基区间基床分部、基床底层分 项工程质量验收记录，K×+××-K×+××基床底层施 工测量报验单及附件、检验批质量验收记录、工序质量报 验单及试验检测记录

立卷单位　　　　　中铁××局集团有限公司
起止时间　　　　　20140408-20140808
保管期限　　　　　　　30 年
密　　　级　　

　　注：基床分部工程质量验收记录组卷时应归在第1个分项（基床底层）工程质量验收记录前面，基床表层、路基 面等以分项工程为单位分别整理组卷，其案卷中不再出现分部工程质量验收记录。各文件按里程桩号结合工艺流程排 列。基床底层施工测量报验单的起止桩号应尽量与相应的检验批、工序质量报验单等文件对应、闭合。基床表层、路 基面等分项及路堑各分项的整理组卷方法与基床底层基本相同。

138

卷 内 目 录

序号	文件编号	责任者	文件材料题名	日期	页号	备注
1		中铁××局××监理	××城市轨道交通（或地铁）××号线建设项目××标段××车站至××车站路基区间基床分部工程质量验收记录	20140808	1-3	
2		中铁××局××监理	××城市轨道交通（或地铁）××号线建设项目××标段××车站至××车站路基区间基床底层分项工程质量验收记录	20140608	4-6	
3		中铁××局××监理	××城市轨道交通（或地铁）××号线建设项目××标段××车站至××车站路基区间K×+××-K×+××基床底层施工测量报验单及附件	20140408	7-10	
4		中铁××局××监理	××城市轨道交通（或地铁）××号线建设项目××标段××车站至××车站路基区间K×+××-K×+××基床底层检验批质量验收记录、工序质量报验单及试验检测记录	20140408	11-25	
5		中铁××局××监理	××城市轨道交通（或地铁）××号线建设项目××标段××车站至××车站路基区间K×+××-K×+××基床底层施工测量报验单及附件	20140410	26-29	
6		中铁××局××监理	××城市轨道交通（或地铁）××号线建设项目××标段××车站至××车站路基区间K×+××-K×+××基床底层检验批质量验收记录、工序质量报验单及试验检测记录	20140411	30-44	
7		中铁××局××监理	××城市轨道交通（或地铁）××号线建设项目××标段××车站至××车站路基区间K×+××-K×+××基床底层施工测量报验单及附件	20140412	45-48	
8		中铁××局××监理	××城市轨道交通（或地铁）××号线建设项目××标段××车站至××车站路基区间K×+××-K×+××基床底层检验批质量验收记录、工序质量报验单及试验检测记录	20140412	49-64	
9		中铁××局××监理	…其他段落基床底层施工测量报验单及附件、检验批质量验收记录、工序质量报验单、施工现场检测记录同上，按里程桩号结合工艺流程依次排列	——	——	

档　　　号　<u>DX.03.02.x-00x</u>

　　××城市轨道交通（或地铁）××号线建设项目××标段××车站至××车站路基区间路基支挡分部、重力式挡土墙子分部、分项工程质量验收记录，K×＋××-K×＋××重力式挡土墙施工测量报验单及附件、检验批质量验收记录、工序质量报验单及试验检测记录

立卷单位　　　　<u>中铁××局集团有限公司</u>
起止时间　　　　<u>20140511-20140811</u>
保管期限　　　　<u>　　　　30 年　　　　</u>
密　　　级　　　<u>　　　　　　　　　　</u>

　　注：一个合同段施工的重力式挡土墙超过一处的，分部、子分部、分项工程质量验收记录组卷时应归在第 1 处（桩号最小或左侧的）挡墙施工测量报验单前面，各检验批、工序质量报验单等文件按工艺流程依次排列，第 1 处挡墙所有文件整理组卷完成后，再整理第 2 处挡墙，同一处挡墙的文件不能分散在两个案卷中。如果一个合同段只施工一处重力式挡土墙，各分项工程质量验收记录应归在相应各工序施工测量报验单、质量报验单、检验批等文件前面。扶壁式挡墙的整理组卷方法与重力式挡墙基本相同。（本案例为一个合同段施工多处重力式挡墙）

卷 内 目 录

例 3-40：区间路基工程-路基排水-检查井及沉淀井

档　　号　<u>DX.03.02.x-00x</u>

　　××城市轨道交通（或地铁）××号线建设项目××标段××车站至××车站路基区间检查井及沉淀井分项工程质量验收记录，×号至×号检查井施工测量报验单及附件、检验批质量验收记录、工序质量报验单及检测记录

立卷单位<u>　　　中铁××局集团有限公司　　　</u>
起止时间<u>　　　20140608-20140812　　　</u>
保管期限<u>　　　　　30 年　　　　　</u>
密　　级<u>　　　　　　　　　　　　</u>

　　注：路基排水分部工程质量验收记录组卷时应归在第 1 个分项（地表排水沟）工程质量验收记录前面（不在本案例中），检查井及沉淀井分项工程质量验收记录归在第 1 个（批）检查井施工测量报验单、检验批、工序质量报验单等文件前面，第 1 个（批）检查井所有文件整理组卷完成后，再整理第 2 个（批）检查井，同一个（批）检查井的文件不能分散在两个案卷中。如果检查井是一批一报验，应将本案例卷内目录中的"×号检查井"改为"×号-×号检查井"（本案例为每个检查井单独报验）。沉淀井单独组卷，整理组卷方式与检查井基本相同，如果文件数量较少，可以与检查井合并组成一卷。

143

例 3-41：区间路基工程-声屏障

档　　　号　　DX.03.02.x-00x

　　××城市轨道交通（或地铁）××号线建设项目××标段××车站至××车站路基区间声屏障分部、分项工程质量验收记录，K×＋××-K×＋××声屏障检验批质量验收记录、工序质量报验单及检测记录

立卷单位　　　　　中铁××局集团有限公司
起止时间　　　　　20140511-20140811
保管期限　　　　　　　30 年
密　　级

　　注：一个合同段施工的声屏障超过一处的，分部、分项工程质量验收记录组卷时应归在第 1 处（桩号最小或左侧的）声屏障钢结构焊接检验批、工序质量报验单等文件前面，各检验批、工序质量报验单等文件按工艺流程依次排列，第 1 处声屏障所有文件整理组卷完成后，再整理第 2 处声屏障，同一处声屏障的文件不能分散在两个案卷中。如果一个合同段只施工 1 处声屏障，各分项工程质量验收记录应归在相应各检验批、工序质量报验单等文件前面。（本案例为一个合同段施工多处声屏障）

卷 内 目 录

序号	文件编号	责任者	文件材料题名	日期	页号	备注
1		中铁××局××监理	××城市轨道交通（或地铁）××号线建设项目××标段××车站至××车站路基区间声屏障分部工程质量验收记录	20140811	1-3	
2		中铁××局××监理	××城市轨道交通（或地铁）××号线建设项目××标段××车站至××车站路基区间声屏障钢结构焊接分项工程质量验收记录	20140808	4-6	
3		中铁××局××监理	××城市轨道交通（或地铁）××号线建设项目××标段××车站至××车站路基区间声屏障钢结构紧固件安装分项工程质量验收记录	20140608	7-10	
4		中铁××局××监理	××城市轨道交通（或地铁）××号线建设项目××标段××车站至××车站路基区间声屏障钢构件组装分项工程质量验收记录	20140618	11-13	
5		中铁××局××监理	××城市轨道交通（或地铁）××号线建设项目××标段××车站至××车站路基区间声屏障钢构件涂装分项工程质量验收记录	20140810	14-16	
6		中铁××局××监理	××城市轨道交通（或地铁）××号线建设项目××标段××车站至××车站路基区间声屏吸隔声板安装分项工程质量验收记录	20140511	17-19	
7		中铁××局××监理	××城市轨道交通（或地铁）××号线建设项目××标段××车站至××车站路基区间K×＋××-K×＋××声屏障钢结构焊接检验批质量验收记录、工序质量报验单、施工现场检测记录	20140512	20-22	
8		中铁××局××监理	××城市轨道交通（或地铁）××号线建设项目××标段××车站至××车站路基区间K×＋××-K×＋××声屏障钢结构紧固件安装检验批质量验收记录、工序质量报验单、施工现场检测记录	20140519	23-26	
9		中铁××局××监理	××城市轨道交通（或地铁）××号线建设项目××标段××车站至××车站路基区间声K×＋××-K×＋××屏障钢构件组装检验批质量验收记录、工序质量报验单、施工现场检测记录	20140520	27-29	
10		中铁××局××监理	××城市轨道交通（或地铁）××号线建设项目××标段××车站至××车站路基区间K×＋××-K×＋××声屏障钢构件涂装检验批质量验收记录、工序质量报验单、施工现场检测记录	20140521	30-33	
11		中铁××局××监理	××城市轨道交通（或地铁）××号线建设项目××标段××车站至××车站路基区间K×＋××-K×＋××声屏吸隔声板安装检验批质量验收记录、工序质量报验单、施工现场检测记录	20140522	34-36	
12		中铁××局××监理	…第二、三、一处声屏障检验批质量验收记录、工序质量报验单、施工现场检测记录同上，按里程桩号结合工艺流程依次排列	—	—	

145

例 3-42：高架区间-桩基（一）

档　　号　<u>DX. 03. 02. x-00x</u>

　　××城市轨道交通（或地铁）××号线建设项目××标段××车站至××车站高架区间××大桥桩基子分部、分项工程质量验收记录、抗压强度汇总表，1 号墩、2 号墩桩基施工测量报验单及附件、检验批质量验收记录、工序质量报验单及试验检测记录

立卷单位<u>　　　　中铁××局集团有限公司　　　　</u>
起止时间<u>　　　　20140311-20140811　　　　</u>
保管期限<u>　　　　　　　30 年　　　　　　　</u>
密　　级<u>　　　　　　　　　　　　　　　　</u>

　　注：桩基子分部、分项工程质量验收记录及抗压强度汇总表组卷时应归在第 1 个墩台桩施工测量报验单前面，各检验批、工序质量报验单等文件按墩台及桩基的编号结合工艺流程依次排列，第 1 根桩基所有文件整理组卷完成后，再整理第 2 根桩基，同一根桩基的文件不能分散在两个案卷中。同一墩台桩基的文件尽量不要分散在两个案卷中（斜拉索、悬索桥主塔的桩基除外）。不同墩台的桩基尽量不要使用同一份施工测量报验单。

146

卷 内 目 录

序号	文件编号	责任者	文件材料题名	日期	页号	备注
1		中铁××局××监理	××城市轨道交通（或地铁）××号线建设项目××标段××车站至××车站高架区间××大桥桩基子分部工程质量验收记录	20140811	1-3	
2		中铁××局××监理	××城市轨道交通（或地铁）××号线建设项目××标段××车站至××车站高架区间××大桥桩基成孔分项工程质量验收记录	20140708	4-8	
3		中铁××局××监理	××城市轨道交通（或地铁）××号线建设项目××标段××车站至××车站高架区间××大桥桩基钢筋分项工程质量验收记录	20140708	9-14	
4		中铁××局××监理	××城市轨道交通（或地铁）××号线建设项目××标段××车站至××车站高架区间××大桥桩基混凝土分项工程质量验收记录	20140718	15-18	
5		中铁××局××监理	××城市轨道交通（或地铁）××号线建设项目××标段××车站至××车站高架区间××大桥桩基抗压强度汇总表	20140810	19-25	
6		中铁××局××监理	××城市轨道交通（或地铁）××号线建设项目××标段××车站至××车站高架区间××大桥1号墩桩基施工测量报验单及附件	20140311	26-30	
7		中铁××局××监理	××城市轨道交通（或地铁）××号线建设项目××标段××车站至××车站高架区间××大桥1号墩-1桩基成孔检验批质量验收记录、工序质量报验单、钻进记录	20140312	31-34	
8		中铁××局××监理	××城市轨道交通（或地铁）××号线建设项目××标段××车站至××车站高架区间××大桥1号墩-1桩基钢筋加工及安装（钢筋笼）检验批质量验收记录、工序质量报验单、隐蔽工程验收记录	20140312	35-37	
9		中铁××局××监理	××城市轨道交通（或地铁）××号线建设项目××标段××车站至××车站高架区间××大桥1号墩-1桩基混凝土浇筑检验批质量验收记录、工序质量报验单、混凝土出厂合格证及浇筑记录表	20140312	38-45	
10		中铁××局××监理	××城市轨道交通（或地铁）××号线建设项目××标段××车站至××车站高架区间××大桥1号-1墩桩基水泥抗压强度试验报告、高程及偏位复测记录	20140408	46-49	
11		中铁××局××监理	××城市轨道交通（或地铁）××号线建设项目××标段××车站至××车站高架区间××大桥1号墩-2桩基成孔检验批质量验收记录、工序质量报验单、钻进记录	20140312	50-53	
12		中铁××局××监理	××城市轨道交通（或地铁）××号线建设项目××标段××车站至××车站高架区间××大桥1号墩-2桩基钢筋加工及安装（钢筋笼）检验批质量验收记录、工序质量报验单、隐蔽工程验收记录	20140312	54-57	
13		中铁××局××监理	××城市轨道交通（或地铁）××号线建设项目××标段××车站至××车站高架区间××大桥1号墩-2桩基混凝土浇筑检验批质量验收记录、工序质量报验单、混凝土出厂合格证及浇筑记录表	20140312	58-63	
14		中铁××局××监理	××城市轨道交通（或地铁）××号线建设项目××标段××车站至××车站高架区间××大桥1号-2墩桩基水泥抗压强度试验报告、高程及偏位复测记录	20140408	64-67	
15		中铁××局××监理	…1号墩-3、-4…桩基（如有）及2号墩各桩基施工测量报验单及附件、检验批、工序质量报验单等文件同上，各文件按桩基的编号结合工艺流程依次排列	—	—	

例 3-43：高架区间-桩基（二）

档　　号　DX.03.02.x-00x

　　　　××城市轨道交通（或地铁）××号线建设项目××标段××车站至××车站高架区间××大桥3号墩、4号墩桩基施工测量报验单及附件、检验批质量验收记录、工序质量报验单及试验检测记录

立卷单位　　　　中铁××局集团有限公司
起止时间　　　　20140313-20140417
保管期限　　　　　　30年
密　　级

　　注：桩基子分部、分项工程质量验收记录及抗压强度汇总表已归在第1个墩台桩基的案卷中（例3-42），后面的案卷（例3-43）只有施工测量报验单、检验批质量验收记录、工序质量报验单及试验检测记录，拟写案卷题名时应注意。

序号	文件编号	责任者	文件材料题名	日期	页号	备注
1		中铁××局××监理	××城市轨道交通（或地铁）××号线建设项目××标段××车站至××车站高架区间××大桥3号墩桩基施工测量报验单及附件	20140313	1-4	
2		中铁××局××监理	××城市轨道交通（或地铁）××号线建设项目××标段××车站至××车站高架区间××大桥3号墩-1桩基成孔检验批质量验收记录、工序质量报验单、钻进记录	20140313	5-10	
3		中铁××局××监理	××城市轨道交通（或地铁）××号线建设项目××标段××车站至××车站高架区间××大桥3号墩-1桩基钢筋加工及安装（钢筋笼）检验批质量验收记录、工序质量报验单、隐蔽工程验收记录	20140313	11-15	
4		中铁××局××监理	××城市轨道交通（或地铁）××号线建设项目××标段××车站至××车站高架区间××大桥3号墩-1桩基混凝土浇筑检验批质量验收记录、工序质量报验单、混凝土出厂合格证及浇筑记录表	20140313	16-21	
5		中铁××局××监理	××城市轨道交通（或地铁）××号线建设项目××标段××车站至××车站高架区间××大桥3号-1墩桩基水泥抗压强度试验报告、高程及偏位复测记录	20140410	22-25	
6		中铁××局××监理	××城市轨道交通（或地铁）××号线建设项目××标段××车站至××车站高架区间××大桥3号墩-2桩基成孔检验批质量验收记录、工序质量报验单、钻进记录	20140314	26-30	
7		中铁××局××监理	××城市轨道交通（或地铁）××号线建设项目××标段××车站至××车站高架区间××大桥3号墩-2桩基钢筋加工及安装（钢筋笼）检验批质量验收记录、工序质量报验单、隐蔽工程验收记录	20140314	31-34	
8		中铁××局××监理	××城市轨道交通（或地铁）××号线建设项目××标段××车站至××车站高架区间××大桥3号墩-2桩基混凝土浇筑检验批质量验收记录、工序质量报验单、混凝土出厂合格证及浇筑记录表	20140314	35-39	
9		中铁××局××监理	××城市轨道交通（或地铁）××号线建设项目××标段××车站至××车站高架区间××大桥3号-2墩桩基水泥抗压强度试验报告、高程及偏位复测记录	20140411	40-44	
10		中铁××局××监理	…3号墩-3、-4…桩基（如有）检验批质量验收记录、工序质量报验单、隐蔽工程验收记录等文件同上，各文件按桩基的编号结合工艺流程依次排列	—	—	
11		中铁××局××监理	××城市轨道交通（或地铁）××号线建设项目××标段××车站至××车站高架区间××大桥4号墩桩基施工测量报验单及附件	20140316	70-73	
12		中铁××局××监理	××城市轨道交通（或地铁）××号线建设项目××标段××车站至××车站高架区间××大桥4号墩-1桩基成孔检验批质量验收记录、工序质量报验单、钻进记录	20140316	74-77	
13		中铁××局××监理	××城市轨道交通（或地铁）××号线建设项目××标段××车站至××车站高架区间××大桥4号墩-1桩基钢筋加工及安装（钢筋笼）检验批质量验收记录、工序质量报验单、隐蔽工程验收记录	20140316	78-83	
14		中铁××局××监理	××城市轨道交通（或地铁）××号线建设项目××标段××车站至××车站高架区间××大桥4号墩-1桩基混凝土浇筑检验批质量验收记录、工序质量报验单、混凝土出厂合格证及浇筑记录表	20140417	84-89	
15		中铁××局××监理	…其他各桩基施工测量报验单及附件、检验批质量验收记录、工序质量报验单等文件同上，各文件按桩基的编号结合工艺流程依次排列	—	—	

149

例 3-44：高架区间-墩台（一）

档　　　号　DX.03.02.x-00x

　　××城市轨道交通（或地铁）××号线建设项目××标段××车站至××车站高架区间××大桥墩台子分部、分项工程质量验收记录、抗压强度汇总表，1 号墩-5 号墩墩台施工测量报验单及附件、检验批质量验收记录、工序质量报验单及试验检测记录

立卷单位＿＿＿＿＿中铁××局集团有限公司＿＿＿＿＿＿＿
起止时间＿＿＿＿＿20140411-20141111＿＿＿＿＿＿＿＿
保管期限＿＿＿＿＿＿＿＿＿30 年＿＿＿＿＿＿＿＿＿＿＿
密　　　级＿＿＿＿＿＿＿＿＿＿＿＿＿＿＿＿＿＿＿＿＿＿

　　注：墩台子分部、分项工程质量验收记录及抗压强度汇总表组卷时应归在第 1 个墩台施工测量报验单前面，各检验批、工序质量报验单等文件按墩台的编号结合工艺流程依次排列，第 1 个墩台所有文件整理组卷完成后，再整理第 2 个墩台，同一个墩台的文件不能分散在两个案卷中。桩基承台、盖梁、支座垫石及挡块等桥梁基础及下部构造的主要构件整理组卷方法与墩台基本相同。

卷　内　目　录

序号	文件编号	责任者	文件材料题名	日期	页号	备注
1		中铁××局××监理	××城市轨道交通（或地铁）××号线建设项目××标段××车站至××车站高架区间××大桥墩台子分部工程质量验收记录	20141111	1-3	
2		中铁××局××监理	××城市轨道交通（或地铁）××号线建设项目××标段××车站至××车站高架区间××大桥墩台模板及支架分项工程质量验收记录	20141008	4-8	
3		中铁××局××监理	××城市轨道交通（或地铁）××号线建设项目××标段××车站至××车站高架区间××大桥墩台钢筋分项工程质量验收记录	20141008	9-14	
4		中铁××局××监理	××城市轨道交通（或地铁）××号线建设项目××标段××车站至××车站高架区间××大桥墩台混凝土分项工程质量验收记录	20141009	15-18	
5		中铁××局××监理	××城市轨道交通（或地铁）××号线建设项目××标段××车站至××车站高架区间××大桥墩台抗压强度汇总表	20141111	19-25	
6		中铁××局××监理	××城市轨道交通（或地铁）××号线建设项目××标段××车站至××车站高架区间××大桥1号墩墩台施工测量报验单及附件	20140411	26-30	
7		中铁××局××监理	××城市轨道交通（或地铁）××号线建设项目××标段××车站至××车站高架区间××大桥1号墩墩台模板及支架检验批质量验收记录、工序质量报验单	20140412	31-34	
8		中铁××局××监理	××城市轨道交通（或地铁）××号线建设项目××标段××车站至××车站高架区间××大桥1号墩墩台钢筋加工及安装检验批质量验收记录、工序质量报验单、隐蔽工程验收记录	20140412	35-37	
9		中铁××局××监理	××城市轨道交通（或地铁）××号线建设项目××标段××车站至××车站高架区间××大桥1号墩墩台混凝土浇筑检验批质量验收记录、工序质量报验单、混凝土出厂合格证及浇筑记录表	20140412	38-45	
10		中铁××局××监理	××城市轨道交通（或地铁）××号线建设项目××标段××车站至××车站高架区间××大桥1号墩墩台水泥抗压强度试验报告、高程及偏位复测记录	20140508	46-49	
11		中铁××局××监理	××城市轨道交通（或地铁）××号线建设项目××标段××车站至××车站高架区间××大桥2号墩墩台施工测量报验单及附件	20140412	50-53	
12		中铁××局××监理	××城市轨道交通（或地铁）××号线建设项目××标段××车站至××车站高架区间××大桥2号墩墩台模板及支架检验批质量验收记录、工序质量报验单	20140412	54-57	
13		中铁××局××监理	××城市轨道交通（或地铁）××号线建设项目××标段××车站至××车站高架区间××大桥2号墩墩台钢筋加工及安装检验批质量验收记录、工序质量报验单、隐蔽工程验收记录	20140413	58-63	
14		中铁××局××监理	××城市轨道交通（或地铁）××号线建设项目××标段××车站至××车站高架区间××大桥2号墩墩台混凝土浇筑检验批质量验收记录、工序质量报验单、混凝土出厂合格证及浇筑记录表	20140415	64-67	
15		中铁××局××监理	…3号墩、4号墩、…墩各墩台施工测量报验单及附件、检验批质量验收记录、工序质量报验单、隐蔽工程验收记录等文件同上，各文件按墩台的编号结合工艺流程依次排列	—	—	

例 3-45：高架区间-墩台（二）

档　　号　DX.03.02.x-00x

　　××城市轨道交通（或地铁）××号线建设项目××标段××车站至××车站高架区间××大桥 6 号墩-10 号墩墩台施工测量报验单及附件、检验批质量验收记录、工序质量报验单及试验检测记录

立卷单位　　　　中铁××局集团有限公司
起止时间　　　　20140414-20140513
保管期限　　　　　　30 年
密　　级

　　注：墩台子分部、分项工程质量验收记录及抗压强度汇总表已归在第 1 个墩台的案卷中（例 3-44），后面的案卷（例 3-45）只有施工测量报验单、检验批质量验收记录、工序质量报验单及试验检测记录，拟写案卷题名时应注意。

卷 内 目 录

序号	文件编号	责任者	文件材料题名	日期	页号	备注
1		中铁××局××监理	××城市轨道交通（或地铁）××号线建设项目××标段××车站至××车站高架区间××大桥6号墩墩台施工测量报验单及附件	20140414	1-3	
2		中铁××局××监理	××城市轨道交通（或地铁）××号线建设项目××标段××车站至××车站高架区间××大桥6号墩墩台模板及支架检验批质量验收记录、工序质量报验单	20140415	4-8	
3		中铁××局××监理	××城市轨道交通（或地铁）××号线建设项目××标段××车站至××车站高架区间××大桥6号墩墩台钢筋加工及安装检验批质量验收记录、工序质量报验单、隐蔽工程验收记录	20140415	9-14	
4		中铁××局××监理	××城市轨道交通（或地铁）××号线建设项目××标段××车站至××车站高架区间××大桥6号墩墩台混凝土浇筑检验批质量验收记录、工序质量报验单、混凝土出厂合格证及浇筑记录表	20140416	15-18	
5		中铁××局××监理	××城市轨道交通（或地铁）××号线建设项目××标段××车站至××车站高架区间××大桥6号墩台水泥抗压强度试验报告、高程及偏位复测记录	20140512	19-25	
6		中铁××局××监理	××城市轨道交通（或地铁）××号线建设项目××标段××车站至××车站高架区间××大桥7号墩墩台施工测量报验单及附件	20140415	26-29	
7		中铁××局××监理	××城市轨道交通（或地铁）××号线建设项目××标段××车站至××车站高架区间××大桥7号墩墩台模板及支架检验批质量验收记录、工序质量报验单	20140415	30-34	
8		中铁××局××监理	××城市轨道交通（或地铁）××号线建设项目××标段××车站至××车站高架区间××大桥7号墩墩台钢筋加工及安装检验批质量验收记录、工序质量报验单、隐蔽工程验收记录	20140415	35-39	
9		中铁××局××监理	××城市轨道交通（或地铁）××号线建设项目××标段××车站至××车站高架区间××大桥7号墩墩台混凝土浇筑检验批质量验收记录、工序质量报验单、混凝土出厂合格证及浇筑记录表	20140415	40-45	
10		中铁××局××监理	××城市轨道交通（或地铁）××号线建设项目××标段××车站至××车站高架区间××大桥7号墩台水泥抗压强度试验报告、高程及偏位复测记录	20140513	46-49	
11		中铁××局××监理	…8号墩、9号墩、…墩各墩台施工测量报验单及附件、检验批质量验收记录、工序质量报验单、隐蔽工程验收记录等文件同上，各文件按墩台的编号结合工艺流程依次排列	—	—	

例 3-46：高架区间-索塔

档　　号　<u>DX.03.02.x-00x</u>

　　××城市轨道交通（或地铁）××号线建设项目××
标段××车站至××车站高架区间××大桥墩索塔子分
部、分项工程质量验收记录、抗压强度汇总表，×号墩索
塔施工测量报验单及附件、检验批质量验收记录、工序质
量报验单及试验检测记录

立卷单位　<u>　　　　中铁××局集团有限公司　　　　　</u>
起止时间　<u>　　　　　20140515-20140819　　　　　　</u>
保管期限　<u>　　　　　　　30 年　　　　　　　　　　</u>
密　　级　<u>　　　　　　　　　　　　　　　　　　　</u>

　　注：索塔子分部、分项工程质量验收记录及抗压强度汇总表等组卷时应归在第 1 个索塔第 1 节施工测量报验单前
面，各检验批、工序质量报验单等文件按施工先后顺序从下到上结合工艺流程依次排列，一个索塔的第 1 节所有文件
整理组卷完成后，再整理第 2 节索塔，同一节索塔的文件不能分散在两个案卷中。预应力只有一次报验，其检验批、
工序质量报验单等文件应归在该索塔最后一节抗压强度、高程及偏位复测记录的后面。

154

卷 内 目 录

序号	文件编号	责任者	文件材料题名	日期	页号	备注
1		中铁××局××监理	××城市轨道交通（或地铁）××号线建设项目××标段××车站至××车站高架区间××大桥墩索塔子分部工程质量验收记录	20140819	1-3	
2		中铁××局××监理	××城市轨道交通（或地铁）××号线建设项目××标段××车站至××车站高架区间××大桥墩索塔模板及支架分项工程质量验收记录	20140715	4-8	
3		中铁××局××监理	××城市轨道交通（或地铁）××号线建设项目××标段××车站至××车站高架区间××大桥墩索塔钢筋分项工程质量验收记录	20140715	9-14	
4		中铁××局××监理	××城市轨道交通（或地铁）××号线建设项目××标段××车站至××车站高架区间××大桥墩索塔混凝土项工程质量验收记录	20140717	15-18	
5		中铁××局××监理	××城市轨道交通（或地铁）××号线建设项目××标段××车站至××车站高架区间××大桥索塔抗压强度汇总表	20140815	19-25	
6		中铁××局××监理	××城市轨道交通（或地铁）××号线建设项目××标段××车站至××车站高架区间××大桥墩索塔预应力分项工程质量验收记录	20140818	26-29	
7		中铁××局××监理	××城市轨道交通（或地铁）××号线建设项目××标段××车站至××车站高架区间××大桥索塔预应力张拉记录报告汇总表（如有）	20140817	30-34	
8		中铁××局××监理	××城市轨道交通（或地铁）××号线建设项目××标段××车站至××车站高架区间××大桥×号墩索塔第一节施工测量报验单及附件	20140515	35-39	
9		中铁××局××监理	××城市轨道交通（或地铁）××号线建设项目××标段××车站至××车站高架区间××大桥×号墩索塔第一节模板及支架检验批质量验收记录、工序质量报验单	20140516	40-45	
10		中铁××局××监理	××城市轨道交通（或地铁）××号线建设项目××标段××车站至××车站高架区间××大桥×号墩索塔第一节钢筋检验批质量验收记录、工序质量报验单、隐蔽工程验收记录	20140517	46-49	
11		中铁××局××监理	××城市轨道交通（或地铁）××号线建设项目××标段××车站至××车站高架区间××大桥×号墩索塔第一节混凝土检验批质量验收记录、工序质量报验单、混凝土出厂合格证及浇筑记录表	20140518	50-55	
12		中铁××局××监理	××城市轨道交通（或地铁）××号线建设项目××标段××车站至××车站高架区间××大桥×号墩索塔第一节水泥抗压强度试验报告、高程及偏位复测记录	20140616	56-58	
13		中铁××局××监理	××城市轨道交通（或地铁）××号线建设项目××标段××车站至××车站高架区间××大桥×号墩索塔第二节施工测量报验单及附件	201430522	59-61	
14		中铁××局××监理	…索塔第二、三、…节施工测量报验单及附件、检验批、工序质量报验单等文件同上，按施工先后顺序从下到上结合工艺流程依次排列	—	—	
15		中铁××局××监理	××城市轨道交通（或地铁）××号线建设项目××标段××车站至××车站高架区间××大桥×号墩索塔预应力检验批质量验收记录、工序质量报验单、…	20140814	150-159	

例 3-47：高架区间-支架上制梁（一）

档　　　号　<u>DX.03.02.x-00x</u>

　　××城市轨道交通（或地铁）××号线建设项目××标段××车站至××车站高架区间××大桥支架上制梁子分部、分项工程质量验收记录、抗压强度汇总表，第1跨、第2跨支架上制梁检验批质量验收记录、工序质量报验单及试验检测记录

立卷单位　<u>　　　中铁××局集团有限公司　　　　</u>
起止时间　<u>　　　　20140312-20150124　　　　</u>
保管期限　<u>　　　　　　30 年　　　　　　　　</u>
密　　　级　<u>　　　　　　　　　　　　　　　</u>

注：支架上制梁子分部、分项工程质量验收记录及抗压强度汇总表组卷时应归在第1跨支架上制梁各检验批、工序质量报验单等文件前面，各文件按支架上制梁的编号结合工艺流程依次排列，不能按照施工时间顺序排列。第1跨支架上制梁所有文件整理组卷完成后，再整理第2跨支架上制梁，同一跨支架上制梁的文件不能分散在两个案卷中。U形简支梁架设整理组卷方法与支架上制梁基本相同。

卷 内 目 录

序号	文件编号	责任者	文件材料题名	日期	页号	备注
1		中铁××局××监理	××城市轨道交通（或地铁）××号线建设项目××标段××车站至××车站高架区间××大桥支架上制梁子分部工程质量验收记录	20150124	1-4	
2		中铁××局××监理	××城市轨道交通（或地铁）××号线建设项目××标段××车站至××车站高架区间××大桥支架上制梁模板及支架分项工程质量验收记录	20141218	5-8	
3		中铁××局××监理	××城市轨道交通（或地铁）××号线建设项目××标段××车站至××车站高架区间××大桥支架上制梁钢筋分项工程质量验收记录	20141218	9-14	
4		中铁××局××监理	××城市轨道交通（或地铁）××号线建设项目××标段××车站至××车站高架区间××大桥支架上制梁混凝土分项工程质量验收记录	20141219	15-19	
5		中铁××局××监理	××城市轨道交通（或地铁）××号线建设项目××标段××车站至××车站高架区间××大桥支架上制梁抗压强度汇总表	20150117	20-26	
6		中铁××局××监理	××城市轨道交通（或地铁）××号线建设项目××标段××车站至××车站高架区间××大桥支架上制梁预应力分项工程质量验收记录	20150122	27-30	
7		中铁××局××监理	××城市轨道交通（或地铁）××号线建设项目××标段××车站至××车站高架区间××大桥支架上制梁预应力张拉记录报告汇总表（如有）	20150122	31-35	
8		中铁××局××监理	××城市轨道交通（或地铁）××号线建设项目××标段××车站至××车站高架区间××大桥支架上制梁防水层分项工程质量验收记录	20150122	36-39	
9		中铁××局××监理	××城市轨道交通（或地铁）××号线建设项目××标段××车站至××车站高架区间××大桥第1跨支架上制梁模板及支架检验批质量验收记录、工序质量报验单	20140312	40-43	
10		中铁××局××监理	××城市轨道交通（或地铁）××号线建设项目××标段××车站至××车站高架区间××大桥第1跨支架上制梁钢筋加工及安装检验批质量验收记录、工序质量报验单、隐蔽工程验收记录	20140312	44-51	
11		中铁××局××监理	××城市轨道交通（或地铁）××号线建设项目××标段××车站至××车站高架区间××大桥第1跨支架上制梁混凝土浇筑检验批质量验收记录、工序质量报验单、混凝土出厂合格证及浇筑记录表	20140313	52-58	
12		中铁××局××监理	××城市轨道交通（或地铁）××号线建设项目××标段××车站至××车站高架区间××大桥第1跨支架上制梁水泥抗压强度试验报告	20140410	59-61	
13		中铁××局××监理	××城市轨道交通（或地铁）××号线建设项目××标段××车站至××车站高架区间××大桥第1跨支架上制梁预应力检验批质量验收记录、工序质量报验单、预应力钢筋检测记录、张拉及记录表、浆强度试验报告	20140412	62-68	
14		中铁××局××监理	××城市轨道交通（或地铁）××号线建设项目××标段××车站至××车站高架区间××大桥第1跨支架上制梁防水层检验批质量验收记录、工序质量报验单	201430413	69-71	
15		中铁××局××监理	…第2跨支架上制梁检验批质量验收记录、工序质量报验单、隐蔽工程验收记录等文件同上，各文件按支架上制梁的编号结合工艺流程依次排列	—	—	

档　　　号　<u>DX.03.02.x-00x</u>

　　　×× 城 市 轨 道 交 通（或 地 铁）×× 号 线 建 设 项 目 ××
标 段 ×× 车 站 至 ×× 车 站 高 架 区 间 ×× 大 桥 第 3 号 跨 至 第
5 号 跨 支 架 上 制 梁 检 验 批 质 量 验 收 记 录、工 序 质 量 报 验 单
及 试 验 检 测 记 录

立卷单位<u>　　　　　　中铁 ×× 局集团有限公司　　　</u>
起止时间<u>　　　　　20140312-20140413　　　　　</u>
保管期限<u>　　　　　　　　30 年　　　　　　　　　</u>
密　　级<u>　　　　　　　　　　　　　　　　　　　</u>

　　注：支架上制梁子分部、分项工程质量验收记录及抗压强度汇总表等已归在第 1 跨支架上制梁的案卷中（例 3-47），
后面的案卷（例 3-48）只有检验批质量验收记录、工序质量报验单及试验检测记录，拟写案卷题名时应注意。

卷 内 目 录

序号	文件编号	责任者	文件材料题名	日期	页号	备注
1		中铁××局 ××监理	××城市轨道交通（或地铁）××号线建设项目××标段 ××车站至××车站高架区间××大桥第3跨支架上制梁 模板及支架检验批质量验收记录、工序质量验收单	20140312	1-10	
2		中铁××局 ××监理	××城市轨道交通（或地铁）××号线建设项目××标段 ××车站至××车站高架区间××大桥第3跨支架上制梁 钢筋加工及安装检验批质量验收记录、工序质量报验单、 隐蔽工程验收记录	20140312	11-21	
3		中铁××局 ××监理	××城市轨道交通（或地铁）××号线建设项目××标段 ××车站至××车站高架区间××大桥第3跨支架上制梁 混凝土浇筑检验批质量验收记录、工序质量报验单、混凝 土出厂合格证及浇筑记录表	20140313	22-28	
4		中铁××局 ××监理	××城市轨道交通（或地铁）××号线建设项目××标段 ××车站至××车站高架区间××大桥第3跨支架上制梁 水泥抗压强度试验报告	20140410	29-31	
5		中铁××局 ××监理	××城市轨道交通（或地铁）××号线建设项目××标段 ××车站至××车站高架区间××大桥第3跨支架上制梁 预应力检验批质量验收记录、工序质量报验单、预应力钢 筋检测记录、张拉及记录表、浆强度试验报告	20140412	32-38	
6		中铁××局 ××监理	××城市轨道交通（或地铁）××号线建设项目××标段 ××车站至××车站高架区间××大桥第3跨支架上制梁 防水层检验批质量验收记录、工序质量报验单	20140413	39-41	
7		中铁××局 ××监理	××城市轨道交通（或地铁）××号线建设项目××标段 ××车站至××车站高架区间××大桥第4跨支架上制梁 模板及支架检验批质量验收记录、工序质量报验单	20140314	42-45	
8		中铁××局 ××监理	××城市轨道交通（或地铁）××号线建设项目××标段 ××车站至××车站高架区间××大桥第4跨支架上制梁 钢筋加工及安装检验批质量验收记录、工序质量报验单、 隐蔽工程验收记录	20140314	46-51	
9		中铁××局 ××监理	××城市轨道交通（或地铁）××号线建设项目××标段 ××车站至××车站高架区间××大桥第4跨支架上制梁 混凝土浇筑检验批质量验收记录、工序质量报验单、混凝 土出厂合格证及浇筑记录表	20140314	52-58	
10		中铁××局 ××监理	××城市轨道交通（或地铁）××号线建设项目××标段 ××车站至××车站高架区间××大桥第4跨支架上制梁 水泥抗压强度试验报告	20140411	59-61	
11		中铁××局 ××监理	××城市轨道交通（或地铁）××号线建设项目××标段 ××车站至××车站高架区间××大桥第4跨支架上制梁 预应力检验批质量验收记录、工序质量报验单、预应力钢 筋检测记录、张拉及记录表、浆强度试验报告	20140413	62-68	
12		中铁××局 ××监理	××城市轨道交通（或地铁）××号线建设项目××标段 ××车站至××车站高架区间××大桥第4跨支架上制梁 防水层检验批质量验收记录、工序质量报验单	20140413	69-71	
13		中铁××局 ××监理	…第5跨支架上制梁检验批质量验收记录、工序质量报验 单、隐蔽工程验收记录等文件同上，各文件按支架上制梁 的编号结合工艺流程依次排列	—	—	

例 3-49：高架区间-悬臂浇筑预应力混凝土连续梁

档　　　号　　DX.03.02.x-00x

　　××城市轨道交通（或地铁）××号线建设项目××标段××车站至××车站高架区间××大桥悬臂浇筑预应力混凝土连续梁子分部、分项工程质量验收记录、抗压强度汇总表，第×联悬臂浇筑预应力混凝土连续梁施工测量报验单及附件、检验批质量验收记录、工序质量报验单及试验检测记录

立卷单位　　　　　中铁××局集团有限公司

起止时间　　　　　20140612-20141215

保管期限　　　　　　　　30 年

密　　　级　　　　

　　注：臂浇梁子分部、分项工程质量验收记录及抗压强度汇总表组卷时应归在编号最小（或左侧）的臂浇梁底腹板施工测量报验单前面，后面的排列顺序依次为：底腹板施工测量报验、底腹板模板、底腹板钢筋、底腹板混凝土、顶板施工测量报验、顶板模板、顶板钢筋、顶板混凝土、抗压强度报告及高程、偏位复测记录、预应力、防水层。现浇梁的整理组卷方法与悬浇梁基本相同。一次性浇筑完成的，其卷内文件排列方法可参照斜拉桥主梁（例 3-51）案例。

160

序号	文件编号	责任者	文件材料题名	日期	页号	备注
1		中铁××局××监理	××城市轨道交通（或地铁）××号线建设项目××标段××车站至××车站高架区间××大桥臂浇梁子分部工程质量验收记录	20141215	1-4	
2		中铁××局××监理	××城市轨道交通（或地铁）××号线建设项目××标段××车站至××车站高架区间××大桥臂浇梁模板及支架分项工程质量验收记录	20141208	5-8	
3		中铁××局××监理	××城市轨道交通（或地铁）××号线建设项目××标段××车站至××车站高架区间××大桥臂浇梁钢筋分项工程质量验收记录	20141212	9-14	
4		中铁××局××监理	××城市轨道交通（或地铁）××号线建设项目××标段××车站至××车站高架区间××大桥臂浇梁混凝土分项工程质量验收记录	20141213	15-19	
5		中铁××局××监理	××城市轨道交通（或地铁）××号线建设项目××标段××车站至××车站高架区间××大桥臂浇梁抗压强度汇总表	20141214	20-26	
6		中铁××局××监理	××城市轨道交通（或地铁）××号线建设项目××标段××车站至××车站高架区间××大桥臂浇梁预应力分项工程质量验收记录	20141215	27-30	
7		中铁××局××监理	××城市轨道交通（或地铁）××号线建设项目××标段××车站至××车站高架区间××大桥臂浇梁预应力张拉记录报告汇总表（如有）	20141216	31-35	
8		中铁××局××监理	××城市轨道交通（或地铁）××号线建设项目××标段××车站至××车站高架区间××大桥臂浇梁防水层分项工程质量验收记录	20141216	36-39	
9		中铁××局××监理	××城市轨道交通（或地铁）××号线建设项目××标段××车站至××车站高架区间××大桥第×联臂浇梁底腹板施工测量报验单及附件	20140612	40-43	
10		中铁××局××监理	××城市轨道交通（或地铁）××号线建设项目××标段××车站至××车站高架区间××大桥第×联臂浇梁底腹板模板及支架检验批质量验收记录、工序质量报验单	20140612	44-51	
11		中铁××局××监理	××城市轨道交通（或地铁）××号线建设项目××标段××车站至××车站高架区间××大桥第×联臂浇梁底腹板钢筋检验批质量验收记录、工序质量报验单、隐蔽工程验收记录	20140612	52-68	
12		中铁××局××监理	××城市轨道交通（或地铁）××号线建设项目××标段××车站至××车站高架区间××大桥第×联臂浇梁底腹板混凝土检验批质量验收记录、工序质量报验单、混凝土出厂合格证及浇筑记录表	20140613	69-76	
13		中铁××局××监理	××城市轨道交通（或地铁）××号线建设项目××标段××车站至××车站高架区间××大桥第×联臂浇梁顶板施工测量报验单及附件	20140620	77-80	
14		中铁××局××监理	××城市轨道交通（或地铁）××号线建设项目××标段××车站至××车站高架区间××大桥第×联臂浇梁顶板模板及支架检验批质量验收记录、工序质量报验单	20140623	81-84	
15		中铁××局××监理	···顶板钢筋、混凝土的检验批、工序质量报验单等文件同上，水泥抗压强度试验报告、预应力及防水层检验批、工序质量报验单等文件依次排在最后	—		

161

例 3-50：高架区间-钢桁梁

档　　号　DX.03.02.x-00x

　　××城市轨道交通（或地铁）××号线建设项目××标段××车站至××车站高架区间××大桥钢桁梁子分部工程质量验收记录，钢桁梁杆件预拼、拼装架设、涂装等分项工程质量验收记录、检验批质量验收记录、工序质量报验单及试验检测记录

立卷单位＿＿＿＿＿＿中铁××局集团有限公司＿＿＿＿＿＿

起止时间＿＿＿＿＿＿20140612-20140915＿＿＿＿＿＿＿

保管期限＿＿＿＿＿＿＿＿＿30 年＿＿＿＿＿＿＿＿＿＿

密　　级＿＿＿＿＿＿＿＿＿＿＿＿＿＿＿＿＿＿＿＿＿

注：钢桁梁子分部工程质量验收记录归在第 1 个分项（杆件预拼）工程质量验收记录前面，杆件预拼、拼装架设、涂装分项工程质量验收记录、检验批、工序质量报验单等文件分别整理组卷，文件数量较少的可合为一卷（本案例为文件数量较少的）。混凝土桥面板浇筑单独组卷，其组卷方法可参照（例 3-44、45）。

序号	文件编号	责任者	文件材料题名	日期	页号	备注
1		中铁××局××监理	××城市轨道交通（或地铁）××号线建设项目××标段××车站至××车站高架区间××大桥钢桁梁子分部工程质量验收记录	20140915	1-4	
2		中铁××局××监理	××城市轨道交通（或地铁）××号线建设项目××标段××车站至××车站高架区间××大桥钢桁梁杆件预拼分项工程质量验收记录	20140808	5-8	
3		中铁××局××监理	××城市轨道交通（或地铁）××号线建设项目××标段××车站至××车站高架区间××大桥第×截段钢桁梁杆件预拼检验批质量验收记录、工序质量报验单	20140612	9-14	
4		中铁××局××监理	××城市轨道交通（或地铁）××号线建设项目××标段××车站至××车站高架区间××大桥第×截段钢桁梁杆件预拼检验批质量验收记录、工序质量报验单	20140614	15-19	
5		中铁××局××监理	下一截段钢桁梁杆件预拼检验批、工序质量报验单等文件同上，按照截段的编号依次排列	—	—	
6		中铁××局××监理	××城市轨道交通（或地铁）××号线建设项目××标段××车站至××车站高架区间××大桥钢桁梁拼装架设分项工程质量验收记录	20140828	35-38	
7		中铁××局××监理	××城市轨道交通（或地铁）××号线建设项目××标段××车站至××车站高架区间××大桥第×截段钢桁梁拼装架设检验批质量验收记录、工序质量报验单	20140812	39-44	
8		中铁××局××监理	××城市轨道交通（或地铁）××号线建设项目××标段××车站至××车站高架区间××大桥第×截段钢桁梁拼装架设检验批质量验收记录、工序质量报验单	20140813	45-49	
9		中铁××局××监理	下一截段钢桁梁拼装架设检验批、工序质量报验单等文件同上，按照截段的编号依次排列	—	—	
10		中铁××局××监理	××城市轨道交通（或地铁）××号线建设项目××标段××车站至××车站高架区间××大桥钢桁梁涂装分项工程质量验收记录	20140908	65-68	
11		中铁××局××监理	××城市轨道交通（或地铁）××号线建设项目××标段××车站至××车站高架区间××大桥第×截段钢桁梁涂装检验批质量验收记录、工序质量报验单	20140828	69-74	
12		中铁××局××监理	××城市轨道交通（或地铁）××号线建设项目××标段××车站至××车站高架区间××大桥第×截段钢桁梁涂装检验批质量验收记录、工序质量报验单	20140830	75-79	
13		中铁××局××监理	下一截段钢桁梁涂装检验批、工序质量报验单等文件同上，按照截段的编号依次排列	—	—	
14		中铁××局××监理		—	—	

例 3-51：高架区间-预应力混凝土斜拉桥主梁

档　　　号　　DX.03.02.x-00x

　　　××城市轨道交通（或地铁）××号线建设项目××标段××车站至××车站高架区间××大桥预应力混凝土斜拉桥主梁和斜拉索子分部、斜拉桥主梁分项工程质量验收记录、抗压强度汇总表，第×号墩主梁施工测量报验单及附件、检验批质量验收记录、工序质量报验单及试验检测记录

立卷单位_____中铁××局集团有限公司_____

起止时间_____20140612-20140920_____

保管期限_____30 年_____

密　　　级_____

　　注：预应力混凝土斜拉桥主梁和斜拉索子分部工程质量验收记录及抗压强度汇总表组卷时应归在编号最小或左侧的主梁施工测量报验单前面，第 1 个墩的主梁各检验批、工序质量报验单等文件整理组卷完成后，再整理第 2 个墩主梁。如果一个墩主梁分几次浇筑的，各文件排列顺序参照悬臂浇筑（例 3-49）。如果一次浇筑完成的，可直接引用本案例。

卷 内 目 录

例 3-52：高架区间-预应力混凝土斜拉桥斜拉索

档　　　号　　DX.03.02.x-00x

　　××城市轨道交通（或地铁）××号线建设项目××标段××车站至××车站高架区间××大桥斜拉索分项工程质量验收记录，第 SB1-1 至 SZ×-×斜拉索检验批质量验收记录、工序质量报验单及试验检测记录

立卷单位　　　　中铁××局集团有限公司
起止时间　　　　20140920-20150215
保管期限　　　　　　30 年
密　　　级

　　注：斜拉索单独组卷，斜拉索分项工程质量验收记录组卷时应归在编号最小斜拉索制作检验批、工序质量报验单等文件前面，后面的案卷中不再出现该文件。斜拉索各检验批、工序质量报验单等按照斜拉索的编号结合工艺流程（制作、防护、安装）依次排列。第 1 根斜拉索的文件整理组卷完成后，再整理第 2 根斜拉索。同一根斜拉索的制作、防护、安装检验批、工序质量报验单等文件不能分散在两个案卷中。

卷 内 目 录

序号	文件编号	责任者	文件材料题名	日期	页号	备注
1		中铁××局 ××监理	××城市轨道交通（或地铁）××号线建设项目××标段××车站至××车站高架区间××大桥斜拉索分项工程质量验收记录	20150215	1-4	
2		中铁××局 ××监理	××城市轨道交通（或地铁）××号线建设项目××标段××车站至××车站高架区间××大桥SB1-1斜拉索制作检验批质量验收记录、工序质量报验单	20140920	5-8	
3		中铁××局 ××监理	××城市轨道交通（或地铁）××号线建设项目××标段××车站至××车站高架区间××大桥SB1-1斜拉索防护检验批质量验收记录、工序质量报验单	20140920	9-12	
4		中铁××局 ××监理	××城市轨道交通（或地铁）××号线建设项目××标段××车站至××车站高架区间××大桥SB1-1斜拉索安装检验批质量验收记录、工序质量报验单	20140922	13-17	
5		中铁××局 ××监理	××城市轨道交通（或地铁）××号线建设项目××标段××车站至××车站高架区间××大桥SB1-2斜拉索制作检验批质量验收记录、工序质量报验单	20140923	18-21	
6		中铁××局 ××监理	××城市轨道交通（或地铁）××号线建设项目××标段××车站至××车站高架区间××大桥SB1-2斜拉索防护检验批质量验收记录、工序质量报验单	20140923	22-24	
7		中铁××局 ××监理	××城市轨道交通（或地铁）××号线建设项目××标段××车站至××车站高架区间××大桥SB1-2斜拉索安装检验批质量验收记录、工序质量报验单	20140924	25-27	
8		中铁××局 ××监理	××城市轨道交通（或地铁）××号线建设项目××标段××车站至××车站高架区间××大桥SZ1-1斜拉索制作检验批质量验收记录、工序质量报验单	20140926	28-30	
9		中铁××局 ××监理	××城市轨道交通（或地铁）××号线建设项目××标段××车站至××车站高架区间××大桥SZ1-1斜拉索防护检验批质量验收记录、工序质量报验单	20140926	31-33	
10		中铁××局 ××监理	××城市轨道交通（或地铁）××号线建设项目××标段××车站至××车站高架区间××大桥SZ1-1斜拉索安装检验批质量验收记录、工序质量报验单	20140928	34-35	
11		中铁××局 ××监理	××城市轨道交通（或地铁）××号线建设项目××标段××车站至××车站高架区间××大桥SZ2-1斜拉索制作检验批质量验收记录、工序质量报验单	20140928	36-38	
12		中铁××局 ××监理	××城市轨道交通（或地铁）××号线建设项目××标段××车站至××车站高架区间××大桥SZ2-1斜拉索防护检验批质量验收记录、工序质量报验单	20140928	39-41	
13		中铁××局 ××监理	××城市轨道交通（或地铁）××号线建设项目××标段××车站至××车站高架区间××大桥SZ2-1斜拉索安装检验批质量验收记录、工序质量报验单	20140930	42-44	
14		中铁××局 ××监理	…SB2-1…斜拉索制作、防护、安装检验批质量验收记录、工序质量报验单同上，按照斜拉索的编号结合工艺流程依次排列	—	—	

167

例 3-53：高架区间-附属工程

档　　　号　<u>DX.03.02.x-00x</u>

　　××城市轨道交通（或地铁）××号线建设项目××
标段××车站至××车站高架区间××大桥附属工程分
部、分项工程质量验收记录、施工测量报验单及附件、检
验批质量验收记录、工序质量报验单及试验检测记录

立卷单位　　<u>　　　　　中铁××局集团有限公司　　　　　</u>
起止时间　　<u>　　　　　20141110-20150203　　　　　　</u>
保管期限　　<u>　　　　　　　　30 年　　　　　　　　　　</u>
密　　　级　　<u>　　　　　　　　　　　　　　　　　　　　</u>

　　注：高架区间附属工程文件数量较少，一般情况下，桥头搭板、排泄水、台阶、灯、柱等分项工程质量验收记录、检验批、工序质量报验单等可合并组成一卷，卷内文件排列顺序为：分部工程质量验收记录，桥头搭板分项工程质量验收记录、检验批、工序质量报验单等，排泄水分项工程质量验收记录、检验批、工序质量报验单等，台阶、灯、柱……

例 3-54：车辆段-附属工程-道牙

档　　　号　DX.03.03.x-00x

　　××城市轨道交通（或地铁）××号线建设项目××标段××车辆段附属工程分部工程质量验收记录，道牙子分部、分项工程质量验收记录、施工测量报验单及附件、检验批质量验收记录、工序质量报验单及试验检测记录

立卷单位_____中铁××局集团有限公司_____
起止时间_____20140610-20140722_____
保管期限_____30 年_____
密　　级_____

　　注：车辆段、停车场及基地子单位工程中的轨道路基及道路的路基、基层、路面等分部、分项工程的整理组卷方法可参照区间各相应的分部、分项工程。附属工程分部工程质量验收记录组卷时应归在第 1 个子分部（道牙）工程质量验收记录前面，其他子分部（雨水口、人行步道等）的案卷中不再归入。道牙质量验收记录、工序报验、检验批等在文件数量不多的情况下可以组成一卷（本案例），文件数量较多的可组成数卷，垫层、安砌、后背回填（浇筑）、勾缝等以分项工程为单位分别整理组卷，分项工程质量验收记录归在首位，其他文件按桩号或部位结合工艺流程依次排列。附属工程其他各子分部组卷方法与道牙基本相同。

卷 内 目 录

序号	文件编号	责任者	文件材料题名	日期	页号	备注
1		中铁××局××监理	××城市轨道交通（或地铁）××号线建设项目××标段××车辆段附属分部工程质量验收记录	20140722	1-5	
2		中铁××局××监理	××城市轨道交通（或地铁）××号线建设项目××标段××车辆段附属分部工程道牙子分部工程质量验收记录	20140708	6-8	
3		中铁××局××监理	××城市轨道交通（或地铁）××号线建设项目××标段××车辆段附属工程道牙垫层分项工程质量验收记录	20140702	9-12	
4		中铁××局××监理	××城市轨道交通（或地铁）××号线建设项目××标段××车辆段附属工程K×+××-K×+××道牙垫层施工测量报验单及附件	20140613	13-15	
5		中铁××局××监理	××城市轨道交通（或地铁）××号线建设项目××标段××车辆段附属工程K×+××-K×+××道牙垫层检验批质量验收记录、工序质量报验单、施工现场试验检测记录	20140614	16-19	
6		中铁××局××监理	…下一施工段落道牙垫层测量报验、检验批、工序质量报验单等文件同上，按桩号或部位依次排列	—	—	
7		中铁××局××监理	××城市轨道交通（或地铁）××号线建设项目××标段××车辆段附属工程道牙安砌分项工程质量验收记录	20140704	30-32	
8		中铁××局××监理	××城市轨道交通（或地铁）××号线建设项目××标段××车辆段附属工程K×+××-K×+××道牙安砌检验批质量验收记录、工序质量报验单、施工现场试验检测记录	20140610	33-36	
9		中铁××局××监理	…下一施工段落道牙垫层检验批、工序质量报验单等文件同上，按桩号或部位依次排列	—	—	
10		中铁××局××监理	××城市轨道交通（或地铁）××号线建设项目××标段××车辆段附属工程道牙后背回填（浇筑）分项工程质量验收记录	20140716	62-64	
11		中铁××局××监理	××城市轨道交通（或地铁）××号线建设项目××标段××车辆段附属工程K×+××-K×+××道牙后背回填（浇筑）检验批质量验收记录、工序质量报验单、施工现场试验检测记录	20140612	65-68	
12		中铁××局××监理	…下一施工段落后背回填（浇筑）检验批、工序质量报验单等文件同上，按桩号或部位依次排列	—	—	
13		中铁××局××监理	××城市轨道交通（或地铁）××号线建设项目××标段××车辆段附属工程道牙勾缝分项工程质量验收记录	20140716	82-84	
14		中铁××局××监理	××城市轨道交通（或地铁）××号线建设项目××标段××车辆段附属工程K×+××-K×+××道牙勾缝检验批质量验收记录、工序质量报验单、施工现场试验检测记录	20140618	85-88	
15		中铁××局××监理	…下一施工段落道牙勾缝检验批、工序质量报验单等文件同上，按桩号或部位依次排列	—	—	

档　　　号　DX.03.03.x-00x

×× 城市轨道交通（或地铁）×× 号线建设项目 ×× 标段 ×× 车辆段室外安装管沟（井室）分部、子分部、分项工程质量验收记录、施工测量报验单及附件、检验批质量验收记录、工序质量报验单及试验检测记录

立卷单位　　　　　　中铁 ×× 局集团有限公司
起止时间　　　　　　20140513-20140824
保管期限　　　　　　　　30 年
密　　　级　　　　　　

　　注：管沟（井室）分部工程质量验收记录组卷时应归在第 1 个子分部（土方）工程质量验收记录前面。各子分部、分项工程质量验收记录、工序报验、检验批等在文件数量不多的情况下可以组成一卷（本案例），卷内文件排列顺序为：分部工程质量验收记录；土方子分部、分项工程质量验收记录、各检验批、工序质量报验单等文件；基础处理子分部、分项工程质量验收记录、各检验批、工序质量报验单等文件；基础工程、井室结构等同上并依次排列。文件数量较多的可组成数卷，土方、地基处理、基础工程、井室结构工程等子分部分别整理组卷，子分部、分项工程质量验收记录分别归在首位，其他文件按桩号或部位结合工艺流程依次排列。

卷 内 目 录

序号	文件编号	责任者	文件材料题名	日期	页号	备注
1		中铁××局××监理	××城市轨道交通（或地铁）××号线建设项目××标段××车辆段室外安装管沟（井室）分部工程质量验收记录	20140824	1-5	
2		中铁××局××监理	××城市轨道交通（或地铁）××号线建设项目××标段××车辆段室外安装管沟（井室）分部土方子分部工程质量验收记录	20140608	6-8	
3		中铁××局××监理	××城市轨道交通（或地铁）××号线建设项目××标段××车辆段室外安装管沟（井室）土方子分部排降水分项工程质量验收记录	20140602	9-12	
4		中铁××局××监理	××城市轨道交通（或地铁）××号线建设项目××标段××车辆段室外安装管沟（井室）×段排降水检验批质量验收记录、工序质量报验单、施工现场检测记录	20140513	13-15	
5		中铁××局××监理	…下一施工段排降水检验批质量验收记录、工序质量报验单、施工现场检测记录同上，按按桩号或部位结合工艺流程依次排列	—	—	
6		中铁××局××监理	××城市轨道交通（或地铁）××号线建设项目××标段××车辆段室外安装管沟（井室）土方子分部围护分项工程质量验收记录	20140612	29-32	
7		中铁××局××监理	××城市轨道交通（或地铁）××号线建设项目××标段××车辆段室外安装管沟（井室）×段围护检验批质量验收记录、工序质量报验单、施工现场检测记录	20140520	33-35	
8		中铁××局××监理	…下一施工段围护检验批质量验收记录、工序质量报验单、施工现场检测记录同上，按按桩号或部位结合工艺流程依次排列	—	—	
9		中铁××局××监理	××城市轨道交通（或地铁）××号线建设项目××标段××车辆段室外安装管沟（井室）土方子分部土方开挖分项工程质量验收记录	20140620	49-52	
10		中铁××局××监理	××城市轨道交通（或地铁）××号线建设项目××标段××车辆段室外安装管沟（井室）土方子分部土方开挖施工测量报验单及附件	20140520	53-55	
11		中铁××局××监理	××城市轨道交通（或地铁）××号线建设项目××标段××车辆段室外安装管沟（井室）×段土方开挖检验批质量验收记录、工序质量报验单、施工现场检测记录	20140523	56-58	
12		中铁××局××监理	…下一施工段围护检验批质量验收记录、工序质量报验单、施工现场检测记录同上，按按桩号或部位结合工艺流程依次排列	—	—	
13		中铁××局××监理	…土方回填同上	—	—	
14		中铁××局××监理	…地基处理、基础工程、井室结构工程等子分部、分项工程质量验收记录、检验批、工序质量报验单等同上，按子分部、分项工程、部位结合工艺流程依次排列	—	—	

例 3-56：正线轨道工程-线路基桩

档　　号　　DX.03.04-00x

　　××城市轨道交通（或地铁）××号线建设项目××
标段正线轨道工程线路基桩分部工程质量验收记录，基桩
测设分项工程质量验收记录、施工测量报验单及附件、检
验批质量验收记录、工序质量报验单及检测记录

立卷单位＿＿＿＿＿＿中铁××局集团有限公司＿＿＿＿＿＿

起止时间＿＿＿＿＿＿20140502-20140824＿＿＿＿＿＿＿

保管期限＿＿＿＿＿＿＿＿＿30 年＿＿＿＿＿＿＿＿＿＿

密　　级＿＿＿＿＿＿＿＿＿＿＿＿＿＿＿＿＿＿＿＿＿＿

　　注：正线轨道工程线路基桩单独组卷，分部、分项工程质量验收记录归在首位，施工测量报验单、检验批、工序
质量报验单等文件按里程桩号依次排列。施工测量报验单、检验批、工序质量报验单等文件数量较多的，可组成数卷。
　　站场及出入线段轨道工程与正线轨道工程整理组卷方法基本相同。

卷 内 目 录

序号	文件编号	责任者	文件材料题名	日期	页号	备注
1		中铁××局××监理	××城市轨道交通（或地铁）××号线建设项目××标段正线轨道工程线路基桩分部工程质量验收记录	20140824	1-5	
2		中铁××局××监理	××城市轨道交通（或地铁）××号线建设项目××标段正线轨道工程基桩测设分项工程质量验收记录	20140823	6-8	
3		中铁××局××监理	××城市轨道交通（或地铁）××号线建设项目××标段正线轨道工程K×＋××-K×＋××基桩测设施工测量报验单及附件	20140502	9-12	
4		中铁××局××监理	××城市轨道交通（或地铁）××号线建设项目××标段正线轨道工程K×＋××-K×＋××基桩测设检验批质量验收记录、工序质量报验单、施工现场检测记录	20140502	13-16	
5		中铁××局××监理	××城市轨道交通（或地铁）××号线建设项目××标段正线轨道工程K×＋××-K×＋××基桩测设施工测量报验单及附件	20140503	17-19	
6		中铁××局××监理	××城市轨道交通（或地铁）××号线建设项目××标段正线轨道工程K×＋××-K×＋××基桩测设检验批质量验收记录、工序质量报验单、施工现场检测记录	20140503	20-24	
7		中铁××局××监理	××城市轨道交通（或地铁）××号线建设项目××标段正线轨道工程K×＋××-K×＋××基桩施工测量报验单及附件	20140504	25-27	
8		中铁××局××监理	××城市轨道交通（或地铁）××号线建设项目××标段正线轨道工程K×＋××-K×＋××基桩测设检验批质量验收记录、工序质量报验单、施工现场检测记录	20140506	28-32	
9		中铁××局××监理	…下一段落基桩测设施工测量报验单及附件、检验批质量验收记录、工序质量报验单、施工现场检测记录同上，按里程桩号结合工艺流程依次排列	—	—	

例 3-57：正线轨道工程-整体道床-轨排组装架设

档　　号　　DX.03.04-00x

　　××城市轨道交通（或地铁）××号线建设项目××
标段正线轨道工程整体道床子分部工程质量验收记录，轨
排组装架设分项工程质量验收记录、施工测量报验单及附
件、检验批质量验收记录、工序质量报验单及检测记录

立卷单位＿＿＿＿＿＿＿＿中铁××局集团有限公司＿＿＿＿＿＿＿
起止时间＿＿＿＿＿＿＿＿20140513-20140824＿＿＿＿＿＿＿＿
保管期限＿＿＿＿＿＿＿＿＿＿＿30 年＿＿＿＿＿＿＿＿＿＿＿
密　　级＿＿＿＿＿＿＿＿＿＿＿＿＿＿＿＿＿＿＿＿＿＿＿＿＿＿

　　注：正线轨道工程道床分部工程质量验收记录组卷时应归在第 1 个子分部（有渣道床）工程质量验收记录前面
（不在本案例中）。轨排组装架设分项工程单独组卷，整体道床子分部工程质量验收记录、轨排组装架设分项工程质量
验收记录归在首位，施工测量报验单、检验批、工序质量报验单等文件按里程桩号结合工艺流程依次排列。施工测量
报验单、检验批、工序质量报验单等文件数量较多的，可组成数卷。防水层、保护层及伸缩缝、隔振器安装、预制浮
置板安装等分项整理组卷方法与轨排组装架设基本相同。

<h1>卷 内 目 录</h1>

序号	文件编号	责任者	文件材料题名	日期	页号	备注
1		中铁××局 ××监理	××城市轨道交通（或地铁）××号线建设项目××标段正线轨道工程整体道床子分部工程质量验收记录	20140824	1-5	
2		中铁××局 ××监理	××城市轨道交通（或地铁）××号线建设项目××标段正线轨道工程整体道床轨排组装架设分项工程质量验收记录	20140608	6-8	
3		中铁××局 ××监理	××城市轨道交通（或地铁）××号线建设项目××标段正线轨道工程整体道床 K×＋××-K×＋××轨排组装架设施工测量报验单及附件	20140602	9-12	
4		中铁××局 ××监理	××城市轨道交通（或地铁）××号线建设项目××标段正线轨道工程整体道床 K×＋××-K×＋××轨排组装架设检验批质量验收记录、工序质量报验单、施工现场检测记录	20140513	13-15	
5		中铁××局 ××监理	××城市轨道交通（或地铁）××号线建设项目××标段正线轨道工程整体道床 K×＋××-K×＋××轨排组装架设施工测量报验单及附件	20140602	16-18	
6		中铁××局 ××监理	××城市轨道交通（或地铁）××号线建设项目××标段正线轨道工程整体道床 K×＋××-K×＋××轨排组装架设检验批质量验收记录、工序质量报验单、施工现场检测记录	20140513	19-23	
7		中铁××局 ××监理	…下一施工段落轨排组装架设施工测量、检验批、工序质量报验单等文件同上，按里程桩号依次排列	—	—	

例 3-58：正线轨道工程-整体道床-道床钢筋、模板、混凝土

档　　号　DX.03.04-00x

　　××城市轨道交通（或地铁）××号线建设项目××标段正线轨道工程整体道床钢筋、模板、混凝土分项工程质量验收记录、抗压强度汇总表，K×＋××-K×＋××整体道床施工测量报验单及附件、检验批质量验收记录、工序质量报验单及试验检测记录

立卷单位　　　　　中铁××局集团有限公司
起止时间　　　　　20140402-20141122
保管期限　　　　　　　30 年
密　　级

　　注：道床分部工程质量验收记录应归在第 1 个子分部（有渣道床）工程质量验收记录前面（不在本案例中）。整体道床钢筋、模板、混凝土分项工程单独组卷，各分项工程质量验收记录归在首位，施工测量报验单、检验批、工序质量报验单等文件按里程桩号结合工艺流程依次排列。文件较多的，可组成数卷。同一施工段落的施工测量报验单、检验批、工序质量报验单等文件不能分散在两个案卷中。防水层、保护层及伸缩缝、隔振器安装、预制浮置板安装等分项工程应分别单独组卷。

序号	文件编号	责任者	文件材料题名	日期	页号	备注
1		中铁××局××监理	××城市轨道交通（或地铁）××号线建设项目××标段正线轨道工程整体道床钢筋分项工程质量验收记录	20141024	1-5	
2		中铁××局××监理	××城市轨道交通（或地铁）××号线建设项目××标段正线轨道工程整体道床模板分项工程质量验收记录	20141025	6-8	
3		中铁××局××监理	××城市轨道交通（或地铁）××号线建设项目××标段正线轨道工程整体道床混凝土分项工程质量验收记录	20141026	9-12	
4		中铁××局××监理	××城市轨道交通（或地铁）××号线建设项目××标段正线轨道工程整体道床混凝土抗压强度汇总表	20141122	13-16	
5		中铁××局××监理	××城市轨道交通（或地铁）××号线建设项目××标段正线轨道K×＋×××-K×＋×××整体道床施工测量报验单及附件	20140402	17-18	
6		中铁××局××监理	××城市轨道交通（或地铁）××号线建设项目××标段正线轨道K×＋×××-K×＋×××整体道床钢筋检验批质量验收记录、工序质量报验单、隐蔽工程验收记录	20140403	19-22	
7		中铁××局××监理	××城市轨道交通（或地铁）××号线建设项目××标段正线轨道K×＋×××-K×＋×××整体道床模板检验批质量验收记录、工序质量报验单	20140404	23-26	
8		中铁××局××监理	××城市轨道交通（或地铁）××号线建设项目××标段正线轨道K×＋×××-K×＋×××整体道床混凝土检验批质量验收记录、工序质量报验单、混凝土出厂合格证及浇筑记录表	20140404	27-32	
9		中铁××局××监理	××城市轨道交通（或地铁）××号线建设项目××标段正线轨道K×＋×××-K×＋×××整体道床水泥抗压强度试验报告、高程及偏位复测记录	20140502	33-35	
10		中铁××局××监理	××城市轨道交通（或地铁）××号线建设项目××标段正线轨道K×＋×××-K×＋×××整体道床施工测量报验单及附件	20140404	36-39	
11		中铁××局××监理	××城市轨道交通（或地铁）××号线建设项目××标段正线轨道K×＋×××-K×＋×××整体道床钢筋检验批质量验收记录、工序质量报验单、隐蔽工程验收记录	20140405	40-44	
12		中铁××局××监理	××城市轨道交通（或地铁）××号线建设项目××标段正线轨道K×＋×××-K×＋×××整体道床模板检验批质量验收记录、工序质量报验单	20140406	45-48	
13		中铁××局××监理	××城市轨道交通（或地铁）××号线建设项目××标段正线轨道K×＋×××-K×＋×××整体道床混凝土检验批质量验收记录、工序质量报验单、混凝土出厂合格证及浇筑记录表	20140406	49-54	
14		中铁××局××监理	××城市轨道交通（或地铁）××号线建设项目××标段正线轨道K×＋×××-K×＋×××整体道床水泥抗压强度试验报告、高程及偏位复测记录	20140504	55-57	
15		中铁××局××监理	…下一段落整体道床施工测量、钢筋、模板、混凝土检验批、工序质量报验单等文件同上，按里程桩号结合工艺流程依次排列	—	—	

例3-59：正线轨道工程-轨道

档　　号　DX.03.04-00x

　　××城市轨道交通（或地铁）××号线建设项目××标段正线轨道工程轨道分部、铺轨分项工程质量验收记录，K×＋××-K×＋××铺轨施工测量报验单及附件、检验批质量验收记录、工序质量报验单及检测记录

立卷单位　　　　　　中铁××局集团有限公司　　　　　　

起止时间　　　　　20140502-20141224　　　　　

保管期限　　　　　　　30 年　　　　　

密　　级　　　　　　　　　　　　　　　

　　注：轨道分部工程质量验收记录组卷时应归在第1个分项（铺轨）工程质量验收记录前面，各施工测量报验单、检验批、工序质量报验单等文件按里程桩号结合工艺流程依次排列。文件数量较多的，可组成数卷。工地钢轨焊接、铺碴、整道、线路锁定、轨道整理、钢轨伸缩调节器铺设、道岔铺设、道岔整道等以分项工程为单位分别整理组卷，其方法与铺轨基本相同。

180

卷 内 目 录

序号	文件编号	责任者	文件材料题名	日期	页号	备注
1		中铁××局 ××监理	××城市轨道交通（或地铁）××号线建设项目××标段正线轨道工程轨道分部工程质量验收记录	20141224	1-5	
2		中铁××局 ××监理	××城市轨道交通（或地铁）××号线建设项目××标段正线轨道工程铺轨分项工程质量验收记录	20141218	6-8	
3		中铁××局 ××监理	××城市轨道交通（或地铁）××号线建设项目××标段正线轨道工程K×+×××-K×+×××铺轨施工测量报验单及附件	20140502	9-12	
4		中铁××局 ××监理	××城市轨道交通（或地铁）××号线建设项目××标段正线轨道工程K×+×××-K×+×××铺轨检验批质量验收记录、工序质量报验单及检测记录	20140503	13-17	
5		中铁××局 ××监理	××城市轨道交通（或地铁）××号线建设项目××标段正线轨道工程K×+×××-K×+×××铺轨施工测量报验单及附件	20140504	18-20	
6		中铁××局 ××监理	××城市轨道交通（或地铁）××号线建设项目××标段正线轨道工程K×+×××-K×+×××铺轨检验批质量验收记录、工序质量报验单及检测记录	20140505	21-24	
7		中铁××局 ××监理	××城市轨道交通（或地铁）××号线建设项目××标段正线轨道工程K×+×××-K×+×××铺轨施工测量报验单及附件	20140506	25-27	
8		中铁××局 ××监理	××城市轨道交通（或地铁）××号线建设项目××标段正线轨道工程K×+×××-K×+×××铺轨检验批质量验收记录、工序质量报验单及检测记录	20140507	28-31	
9		中铁××局 ××监理	…下一施工段落铺轨施工测量、检验批、工序质量报验单等文件同上，按里程桩号结合工艺流程依次排列	—	—	

例 3-60：主变电所送电工程输电线路土建及电气安装-电缆沟管基础工程

档　　号　<u>DX. 03. 05. x-00x</u>

　　××城市轨道交通（或地铁）××号线建设项目××标段主变电所送电工程（进线部分）输电线路土建及电气安装分部工程质量验收记录，电缆沟管基础子分部、分项工程质量验收记录、施工测量报验单及附件、检验批质量验收记录、工序质量报验单及试验检测记录

　　立卷单位<u>　　　　××电力工程有限公司　　　　</u>
　　起止时间<u>　　　　20140302-20140822　　　　</u>
　　保管期限<u>　　　　　　　30 年　　　　　　　</u>
　　密　　级<u>　　　　　　　　　　　　　　　　</u>

　　注：主变电所送电工程（进线部分）输电线路土建及电气安装分部工程质量验收记录组卷时应归在第 1 个子分部（电缆沟管基础工程）工程质量验收记录前面。卷内文件排列顺序为：分部工程质量验收记录；子分部工程质量验收记录；第 1 个分项工程质量验收记录、检验批、工序质量报验单等文件；第 2 个分项工程质量验收记录、检验批、工序质量报验单等文件；第 3 个…，按分项工程结合工艺流程依次排列。

182

序号	文件编号	责任者	文件材料题名	日期	页号	备注
1		××电力公司××监理	××城市轨道交通（或地铁）××线建设项目××标段主变电所送电工程（进线部分）输电线路土建及电气安装分部工程质量验收记录	20140822	1-4	
2		××电力公司××监理	××城市轨道交通（或地铁）××号线建设项目××标段主变电所送电工程（进线部分）输电线路土建及电气安装分部电缆沟管基础子分部工程质量验收记录	20140808	5-8	
3		××电力公司××监理	××城市轨道交通（或地铁）××号线建设项目××标段主变电所送电工程（进线部分）电缆沟管基础土方开挖分项工程质量验收记录	20140302	9-12	
4		××电力公司××监理	××城市轨道交通（或地铁）××号线建设项目××标段主变电所送电工程（进线部分）电缆沟管基础土方开挖施工测量报验单及附件	20140303	13-16	
5		××电力公司××监理	××城市轨道交通（或地铁）××号线建设项目××标段主变电所送电工程（进线部分）电缆沟管基础土方开挖检验批质量验收记录、工序质量报验单及压实度试验记录	20140303	17-20	
6		××电力公司××监理	××城市轨道交通（或地铁）××号线建设项目××标段主变电所送电工程（进线部分）电缆沟管基础碎石垫层分项工程质量验收记录	20140305	21-24	
7		××电力公司××监理	××城市轨道交通（或地铁）××号线建设项目××标段主变电所送电工程（进线部分）电缆沟管基础碎石垫层检验批质量验收记录、工序质量报验单及压实度试验记录	20140304	25-28	
8		××电力公司××监理	××城市轨道交通（或地铁）××号线建设项目××标段主变电所送电工程（进线部分）电缆沟管基础钢筋分项工程质量验收记录	20140310	29-32	
9		××电力公司××监理	××城市轨道交通（或地铁）××号线建设项目××标段送电工程（进线部分）电缆沟管基础钢筋检验批质量验收记录、工序质量报验单及隐蔽工程验收记录	20140309	33-36	
10		××电力公司××监理	××城市轨道交通（或地铁）××号线建设项目××标段主变电所送电工程（进线部分）电缆沟管基础模板分项工程质量验收记录	20140312	37-40	
11		××电力公司××监理	××城市轨道交通（或地铁）××号线建设项目××标段主变电所送电工程（进线部分）电缆沟管基础模板检验批质量验收记录、工序质量报验单	20140311	41-44	
12		××电力公司××监理	××城市轨道交通（或地铁）××号线建设项目××标段送电工程（进线部分）电缆沟管基础混凝土分项工程质量验收记录	20140315	45-48	
13		××电力公司××监理	××城市轨道交通（或地铁）××号线建设项目××标段主变电所送电工程（进线部分）电缆沟管基础混凝土检验批质量验收记录、工序质量报验单、混凝土出厂合格证及浇筑记录表	20140313	49-54	
14		××电力公司××监理	××城市轨道交通（或地铁）××号线建设项目××标段主变电所送电工程（进线部分）电缆沟管基础水泥抗压强度试验报告、高程及偏位复测记录	20140411	55-58	
15		××电力公司××监理	…模板拆除、砖砌体、土方回填、接地装置安装等分项工程质量验收记录、检验批、工序质量报验单等文件同上，按工艺流程依次排列	—	—	

例 3-61：主变电所送电工程输电线路土建及电气安装-电缆敷设、架空线路工程

档　　　号　　DX.03.05.x-00x

　　××城市轨道交通（或地铁）××号线建设项目××标段主变电所送电工程（进线部分）电缆敷设、架空线路子分部、分项工程质量验收记录、检验批质量验收记录、工序质量报验单及检测记录

立卷单位　　　　　××电力工程有限公司
起止时间　　　　　20140711-20140918
保管期限　　　　　　　　30 年
密　　级

注：主变电所送电工程（进线部分）电缆敷设、架空线路子分部、分项工程质量验收记录等在文件数量较少的情况下，两个子分部及各分项工程可合并组成一卷。主变电所其他各子分部、分项工程整理组卷时可参照执行。

184

卷 内 目 录

序号	文件编号	责任者	文件材料题名	日期	页号	备注
1		××电力公司××监理	××城市轨道交通（或地铁）××号线建设项目××标段主变电所送电工程（进线部分）电缆敷设子分部工程质量验收记录	20140918	1-4	
2		××电力公司××监理	××城市轨道交通（或地铁）××号线建设项目××标段主变电所送电工程（进线部分）电缆敷设分项工程质量验收记录	20140712	5-8	
3		××电力公司××监理	××城市轨道交通（或地铁）××号线建设项目××标段主变电所送电工程（进线部分）电缆敷设检验批质量验收记录、工序质量报验单	20140711	9-12	
4		××电力公司××监理	××城市轨道交通（或地铁）××号线建设项目××标段主变电所送电工程（进线部分）电缆终端、中间接头制作安装分项工程质量验收记录	20140714	13-16	
5		××电力公司××监理	××城市轨道交通（或地铁）××号线建设项目××标段主变电所送电工程（进线部分）电缆终端、中间接头制作安装检验批质量验收记录、工序质量报验单	20140712	17-20	
6		××电力公司××监理	××城市轨道交通（或地铁）××号线建设项目××标段主变电所送电工程（进线部分）电缆线路防火及阻燃分项工程质量验收记录	20140718	21-24	
7		××电力公司××监理	××城市轨道交通（或地铁）××号线建设项目××标段主变电所送电工程（进线部分）电缆线路防火及阻燃检验批质量验收记录、工序质量报验单	20140716	25-28	
8		××电力公司××监理	××城市轨道交通（或地铁）××号线建设项目××标段主变电所送电工程（进线部分）架空线路子分部工程质量验收记录	20140819	29-32	
9		××电力公司××监理	××城市轨道交通（或地铁）××号线建设项目××标段主变电所送电工程（进线部分）架空线路基础、接地分项工程质量验收记录	20140812	33-36	
10		××电力公司××监理	××城市轨道交通（或地铁）××号线建设项目××标段主变电所送电工程（进线部分）架空线路基础、接地检验批质量验收记录、工序质量报验单	20140811	37-40	
11		××电力公司××监理	××城市轨道交通（或地铁）××号线建设项目××标段主变电所送电工程（进线部分）架空线路组塔分项工程质量验收记录	20140814	41-44	
12		××电力公司××监理	××城市轨道交通（或地铁）××号线建设项目××标段主变电所送电工程（进线部分）架空线路组塔检验批质量验收记录、工序质量报验单	20140812	45-48	
13		××电力公司××监理	××城市轨道交通（或地铁）××号线建设项目××标段主变电所送电工程（进线部分）架空线路导、地线展放、紧线、附件安装分项工程质量验收记录	20140818	49-54	
14		××电力公司××监理	××城市轨道交通（或地铁）××号线建设项目××标段主变电所送电工程（进线部分）架空线路导、地线展放、紧线、附件安装检验批质量验收记录、工序质量报验单	20140816	55-58	
15		××电力公司××监理	…交叉跨越分项工程质量验收记录、检验批、工序质量报验单等文件同上	—	—	

例 3-62：供电工程牵引供电系统-电力监控

档　　　号　　DX.03.06-00×

　　××城市轨道交通（或地铁）××号线建设项目××标段牵引供电系统工程电力监控分部、分项工程质量验收记录、检验批质量验收记录、工序质量报验单及检测记录

立卷单位　　　　　　××电力工程有限公司
起止时间　　　　　20140711-20140919
保管期限　　　　　　　　30 年
密　　　级

　　注：供电工程中的牵引供电系统工程、接触网工程电缆敷设两个子单位工程中的各分部、分项工程质量验收记录等文件数量较少，一个分部可以组成一卷，数量更少的可以多个分部合并组成一卷。卷内文件排序方法：分部工程质量验收记录；第 1 个分项工程质量验收记录、检验批及工序报验单；第 2 个分项工程质量验收记录、检验批及工序报验单；第 3 个…，文件按分项工程结合工艺流程依次排列。如果一份分项工程质量验收记录对应多份检验批及工序报验单的，各检验批及工序报验单按施工部位依次排列在相应的分项工程质量验收记录后面。供电工程中的其他各分部参照本案例整理组卷。

例 3-63：正线信号工程-电（光）缆线路

档　　　号　　<u>DX.03.07-00x</u>

　　××城市轨道交通（或地铁）××号线建设项目××标段正线信号工程电（光）缆线路分部、分项工程质量验收记录、检验批质量验收记录、工序质量报验单及检测记录

立卷单位　　<u>　　　　　××通信工程有限公司　　　　　</u>
起止时间　　<u>　　　　　20140711-20140920　　　　　</u>
保管期限　　<u>　　　　　　　　30 年　　　　　　　　</u>
密　　级　　<u>　　　　　　　　　　　　　　　　　　</u>

　　注：信号系统中的各分部、分项工程质量验收记录等文件数量较少，一个分部可以组成一卷，数量更少的可以多个分部合为一卷。卷内文件排序方法：分部工程质量验收记录；第 1 个分项工程质量验收记录、检验批及工序报验单；第 2 个分项工程质量验收记录、检验批及工序报验单；第 3 个……，文件按分项工程结合工艺流程依次排列。如果一份分项工程质量验收记录对应多份检验批及工序报验单的，各检验批及工序报验单按施工部位依次排列在相应的分项工程质量验收记录后面（本案例）。信号系统中的其他各分部、分项参照本案例整理组卷。

卷 内 目 录

189

例 3-64：专网通信系统-通信管线安装

档　　　号　<u>DX.03.08-00x</u>

　　××城市轨道交通（或地铁）××号线建设项目××标段专网通信系统通信管线安装分部、分项工程质量验收记录、检验批质量验收记录、工序质量报验单及检测记录

立卷单位　<u>　　　　　××通信工程有限公司　　　　　</u>
起止时间　<u>　　　　20140711-20140920　　　　　　</u>
保管期限　<u>　　　　　　　30 年　　　　　　　　　</u>
密　　级　<u>　　　　　　　　　　　　　　　　　　</u>

　　注：通信系统中的各分部、分项工程质量验收记录等文件数量较少，一个分部可以组成一卷，数量更少的可以多个分部合为一卷。卷内文件排序方法：分部工程质量验收记录；第 1 个分项工程质量验收记录、检验批及工序报验单；第 2 个分项工程质量验收记录、检验批及工序报验单；第 3 个…，文件按分项工程结合工艺流程依次排列。如果一份分项工程质量验收记录对应多份检验批及工序报验单的，各检验批及工序报验单按施工部位依次排列在相应的分项工程质量验收记录后面（本案例）。通信系统中的其他各分部、分项参照本案例整理组卷。

卷 内 目 录

序号	文件编号	责任者	文件材料题名	日期	页号	备注
1		××通信公司××监理	××城市轨道交通（或地铁）××号线建设项目××标段专网通信系统通信管线安装分部工程质量验收记录	20140920	1-4	
2		××通信公司××监理	××城市轨道交通（或地铁）××号线建设项目××标专网通信系统通信管线支架、吊架安装分项工程质量验收记录	20140716	5-8	
3		××通信公司××监理	××城市轨道交通（或地铁）××号线建设项目××标段专网通信系统通信管线安装××段支架、吊架安装检验批质量验收记录、工序质量报验单	20140711	9-12	
4		××通信公司××监理	××城市轨道交通（或地铁）××号线建设项目××标段专网通信系统通信管线安装××段支架、吊架安装检验批质量验收记录、工序质量报验单	20140714	13-16	
5		××通信公司××监理	…下一施工段落支架、吊架安装检验批、工序质量报验单同上，按施工段落或桩号依次排列	—	—	
6		××通信公司××监理	××城市轨道交通（或地铁）××号线建设项目××标专网通信系统通信管线线槽安装分项工程质量验收记录	20140722	21-24	
7		××通信公司××监理	××城市轨道交通（或地铁）××号线建设项目××标段专网通信系统通信管线安装××段线槽安装检验批质量验收记录、工序质量报验单	20140716	25-28	
8		××通信公司××监理	××城市轨道交通（或地铁）××号线建设项目××标段专网通信系统通信管线安装××段线槽安装检验批质量验收记录、工序质量报验单	20140719	29-32	
9		××通信公司××监理	…下一施工段落线槽安装检验批、工序质量报验单同上，按施工段落或桩号依次排列	—	—	
10		××通信公司××监理	××城市轨道交通（或地铁）××号线建设项目××标专网通信系统通信管线保护管安装分项工程质量验收记录	20140811	37-40	
11		××通信公司××监理	××城市轨道交通（或地铁）××号线建设项目××标段专网通信系统通信管线安装××段保护管安装检验批质量验收记录、工序质量报验单	20140810	41-44	
12		××通信公司××监理	××城市轨道交通（或地铁）××号线建设项目××标段专网通信系统通信管线安装××段保护管安装检验批质量验收记录、工序质量报验单	20140809	45-48	
13		××通信公司××监理	…下一施工段落保护管安装检验批、工序质量报验单同上，按施工段落或桩号依次排列	—	—	
14		××通信公司××监理	…通信管道安装分项工程质量验收记录、检验批、工序质量报验单等同上，按工艺流程结合施工段落或桩号依次排列	—	—	

例 3-65：综合监控系统集成子系统-监控中心

档　　号　DX.03.09-00x

　　××城市轨道交通（或地铁）××号线建设项目××标段综合监控集成子系统监控中心分部、分项工程质量验收记录、检验批质量验收记录、工序质量报验单

立卷单位　　　　　　中铁××局集团有限公司
起止时间　　　　　　20140711-20140719
保管期限　　　　　　　30 年
密　　级

　　注：综合监控系统各子单位工程（集成系统、电力监控系统、火灾报警、气体灭火等）以分部工程为单位分别组卷，文件数量少的，可几个分部合并组成一卷。车站管线敷设、设备安装、系统调试、功能验收等各检验批、工序质量报验单应按站点分开报验。调试与验收子单位工程中的各文件以子单位工程为单位单独组卷。本案例为综合监控集成子系统监控中心分部、分项工程质量验收文件的整理组卷方法，其他各分部、分项工程可参照执行。

卷 内 目 录

序号	文件编号	责任者	文件材料题名	日期	页号	备注
1		中铁××局 ××监理	××城市轨道交通（或地铁）××号线建设项目××标段综合监控集成子系统监控中心分部工程质量验收记录	20140719	1-3	
2		中铁××局 ××监理	××城市轨道交通（或地铁）××号线建设项目××标段综合监控集成子系统监控中心管线敷设分项工程质量验收记录	20140712	4-5	
3		中铁××局 ××监理	××城市轨道交通（或地铁）××号线建设项目××标段综合监控集成子系统监控中心××区域管线敷设检验批质量验收记录、工序质量报验单	20140711	6-7	
4		中铁××局 ××监理	…监控中心下一个××区域管线敷设检验批质量验收记录、工序质量报验单等同上	20140711	—	
5		中铁××局 ××监理	××城市轨道交通（或地铁）××号线建设项目××标段综合监控集成子系统监控中心设备安装分项工程质量验收记录	20140714	27-28	
6		中铁××局 ××监理	××城市轨道交通（或地铁）××号线建设项目××标段综合监控集成子系统××监控中心××区域设备安装检验批质量验收记录、工序质量报验单	20140712	29-30	
7		中铁××局 ××监理	…监控中心下一个××区域设备安装检验批质量验收记录、工序质量报验单等同上	20140712	—	
8		中铁××局 ××监理	××城市轨道交通（或地铁）××号线建设项目××标段综合监控集成子系统监控中心系统调试分项工程质量验收记录	20140715	55-56	
9		中铁××局 ××监理	××城市轨道交通（或地铁）××号线建设项目××标段综合监控集成子系统监控中心系统调试检验批质量验收记录、工序质量报验单	20140713	57-68	
10		中铁××局 ××监理	××城市轨道交通（或地铁）××号线建设项目××标段综合监控集成子系统车站功能验收分项工程质量验收记录	20140715	69-70	
11		中铁××局 ××监理	××城市轨道交通（或地铁）××号线建设项目××标段综合监控集成子系统××车站功能验收检验批质量验收记录、工序质量报验单	20140713	71-78	

例 3-66：自动售检票（AFC）系统-车站终端设备

档　　号　<u>DX.03.10-00x</u>

　　　××城市轨道交通（或地铁）××号线建设项目××标段自动售检票（AFC）系统车站终端设备子分部、分项工程质量验收记录、检验批质量验收记录、工序质量报验单

立卷单位　<u>　　　　　　××信息技术有限公司　　　　　　</u>
起止时间　<u>　　　　　　20141011-20141119　　　　　　</u>
保管期限　<u>　　　　　　　　30 年　　　　　　　　　　</u>
密　　级　<u>　　　　　　　　　　　　　　　　　　　　</u>

　　注：自动售检票（AFC）系统以子分部工程为单位分别整理组卷，卷内文件排序方法：子分部工程质量验收记录、分项工程质量验收记录、第 1 个站点检验批及工序报验单、第 2 个站点检验批及工序报验单…。检验批、工序质量报验单等文件应按站点分开报验。线路中央计算机系统质量验收文件以分部工程为单位组卷。自动售检票（AFC）系统中的其他各子分部、分项参照本案例整理组卷。

194

卷 内 目 录

序号	文件编号	责任者	文件材料题名	日期	页号	备注
1		×信息技术公司×监理	××城市轨道交通（或地铁）××号线建设项目××标段自动售检票（AFC）系统车站终端设备子分部工程质量验收记录	20141119	1-3	
2		×信息技术公司×监理	××城市轨道交通（或地铁）××号线建设项目××标段自动售检票（AFC）系统车站终端设备安装分项工程质量验收记录	20141012	4-5	
3		×信息技术公司×监理	××城市轨道交通（或地铁）××号线建设项目××标段自动售检票（AFC）系统车站终端设备子分部××车站终端设备安装检验批质量验收记录、工序质量报验单	20141011	6-8	
4		×信息技术公司×监理	××城市轨道交通（或地铁）××号线建设项目××标段自动售检票（AFC）系统车站终端设备子分部××车站终端设备安装检验批质量验收记录、工序质量报验单	20141011	9-11	
5		×信息技术公司×监理	…下一个车站终端设备安装检验批、工序质量报验单等同上，按站点依次排列	—	—	
6		×信息技术公司×监理	××城市轨道交通（或地铁）××号线建设项目××标段自动售检票（AFC）系统车站终端设备配线分项工程质量验收记录	20141017	29-30	
7		×信息技术公司×监理	××城市轨道交通（或地铁）××号线建设项目××标段自动售检票（AFC）系统车站终端设备子分部××车站设备配线检验批质量验收记录、工序质量报验单	20141013	31-33	
8		×信息技术公司×监理	××城市轨道交通（或地铁）××号线建设项目××标段自动售检票（AFC）系统车站终端设备子分部××车站设备配线检验批质量验收记录、工序质量报验单	20141014	34-36	
9		×信息技术公司×监理	…下一个车站终端设备配线检验批、工序质量报验单等同上，按站点依次排列	—	—	
10		×信息技术公司×监理	××城市轨道交通（或地铁）××号线建设项目××标段自动售检票（AFC）系统车站终端设备自动检票机检测分项工程质量验收记录	20141022	82-84	
11		×信息技术公司×监理	××城市轨道交通（或地铁）××号线建设项目××标段自动售检票（AFC）系统车站终端设备子分部××车站自动检票机检测检验批质量验收记录、工序质量报验单	20141019	85-86	
12		×信息技术公司×监理	××城市轨道交通（或地铁）××号线建设项目××标段自动售检票（AFC）系统车站终端设备子分部××车站自动检票机检测检验批质量验收记录、工序质量报验单	20141020	87-88	
13		×信息技术公司×监理	…下一个车站自动检票机检测配线检验批、工序质量报验单等同上，按站点依次排列	—	—	
14		×信息技术公司×监理	…半自动售票机检测、自动售票机检测、自动加值机、自动验票机、便携式检验票机检测分项工程质量验收记录检验批、工序质量报验单同上，按工艺流程结合站点依次排列			

例 3-67：站台屏蔽门（一）

档　　号　　DX.03.11-00x

××城市轨道交通（或地铁）××号线建设项目××标段站台屏蔽门分部、分项工程质量验收记录

立卷单位　　　　　　××工程技术有限公司
起止时间　　　　　　20141011-20141201
保管期限　　　　　　　　30 年
密　　级

注：一个施工单位施工多个站点站台屏蔽门的，分部、各分项工程质量验收记录以分部工程为单位单独组卷（本案例为施工多个站点的），卷内文件排序方法：分部工程质量验收记录、各分项工程质量验收记录（按工艺流程排列）。
　　一个施工单位只施工 1 个站点站台屏蔽门的，应将"例 3-67"与"例 3-68"合并组卷，卷内文件排序方法：分部工程质量验收记录；第 1 个分项工程质量验收记录、检验批、工序质量报验单；第 2 个分项工程质量验收记录、检验批、工序质量报验单；第 3 个…，按分项工程结合工艺流程依次排列。

196

序号	文件编号	责任者	文件材料题名	日期	页号	备注
1		××工程公司 ××监理	××城市轨道交通（或地铁）××号线建设项目××标段站台屏蔽门分部工程质量验收记录	20141201	1-3	
2		××工程公司 ××监理	××城市轨道交通（或地铁）××号线建设项目××标段站台屏蔽门门槛安装分项工程质量验收记录	20141012	4-5	
3		××工程公司 ××监理	××城市轨道交通（或地铁）××号线建设项目××标段站台屏蔽门上部结构安装分项工程质量验收记录	20141011	6-8	
4		××工程公司 ××监理	××城市轨道交通（或地铁）××号线建设项目××标段站台屏蔽门门体结构安装分项工程质量验收记录	20141013	9-11	
5		××工程公司 ××监理	××城市轨道交通（或地铁）××号线建设项目××标段站台屏蔽门盖板安装分项工程质量验收记录	20141016	12-13	
6		××工程公司 ××监理	××城市轨道交通（或地铁）××号线建设项目××标段站台屏蔽门固定门安装分项工程质量验收记录	20141017	14-16	
7		××工程公司 ××监理	××城市轨道交通（或地铁）××号线建设项目××标段站台屏蔽门应急门安装分项工程质量验收记录	20141019	17-19	
8		××工程公司 ××监理	××城市轨道交通（或地铁）××号线建设项目××标段站台屏蔽门端门安装分项工程质量验收记录	20141020	20-22	
9		××工程公司 ××监理	××城市轨道交通（或地铁）××号线建设项目××标段站台屏蔽门滑动门安装分项工程质量验收记录	20141020	23-25	
10		××工程公司 ××监理	××城市轨道交通（或地铁）××号线建设项目××标段站台屏蔽门紧固件安装分项工程质量验收记录	20141022	26-28	
11		××工程公司 ××监理	××城市轨道交通（或地铁）××号线建设项目××标段站台屏蔽门设备安装分项工程质量验收记录	20141026	29-31	
12		××工程公司 ××监理	××城市轨道交通（或地铁）××号线建设项目××标段站台屏蔽门线槽和线缆安装分项工程质量验收记录	20141029	32-34	
13		××工程公司 ××监理	××城市轨道交通（或地铁）××号线建设项目××标段站台屏蔽门电源及监控系统分项工程质量验收记录	20141107	35-37	
14		××工程公司 ××监理	××城市轨道交通（或地铁）××号线建设项目××标段站台屏蔽门系统调试分项工程质量验收记录	20141117	38-41	
15		××工程公司 ××监理	××城市轨道交通（或地铁）××号线建设项目××标段站台屏蔽门绝缘地板分项工程质量验收记录	20141122	42-44	

档　　号　<u>DX.03.11-00x</u>

　　××城市轨道交通（或地铁）××号线建设项目××标段××车站、××车站站台屏蔽门检验批质量验收记录、工序质量报验单

立卷单位<u>　　　　　××工程技术有限公司　　　　　</u>
起止时间<u>　　　　　20141008-20141118　　　　　　</u>
保管期限<u>　　　　　　　　30 年　　　　　　　　　</u>
密　　级<u>　　　　　　　　　　　　　　　　　　　</u>

　　注：站台屏蔽门检验批质量验收记录、工序质量报验单以车站为单位单独组卷，卷内文件按工艺流程依次排列，文件数量较少的，可几个车站组成一卷，一个车站屏蔽门的文件不能分散在两个案卷中。

卷 内 目 录

序号	文件编号	责任者	文件材料题名	日期	页号	备注
1		××工程公司 ××监理	××城市轨道交通（或地铁）××号线建设项目××标段××车站站台屏蔽门门槛安装检验批质量验收记录、工序质量报验单	20141008	1-3	
2		××工程公司 ××监理	××城市轨道交通（或地铁）××号线建设项目××标段××车站站台屏蔽门上部结构安装检验批质量验收记录、工序质量报验单	20141009	4-5	
3		××工程公司 ××监理	××城市轨道交通（或地铁）××号线建设项目××标段××车站站台屏蔽门门体结构安装检验批质量验收记录、工序质量报验单	20141010	6-8	
4		××工程公司 ××监理	××城市轨道交通（或地铁）××号线建设项目××标段××车站站台屏蔽门盖板安装检验批质量验收记录、工序质量报验单	20141012	9-11	
5		××工程公司 ××监理	××城市轨道交通（或地铁）××号线建设项目××标段××车站站台屏蔽门固定门安装分检验批质量验收记录、工序质量报验单	20141013	12-13	
6		××工程公司 ××监理	××城市轨道交通（或地铁）××号线建设项目××标段××车站站台屏蔽门应急门安装检验批质量验收记录、工序质量报验单	20141014	14-16	
7		××工程公司 ××监理	××城市轨道交通（或地铁）××号线建设项目××标段××车站站台屏蔽门端门安装检验批质量验收记录、工序质量报验单	20141015	17-19	
8		××工程公司 ××监理	××城市轨道交通（或地铁）××号线建设项目××标段××车站站台屏蔽门滑动门安装检验批质量验收记录、工序质量报验单	20141016	20-22	
9		××工程公司 ××监理	××城市轨道交通（或地铁）××号线建设项目××标段××车站站台屏蔽门紧固件安装检验批质量验收记录、工序质量报验单	20141020	23-25	
10		××工程公司 ××监理	××城市轨道交通（或地铁）××号线建设项目××标段××车站站台屏蔽门设备安装检验批质量验收记录、工序质量报验单	20141022	26-28	
11		××工程公司 ××监理	××城市轨道交通（或地铁）××号线建设项目××标段××车站站台屏蔽门线槽和线缆安装检验批质量验收记录、工序质量报验单	20141024	29-31	
12		××工程公司 ××监理	××城市轨道交通（或地铁）××号线建设项目××标段××车站站台屏蔽门电源及监控系统检验批质量验收记录、工序质量报验单	20141101	32-34	
13		××工程公司 ××监理	××城市轨道交通（或地铁）××号线建设项目××标段××车站站台屏蔽门系统调试检验批质量验收记录、工序质量报验单	20141112	35-37	
14		××工程公司 ××监理	××城市轨道交通（或地铁）××号线建设项目××标段××车站站台屏蔽门绝缘地板检验批质量验收记录、工序质量报验单	20141118	38-41	
15		××工程公司 ××监理	…下一个车站站台屏蔽门各检验批质量验收记录、工序质量报验单同上，按站点结合工艺流程依次排列	—	—	

199

例 3-69：电（扶）梯工程（一）

　　　档　　　号　　DX.03.12-00x

　　　××城市轨道交通（或地铁）××号线建设项目××标段电（扶）梯工程自动扶梯及自动人行道安装分部、分项工程质量验收记录

　　　立卷单位　　　　××电梯工程技术有限公司
　　　起止时间　　　　20141011-20150102
　　　保管期限　　　　　　　30 年
　　　密　　级

　　注：一个施工单位施工多个站点电（扶）梯工程的，分部、各分项工程质量验收记录以分部工程为单位单独组卷（本案例为施工多个站点的），卷内文件排序方法：分部工程质量验收记录、各分项工程质量验收记录（按工艺流程依次排列）。

　　一个施工单位只施工 1 个站点电（扶）梯工程的，应将"例 3-69"与"例 3-70"合并组卷，卷内文件排序方法：分部工程质量验收记录；第 1 个分项工程质量验收记录、检验批、工序质量报验单；第 2 个分项工程质量验收记录、检验批、工序质量报验单；第 3 个…，按分项工程结合工艺流程依次排列。

　　电梯安装工程、轮椅升降台安装工程的整理组卷方法与之基本相同。人防工程各分部、各分项工程的整理组卷方法与电（扶）梯工程自动扶梯及自动人行道安装基本相同。

卷 内 目 录

例 3-70：电（扶）梯工程（二）

档　　　号　　DX.03.12-00x

　　××城市轨道交通（或地铁）××号线建设项目××标段××车站、××车站电（扶）梯工程自动扶梯检验批质量验收记录、工序质量报验单

立卷单位　　　　　××电梯工程技术有限公司
起止时间　　　　　20141001-20141006
保管期限　　　　　30 年
密　　级

　　注：自动电（扶）梯检验批质量验收记录、工序质量报验单以单个或一组电（扶）梯为单位组卷，卷内文件按电（扶）梯的编号结合工艺流程依次排列，同一站点的电（扶）梯应组在一起，文件数量较少的，可几个车站组成一卷。一个或一组电（扶）梯的文件不能分散在两个案卷中。同一车站的文件尽量不要分散在两个案卷中。自动人行道安装的整理组卷方式与电（扶）梯基本相同，文件数量较少的，可与同一站点的电（扶）梯合并组成一卷。电梯安装工程、轮椅升降台安装工程的整理组卷方式与扶梯基本相同。

202

卷 内 目 录

序号	文件编号	责任者	文件材料题名	日期	页号	备注
1		××电梯公司 ××监理	××城市轨道交通（或地铁）××号线建设项目××标段电××车站电（扶）梯工程×号自动扶梯设备进场验收安装检验批质量验收记录、工序质量报验单	20141001	1-3	
2		××电梯公司 ××监理	××城市轨道交通（或地铁）××号线建设项目××标段××车站电（扶）梯工程×号自动扶梯土建交接检验安装检验批质量验收记录、工序质量报验单	20141002	4-5	
3		××电梯公司 ××监理	××城市轨道交通（或地铁）××号线建设项目××标段××车站电（扶）梯工程×号自动扶梯中间支撑及分段连接验收安装检验批质量验收记录、工序质量报验单	20141003	6-8	
4		××电梯公司 ××监理	××城市轨道交通（或地铁）××号线建设项目××标段××车站电（扶）梯工程×号自动扶梯外装饰安装安装检验批质量验收记录、工序质量报验单	20141004	9-11	
5		××电梯公司 ××监理	××城市轨道交通（或地铁）××号线建设项目××标段××车站电（扶）梯工程×号自动扶梯整机安装调试验收安装检验批质量验收记录、工序质量报验单	20141006	12-13	
6		××电梯公司 ××监理	…下一个×号自动扶梯设备进场验收、土建交接检验、中间支撑及分段连接验收、外装饰安装、整机安装调试验检验批、工序质量报验单等文件同上，按电梯的编号结合工艺流程依次排列	—	—	
7		××电梯公司 ××监理	—	—	—	
8		××电梯公司 ××监理	…下一个车站的×号自动扶梯设备进场验收、土建交接检验、中间支撑及分段连接验收、外装饰安装、整机安装调试验检验批、工序质量报验单等文件同上，按站点及电梯的编号结合工艺流程依次排列	—	—	

11.4 工程监理类

"例 4-1 至例 4-7"分别为监理实施细则、监理会议纪要、监理月报、监理日志、监理日记、监理旁站记录、监理指令及回复的案例。

建设管理单位、施工单位的各种会议纪要等文件均可参照"例 4-2：监理会议纪要"进行整理组卷。

施工单位的施工月报、日志、日记等文件可参照"例 4-3：监理月报、例 4-4：监理日志、例 4-5：监理日记"进行整理组卷。

例 4-1：监理实施细则

档　　号　<u>DX.04.x-00x</u>

　　××城市轨道交通（或地铁）××号线建设项目××车站土建工程第××总监办（或监理组）安全环保、地下连续墙、桩基础、混凝土基础、混凝土结构等监理实施细则

立卷单位　<u>　　××工程监理咨询有限公司　　　　　</u>
起止时间　<u>　　　20140319-20140409　　　　　　</u>
保管期限　<u>　　　　　　30 年　　　　　　　　　</u>
密　　级　<u>　　　　　　　　　　　　　　　　　</u>

　　注：监理实施细则以总监办（监理组）为单位单独组卷，文件数量多的可组成数卷。在拟写案卷题名时，应将本卷监理实施细则的主要内容予以注明，不能采用"…监理实施细则一"、"…监理实施细则二"、…的方法。

卷 内 目 录

序号	文件编号	责任者	文件材料题名	日期	页号	备注
1		××监理	××城市轨道交通（或地铁）××号线建设项目××车站土建工程第×总监办（或监理组）安全环保监理实施细则	20140319	1-49	
2		××监理	××城市轨道交通（或地铁）××号线建设项目××车站土建工程第×总监办（或监理组）地下连续墙监理实施细则	20140321	50-88	
3		××监理	××城市轨道交通（或地铁）××号线建设项目××车站土建工程第×总监办（或监理组）桩基础监理实施细则	20140322	89-122	
4		××监理	××城市轨道交通（或地铁）××号线建设项目××车站土建工程第×总监办（或监理组）混凝土基础监理实施细则	20140325	123-166	
5		××监理	××城市轨道交通（或地铁）××号线建设项目××车站土建工程第×总监办（或监理组）混凝土结构监理实施细则	20140409	167-199	

例 4-2：监理会议纪要

档　　号 <u>DX.04.x-00x</u>

　　××城市轨道交通（或地铁）××号线建设项目××车站土建工程第××总监办（或监理组）第一次至第十五次工地例会会议通知、会议纪要及签到表

立卷单位 <u>　　　　××工程监理咨询有限公司　　　　</u>
起止时间 <u>　　　　　20140310-20140619　　　　　</u>
保管期限 <u>　　　　　　　30 年　　　　　　　</u>
密　　级 <u>　　　　　　　　　　　　　　　　</u>

　　注：由总监办（或监理组）组织召开的各种会议的通知、会议纪要、签到表等以总监办（监理组）为单位按照会议的类型（工地例会、安全专题会议等）分别单独组卷，文件数量多的可组成数卷。在收集整理时应以某次会议为单位将会议通知（如有）、会议纪要、签到表等文件归在一起。在拟写案卷题名时，应将注明主要本卷内容，不能采用"…会议纪要一"、"…会议纪要二"、…的方法。

例 4-3：监理月报

档　　　号　　DX.04.x-00x

　　××城市轨道交通（或地铁）××号线建设项目××车站土建工程第××总监办（或监理组）第一期至第十期监理月报

立卷单位　　　　　　××工程监理咨询有限公司
起止时间　　　　　　20140225-20141125
保管期限　　　　　　　　30 年
密　　　级

　　注：监理月报以总监办（监理组）为单位单独组卷，文件数量多的可组成数卷。卷内文件按照监理月报的期数依次排列。如果月报分为几种类型的（安全监理月报、监理月报），应按监理月报的类型分别组卷，在拟写案卷题名时，应注明卷内文件的主要内容，不能采用"…监理月报一"、"…监理月报二"、…的方法。

卷 内 目 录

序号	文件编号	责任者	文件材料题名	日期	页号	备注
1		××监理	××城市轨道交通（或地铁）××号线建设项目××车站土建工程第××总监办（或监理组）第一期监理月报	20140225	1-20	
2		××监理	××城市轨道交通（或地铁）××号线建设项目××车站土建工程第××总监办（或监理组）第二期监理月报	20140325	21-41	
3		××监理	××城市轨道交通（或地铁）××号线建设项目××车站土建工程第××总监办（或监理组）第三期监理月报	20140425	42-64	
4		××监理	××城市轨道交通（或地铁）××号线建设项目××车站土建工程第××总监办（或监理组）第四期监理月报	20140525	65-66	
5		××监理	××城市轨道交通（或地铁）××号线建设项目××车站土建工程第××总监办（或监理组）第五期监理月报	20140625	67-79	
6		××监理	××城市轨道交通（或地铁）××号线建设项目××车站土建工程第××总监办（或监理组）第六期监理月报	20140725	80-101	
7		××监理	××城市轨道交通（或地铁）××号线建设项目××车站土建工程第××总监办（或监理组）第七期监理月报	20140825	102-121	
8		××监理	××城市轨道交通（或地铁）××号线建设项目××车站土建工程第××总监办（或监理组）第八期监理月报	20140925	122-142	
9		××监理	××城市轨道交通（或地铁）××号线建设项目××车站土建工程第××总监办（或监理组）第九期监理月报	20141025	143-166	
10		××监理	××城市轨道交通（或地铁）××号线建设项目××车站土建工程第××总监办（或监理组）第十期监理月报	20141125	167-193	

例 4-4：监理日志

档　　　号　DX.04.x-00x

　　××城市轨道交通（或地铁）××号线建设项目××车站土建工程第××总监办（或监理组）2014年3月1日至2014年8月31日监理日志

立卷单位_____××工程监理咨询有限公司_____

起止时间_____20140301-20140831_____

保管期限_____30 年_____

密　　　级_____

　　注：监理日志以总监办（监理组）为单位单独组卷，文件数量多的可组成数卷。卷内文件按照时间顺序依次排列。在拟写案卷题名时，应注明本卷监理日志的起止时间，不能采用"…监理日志一"、"…监理日志二"、…的方法。施工日志的整理组卷方法与监理日志基本相同。

卷 内 目 录

序号	文件编号	责任者	文件材料题名	日期	页号	备注
1		××监理	××城市轨道交通（或地铁）××号线建设项目××车站土建工程第××总监办（或监理组）2014年3月1日至2012年3月31日监理日志	20140331	1-31	
2		××监理	××城市轨道交通（或地铁）××号线建设项目××车站土建工程第××总监办（或监理组）2014年4月1日至2012年4月30日监理日志	20140430	32-61	
3		××监理	××城市轨道交通（或地铁）××号线建设项目××车站土建工程第××总监办（或监理组）2014年5月1日至2012年5月31日监理日志	20140531	62-92	
4		××监理	××城市轨道交通（或地铁）××号线建设项目××车站土建工程第××总监办（或监理组）2014年6月1日至2012年6月30日监理日志	20140630	93-131	
5		××监理	××城市轨道交通（或地铁）××号线建设项目××车站土建工程第××总监办（或监理组）2014年7月1日至2012年7月31日监理日志	20140731	132-162	
6		××监理	××城市轨道交通（或地铁）××号线建设项目××车站土建工程第××总监办（或监理组）2014年8月1日至2012年8月31日监理日志	20140831	163-193	

例 4-5：监理日记

档　　号　　<u>DX. 04. x-00x</u>

　　　　××城市轨道交通（或地铁）××号线建设项目××
车站土建工程第××总监办（或监理组）××结构监理工
程师 2014 年 3 月 1 日至 2014 年 8 月 31 日监理日记

立卷单位<u>　　　　××工程监理咨询有限公司　　　　</u>
起止时间<u>　　　　20120301-20120831　　　　</u>
保管期限<u>　　　　　　30 年　　　　　　</u>
密　　级<u>　　　　　　　　　　　　　　</u>

注：各专业监理工程师的监理日记以某监理工程师（个人）为单位按原有装订形式单独组卷，文件数量多的可组成数卷。卷内文件按照时间顺序依次排列。责任者应填写某监理工程师的姓名，不能填写监理单位。在拟写文件题名、案卷题名时应注明该监理工程师的专业、姓名、起止时间，不能采用"…监理日记一"、"…监理日记二"、…的方法。

卷 内 目 录

序号	文件编号	责任者	文件材料题名	日期	页号	备注
1		××	××城市轨道交通（或地铁）××号线建设项目××车站土建工程第××总监办（或监理组）××结构监理工程师 2014 年 3 月 1 日至 2014 年 5 月 31 日监理日记	20140531	1-92	
2		××	××城市轨道交通（或地铁）××号线建设项目××车站土建工程第××总监办（或监理组）××结构监理工程师 2014 年 6 月 1 日至 2014 年 8 月 31 日监理日记	20140831	93-193	

214

例 4-6：监理旁站记录

档　　　号　DX.04.x-00x

　　××城市轨道交通（或地铁）××号线建设项目××
车站至××车站高架区间××大桥 1 号墩至 30 号墩第×
×总监办（或监理组）监理旁站记录

立卷单位_____××工程监理咨询有限公司_____
起止时间_____20140421-20140730_____
保管期限_____30 年_____
密　　级_____

　　注：监理旁站记录在整理组卷时，尽可能按照结构部位或里程桩号重新整理，按照时间顺序整理不便于查询。如果旁站记录是整册或一页纸上记载有多个结构部位旁站信息的，也可按时间顺序整理。在拟写文件题名、案卷题名，应注明相应的结构部位、里程桩号或时间段，不能采用"…监理旁站记录一"、"…监理旁站记录二"、…的方法。

卷 内 目 录

序号	文件编号	责任者	文件材料题名	日期	页号	备注
1		××监理	××城市轨道交通（或地铁）××号线建设项目××车站至××车站高架区间××大桥1号墩第××总监办（或监理组）监理旁站记录	20140430	1-7	
2		××监理	××城市轨道交通（或地铁）××号线建设项目××车站至××车站高架区间××大桥2号墩第××总监办（或监理组）监理旁站记录	20140431	8-14	
3		××监理	××城市轨道交通（或地铁）××号线建设项目××车站至××车站高架区间××大桥3号墩第××总监办（或监理组）监理旁站记录	20140428	15-19	
4		××监理	××城市轨道交通（或地铁）××号线建设项目××车站至××车站高架区间××大桥4号墩第××总监办（或监理组）监理旁站记录	20140521	20-25	
5		××监理	××城市轨道交通（或地铁）××号线建设项目××车站至××车站高架区间××大桥5号墩第××总监办（或监理组）监理旁站记录	20140421	26-30	
6		××监理	××城市轨道交通（或地铁）××号线建设项目××车站至××车站高架区间××大桥6号墩第××总监办（或监理组）监理旁站记录	20140630	31-35	
7		××监理	××城市轨道交通（或地铁）××号线建设项目××车站至××车站高架区间××大桥7号墩第××总监办（或监理组）监理旁站记录	20140722	36-42	
8		××监理	××城市轨道交通（或地铁）××号线建设项目××车站至××车站高架区间××大桥8号墩第××总监办（或监理组）监理旁站记录	20140428	43-47	
9		××监理	××城市轨道交通（或地铁）××号线建设项目××车站至××车站高架区间××大桥9号墩第××总监办（或监理组）监理旁站记录	20140730	48-55	
10		××监理	××城市轨道交通（或地铁）××号线建设项目××车站至××车站高架区间××大桥10号墩第××总监办（或监理组）监理旁站记录	20140531	56-60	
11		××监理	××城市轨道交通（或地铁）××号线建设项目××车站至××车站高架区间××大桥11号墩第××总监办（或监理组）监理旁站记录	20140612	61-66	
12		××监理	××城市轨道交通（或地铁）××号线建设项目××车站至××车站高架区间××大桥12号墩第××总监办（或监理组）监理旁站记录	20140611	67-71	
13		××监理	…13号、14号、…墩监理旁站记录同上	—	—	

例 4-7：监理指令及回复

档　　　号　<u>DX.04.x-00x</u>

　　××城市轨道交通（或地铁）××号线建设项目××车站土建工程第××总监办（或监理组）关于对××标段的第×号-×号安全文明类监理工程师通知单及回复单

立卷单位<u>　　　　××工程监理咨询有限公司　　　　</u>
起止时间<u>　　　　20140401-20140606　　　　</u>
保管期限<u>　　　　　　30 年　　　　　　</u>
密　　　级<u>　　　　　　　　　　　　　</u>

　　注：监理工程师通知单在整理组卷时，应注意与相应回复单的闭合。原通知单已经分为安全文明类、质量类、进度类、…的，应分别整理组卷，卷内文件按通知单的编号依次排列。原通知单没有分类的，卷内文件直接按通知单的编号依次排列。在拟写文件题名时，应注明通知单的主要内容。在拟写案卷题名时，应注明"第×号-×号监理工程师通知单及回复单"或"×年×月×日-×年×月×日监理工程师通知单及回复单"，不能采用"…监理工程师通知单一"、"…监理工程师通知单二"、…的方法。监理指令及回复单的整理组卷方法与之基本相同。

卷 内 目 录

序号	文件编号	责任者	文件材料题名	日期	页号	备注
1	JL-001	××监理中铁××局	××城市轨道交通（或地铁）××号线建设项目××车站土建工程第××总监办（或监理组）关于××标段加强安全防护的第JL-001号安全文明类监理工程师通知单及回复单	20140401	1-3	
2	JL-002	××监理中铁××局	××城市轨道交通（或地铁）××号线建设项目××车站土建工程第××总监办（或监理组）关于××标段活动板房加固与夏季安全隐患大检查的第JL-002号安全文明类监理工程师通知单和回复单	20140404	4-6	
3	JL-003	××监理中铁××局	××城市轨道交通（或地铁）××号线建设项目××车站土建工程第××总监办（或监理组）关于××标段J2区施工现场淤泥清理的第JL-003号安全文明类监理工程师通知单及回复单	20140408	7-9	
4	JL-004	××监理中铁××局	××城市轨道交通（或地铁）××号线建设项目××车站土建工程第××总监办（或监理组）关于××标段施工现场安全管理控制的第JL-004号安全文明类监理工程师通知单及回复单	20140415	10-12	
5	JL-005	××监理中铁××局	××城市轨道交通（或地铁）××号线建设项目××车站土建工程第××总监办（或监理组）关于对××标进行安全文明施工检查的第JL-005号安全文明类监理工程师通知单及回复单	20140421	13-15	
6	JL-006	××监理中铁××局	××城市轨道交通（或地铁）××号线建设项目××车站土建工程第××总监办（或监理组）关于××标安全文明施工检查中暴露问题的第JL-006号安全文明类监理工程师通知单及回复单	20140430	16-18	
7	JL-007	××监理中铁××局	××城市轨道交通（或地铁）××号线建设项目××车站土建工程第××总监办（或监理组）关于对××标安全生产文明施工复查情况通报的第JL-007号安全文明类监理工程师通知单及回复单	20140502	19-21	
8	JL-008	××监理中铁××局	××城市轨道交通（或地铁）××号线建设项目××车站土建工程第××总监办（或监理组）关于××标型钢卸车无安全人员在岗的第JL-008号安全文明类监理工程师通知单及回复单	20140508	22-24	
9	JL-009	××监理中铁××局	××城市轨道交通（或地铁）××号线建设项目××车站土建工程第××总监办（或监理组）关于××标施工现场无安全人员第JL-009号安全文明类监理工程师通知单及回复单	20140513	25-26	
10	JL-010	××监理中铁××局	××城市轨道交通（或地铁）××号线建设项目××车站土建工程第××总监办（或监理组）关于××标近期做好安全生产文明施工相关措施的第JL-010号安全文明类监理工程师通知单及回复单	20140517	27-29	
11	JL-011	××监理中铁××局	××城市轨道交通（或地铁）××号线建设项目××车站土建工程第××总监办（或监理组）关于××标土方运输车碰擦行人造成人员骨折事件的第JL-011号安全文明类监理工程师通知单及回复单	20140522	30-32	
12	JL-012	××监理中铁××局	××城市轨道交通（或地铁）××号线建设项目××车站土建工程第××总监办（或监理组）关于临时用电专项整治情况的第JL-012号安全文明类监理工程师通知单及回复单	20140601	33-35	
13	JL-013	××监理中铁××局	××城市轨道交通（或地铁）××号线建设项目××车站土建工程第××总监办（或监理组）塔吊使用有关事项的第JL-013号安全文明类监理工程师通知单及回复单	20140606	36-38	
14	—	××监理中铁××局	…JL-014、JL-015…监理工程师通知单及回复单，同上	—	—	

11.5 交竣工验收类

"例 5-1 至例 5-3"分别为交工验收、竣工验收的案例。

单位(子单位)工程质量交(竣)工验收记录、单位(子单位)工程质量控制资料核查记录(一)、单位(子单位)工程质量控制资料核查记录(二)、单位(子单位)工程安全和功能检验资料核查记录及主要功能抽查记录、单位(子单位)工程观感质量检查记录等单位(子单位)工程质量交工验收记录表格分别归入交、竣工验收类。

分部、子分部工程质量验收记录归入工程施工类。

单位(子单位)、分部、子分部工程质量验收记录由施工单位负责收集、整理、组卷。

其他交竣工验收文件由建设单位档案管理部门以"事由"为单位进行收集、整理、组卷。

例 5-1：交竣工验收

档 号 <u>DX.05.01-00x</u>

  ××城市轨道交通（或地铁）××号线建设项目××车站单位、子单位工程质量竣工验收记录、质量控制资料核查记录、工程安全和功能检验资料核查记录及主要功能抽查记录、工程观感质量检查记录

立卷单位 <u>××城市轨道交通××号线建设指挥部</u>
起止时间 <u>20150311-20150316</u>
保管期限 <u>永久</u>
密 级 <u>   </u>

  注：本案例为车站单位、子单位工程质量验收记录单独组卷。其他各专业单位、子单位工程质量验收记录整理组卷时可参照本案例。

卷 内 目 录

序号	文件编号	责任者	文件材料题名	日期	页号	备注
1		××建设指挥部	××城市轨道交通（或地铁）××号线建设项目××车站单位工程质量竣工验收记录	20150316	1-4	
2		××设计院	××城市轨道交通（或地铁）××号线建设项目××车站单位质量控制资料核查记录（一）	20150315	5-8	
3		中铁××局	××城市轨道交通（或地铁）××号线建设项目××车站单位质量控制资料核查记录（二）	20150314	9-11	
4		中铁××局××监理	××城市轨道交通（或地铁）××号线建设项目××车站单位工程安全和功能检验资料核查记录及主要功能抽查记录	20150314	12-14	
5		中铁××局××监理	××城市轨道交通（或地铁）××号线建设项目××车站单位工程观感质量检查记录	20150315	15-18	
6		中铁××局××监理	××城市轨道交通（或地铁）××号线建设项目××车站主体土建工程子单位工程质量竣工验收记录	20150313	19-21	
7		中铁××局××监理	××城市轨道交通（或地铁）××号线建设项目××车站主体土建工程子单位质量控制资料核查记录（一）	20150312	22-24	
8		中铁××局××监理	××城市轨道交通（或地铁）××号线建设项目××车站主体土建工程子单位质量控制资料核查记录（二）	20150312	25-27	
9		中铁××局××监理	××城市轨道交通（或地铁）××号线建设项目××车站主体土建工程子单位工程安全和功能检验资料核查记录及主要功能抽查记录	20150311	28-30	
10		中铁××局××监理	××城市轨道交通（或地铁）××号线建设项目××车站主体土建工程子单位工程观感质量检查记录	20150311	31-33	
11		中铁××局××监理	××城市轨道交通（或地铁）××号线建设项目××车站附属土建工程子单位工程质量竣工验收记录	20150313	34-36	
12		中铁××局××监理	××城市轨道交通（或地铁）××号线建设项目××车站附属土建工程子单位质量控制资料核查记录（一）	20150312	37-39	
13		中铁××局××监理	××城市轨道交通（或地铁）××号线建设项目××车站附属土建工程子单位质量控制资料核查记录（二）	20150312	40-42	
14		中铁××局××监理	××城市轨道交通（或地铁）××号线建设项目××车站附属土建工程子单位工程安全和功能检验资料核查记录及主要功能抽查记录	20150311	43-45	
15		中铁××局××监理	…车站设备安装工程、装饰装修工程各子单位工程质量检查记录同上	—	—	

221

例 5-2：竣工验收（一）

档　　　号　<u>DX.05.03-00x</u>

　　××城市轨道交通（或地铁）××号线建设项目项目执行报告、设计工作报告、施工总结报告、监理工作报告

立卷单位　<u>　　××城市轨道交通××号线建设指挥部　　</u>
起止时间　<u>　　　　　20150314-20150318　　　　　</u>
保管期限　<u>　　　　　　　　永久　　　　　　　　　</u>
密　　级　<u>　　　　　　　　　　　　　　　　　　　</u>

卷 内 目 录

序号	文件编号	责任者	文件材料题名	日期	页号	备注
1		××建设指挥部	××城市轨道交通（或地铁）××号线建设项目项目执行报告	20150318	1-75	
2		××设计院	××城市轨道交通（或地铁）××号线建设项目设计工作报告	20150315	76-102	
3		中铁××局	××城市轨道交通（或地铁）××号线建设项目施工总结报告	20150314	103-154	
4		××监理	××城市轨道交通（或地铁）××号线建设项目监理工作报告	20150314	155-199	

例 5-3：竣工验收（二）

档　　号　DX.05.03-00x

　　××城市轨道交通（或地铁）××号线建设项目竣工验收会议的通知及竣工验收意见

立卷单位　　　　××城市轨道交通××号线建设指挥部
起止时间　　　　　20141214-20141218
保管期限　　　　　　　永久
密　　级

注：竣工验收会议所形成的会议通知、验收意见应单独组卷，各验收意见后面应附相应的验收组成员签字表。

卷 内 目 录

序号	文件编号	责任者	文件材料题名	日期	页号	备注
1	××传〔2014〕××号	××建设指挥部	项目执行报告关于召开××城市轨道交通（或地铁）××号线建设项目竣工验收会议的通知	20141216	1-2	
2	—	××竣工验收组	××城市轨道交通（或地铁）××号线建设项目竣工验收意见	20141218	3-8	
3	—	××竣工验收组	××城市轨道交通（或地铁）××号线建设项目竣工验收委员会车站组验收意见	20141215	9-13	
4	—	××竣工验收组	××城市轨道交通（或地铁）××号线建设项目竣工验收委员会区间组验收意见	20141215	14-17	
5	—	××竣工验收组	××城市轨道交通（或地铁）××号线建设项目竣工验收委员会档案组验收意见	20141214	18-20	

11.6　资金管理类

"例6"为计量支付的案例。一般情况下，每期的计量支付文件（财务支付月报）是装订成册的。为了方便计算机检索，在编制卷内目录时，应将其中的主要内容逐一列出；在填写文件题名时，应将其原有文件、表格的基本信息（如中期财务支付证书、付款申请、清单支付月报表等）予以保留。

建设单位档案管理部门应指定建设单位、监理单位、施工单位中的一方负责计量支付文件的收集、整理、组卷工作。

审计、决算文件由建设单位负责收集、整理、组卷工作。

例6：资金管理-计量支付

档　　　号　<u>DX.06.01.0x-00x</u>

　　××城市轨道交通（或地铁）××号线建设项目××
标段××年×月份第×期财务支付月报

立卷单位　<u>　　　××工程监理咨询有限公司　　　</u>
起止时间　<u>　　　20140730-20140730　　　</u>
保管期限　<u>　　　　　　30 年　　　　　　</u>
密　　　级　<u>　　　　　　　　　　　　　　</u>

　　注：计量支付文件由建设单位、监理单位、施工单位中的一方负责整理组卷，在整理组卷时应将原文件中的检验批、工序报验单等文件（如有）抽出。一期计量支付文件数量较多的，可组成数卷。在拟写文件题名、案卷题名时，应注明本期计量的时间（一般为月份）、期数，不能采用"…计量支付一"、"…计量支付二"、…的方法。

11.7 竣工图表类

"例 7-1"为车站土建工程竣工图的案例，其他各专业的竣工图在整理、组卷时可参考执行。

竣工图由施工单位负责编制、整理、组卷。

"例 7-2"为设计变更文件的案例，所有设计变更文件在整理、组卷时可参考执行。

设计变更文件由建设单位档案管理部门负责收集、整理、组卷，也可指定各施工单位（或监理单位）分别收集、整理、组卷后移交建设单位档案管理部门。

例 7-1：竣工图

档　　　号　<u>DX.07.01-00x</u>

　　××城市轨道交通（或地铁）××号线建设项目××车站基础及下部构造竣工图、施工场地围挡及交通组织平面图、管线改移竣工图

立卷单位　　　　　　　中铁××局集团有限公司
起止时间　　　　　　20150216-20150216
保管期限　　　　　　　　永久
密　　　级

注：竣工图由施工单位按单位、子单位、分部工程为单位组卷，竣工图编制说明归在首位，有图号的应在卷内目录"文件编号"栏填写相应的图号。竣工图原则上一个图号拟写一个文件题名（同一图号有多张图纸时，只需填写一个文件题名）。在拟写案卷题名，应注明本卷竣工图的主要内容，不能采用"…竣工图一"、"…竣工图二"、…的方法。

230

序号	文件编号	责任者	文件材料题名	日期	页号	备注
1	—	中铁××局××监理	××城市轨道交通（或地铁）××号线建设项目××车站竣工图编制说明	20150216	1-4	
2	04-11结施-02-001	中铁××局××监理	××城市轨道交通（或地铁）××号线建设项目××车站下部结构竣工总说明	20150216	5-5	
3	04-11结施-02-002	中铁××局××监理	××城市轨道交通（或地铁）××号线建设项目××车站桩位布置图	20150216	6-6	
4	04-11结施-02-003	中铁××局××监理	××城市轨道交通（或地铁）××号线建设项目××车站基础平面布置图	20150216	7-7	
5	04-11结施-02-004	中铁××局××监理	××城市轨道交通（或地铁）××号线建设项目××车站基础纵断面图	20150216	8-10	
6	04-11结施-02-005	中铁××局××监理	××城市轨道交通（或地铁）××号线建设项目××车站桥墩承台一般构造图	20150216	11-11	
7	04-11结施-02-006	中铁××局××监理	××城市轨道交通（或地铁）××号线建设项目××车站桥墩承台钢筋布置图	20150216	12-13	
8	04-11结施-02-007	中铁××局××监理	××城市轨道交通（或地铁）××号线建设项目××车站桩身配筋图	20150216	14-15	
9	04-11结施-02-008	中铁××局××监理	××城市轨道交通（或地铁）××号线建设项目××车站桩身桥墩材料数量表	20150216	16-16	
10	04-11结施-02-009	中铁××局××监理	××城市轨道交通（或地铁）××号线建设项目××车站施工场地围挡及交通组织平面图	20150216	17-17	
11	04-11结施-02-010	中铁××局××监理	××城市轨道交通（或地铁）××号线建设项目××车站管线改移竣工图	20150216	18-18	

例 7-2：设计变更文件

档　　　号　　DX.07.16-00x

　　××城市轨道交通（或地铁）××号线建设项目××
标段第××-001 号至××-004 号变更令

立卷单位　　　　　××城市轨道交通××号线建设指挥部
起止时间　　　　　　　　20140830-20141015
保管期限　　　　　　　　　　　永久
密　　级

　　注：变更令由建设项目档案管理部门统一收集、并以标段为单位组卷（也可指定施工单位或监理单位收集、整理、
组卷），卷内文件按变更令的编号依次排列。文件数量较多的，一个合同段的变更令可组成数卷；文件数量较少的，几
个合同段的变更令可合并组成一卷。在拟写文件题名时，应注明标段号、变更的主要内容、变更令号等主要信息，不
能只填写变更令的编号。

232

卷 内 目 录

序号	文件编号	责任者	文件材料题名	日期	页号	备注
1	××-001	××建设指挥部	××标关于因地方政府要求在 Kx＋xxx 处增设 5m 长直径 1.5 米圆管涵一道现对数量进行调整的××-001 号三类变更令	20140830	1-24	
2	××-002	××建设指挥部	××标关于因××区人民政府要求需将 Kx＋xx 左侧 150 米 B 型改沟改为 U 型防渗渠现对数量进行调整的××-002 号三类变更令	20140913	25-76	
3	××-003	××建设指挥部	××标关于根据指挥部通知要求在××高架桥上增加标志基础的××-003 号三类变更令	20140926	77-125	
4	××-004	××建设指挥部	××标关于根据现场实际为更好地服务地方老百姓对全线三改工程进行调整的××-004 号一、二类变更令	20141015	126-186	

11.8 科研文件案例

科研类、新技术、新工艺的文件应按照每个课题（或每个新技术、新工艺）为单位整理、组卷。一个课题（或每个新技术、新工艺）文件数量较多的，可组成数卷，在拟写案卷题名时应根据卷内文件的实际情况予以注明，不能采用"××科研项目文件材料一"、"××科研项目文件材料二"、…的方法来拟写案卷题名。

例 8：科研文件

档　　　号　DX.08.01.0x-00x

　　××城市轨道交通（或地铁）××号线建设项目××科研项目的开题报告、任务书、批准书、合同协议书、结题报告

立卷单位　　　××城市轨道交通××号线建设指挥部
起止时间　　　　　20140616-20150419
保管期限　　　　　　30 年
密　　级

　　注：科研依据（开题报告、任务书、批准书、合同协议书，委托书）、科研实施（科研试验与观测、科研分析、科研管理、科研声像）、科研总结（科研报告、科研成果鉴定、科研成果文件及效益分析）等文件应以课题为单位分别整理组卷，在拟写文件题名、案卷题名时应注明其原有文件的基本信息。

卷 内 目 录

序号	文件编号	责任者	文件材料题名	日期	页号	备注
1		××科研单位	××城市轨道交通（或地铁）××号线建设项目××科研项目开题报告	20140616	1-58	
2		××建设指挥部	××城市轨道交通（或地铁）××号线建设项目××科研项目任务书	20140701	59-88	
3		××建设指挥部	××城市轨道交通（或地铁）××号线建设项目××科研项目的批准书	20140706	89-93	
4		××建设指挥部××科研单位	××城市轨道交通（或地铁）××号线建设项目××科研项目合同协议书	20140719	94-107	
5		××建设指挥部××科研单位	××城市轨道交通（或地铁）××号线建设项目××科研项目结题报告	20150419	108-210	

11.9 特殊载体-照片案例

照片、声像文件由建设单位、监理单位、施工单位分别收集、整理、组卷。

用数码相机摄取的电子文件应刻录光盘保存，各单位应选择一部分（不少于 60 张）打印归档（尺寸为 6 吋），装入照片档案盒。

"例 9：特殊载体-照片"为照片打印并装入照片档案盒后编制的案卷题名、照片册内目录。

各单位的照片电子文件、视频文件应刻录成光盘，并移交建设单位档案管理部门，由建设单位档案管理部门统一整理、归档（装入光盘盒并编制相应的目录）。

例 9：特殊载体-照片

档　　号　DX.09.01-00x

　　　×× 城市轨道交通（或地铁）×× 号线建设项目 ××
车站土方开挖、模板、钢筋绑扎、混凝土浇筑等照片

立卷单位　　　中铁 ×× 局集团有限公司

起止时间　　　20120512-20120622

保管期限　　　　　永久

密　　级

　注：照片由各参建单位收集、整理、组卷，应给每一张照片设置编号，编号一般由"本案卷档号＋00X"构成，
建设单位档案管理部门可设置统一的照片编号规则。在拟写《册内照片目录》（格式与《卷内目录》不同）时，应尽可
能注明每张照片的详细信息，同一事件有多张照片时，只需填写一个题名。在拟写案卷题名时，应注明本卷照片的主
要内容，不能采用"…照片一"、"…照片二"、…的方法。

238

照片号	题　名	时间	页号	底片号	备注
XX-001-002	××城市轨道交通（或地铁）××号线建设项目××车站基坑土方开挖照片	20140512	1-2		
XX-003	××城市轨道交通（或地铁）××号线建设项目××车站 1-11 轴/T-K 轴基础垫层浇筑照片	20140514	3-3		
XX-004	××城市轨道交通（或地铁）××号线建设项目××车站 1-11 轴/T-K 轴基础承台垫层浇筑照片	20140517	4-4		
XX-005	××城市轨道交通（或地铁）××号线建设项目××车站沉降后浇带钢筋绑扎照片	20140522	5-5		
XX-006	××城市轨道交通（或地铁）××号线建设项目××车站 5-11 轴/T-N 轴底板钢筋绑扎照片	20140530	6-6		
XX-007-008	××城市轨道交通（或地铁）××号线建设项目××车站 5-11 轴/T-N 轴底板钢筋照片	20140605	7-8		
XX-009	××城市轨道交通（或地铁）××号线建设项目××车站 1-5 轴/A-G 轴基础底板浇筑照片	20140609	9-9		
XX-010-011	××城市轨道交通（或地铁）××号线建设项目××车站 5-11 轴/T-N 轴负二层顶板梁钢筋绑扎照片	20140615	10-11		
XX-012	××城市轨道交通（或地铁）××号线建设项目××车站 1-11 轴/N-G 轴负二层顶板梁钢筋绑扎照片	20140617	12-12		
XX-013	××城市轨道交通（或地铁）××号线建设项目××车站 1-5 轴/N-G 轴负二层顶板梁钢筋绑扎照片	20140618	13-13		
XX-014	××城市轨道交通（或地铁）××号线建设项目××车站 5-11 轴/N-G 轴负二层顶板模板安装照片	20140618	14-14		
XX-015	××城市轨道交通（或地铁）××号线建设项目××车站 1-5 轴/A-G 轴负二层顶板梁钢筋绑扎照片	20140620	15-15		
XX-016	××城市轨道交通（或地铁）××号线建设项目××车站 5-11 轴/A-G 轴负二层顶板梁钢筋绑扎照片	20140620	16-16		
XX-017	××城市轨道交通（或地铁）××号线建设项目××车站 5-11 轴/A-G 轴负二层顶板模板照片	20140622	17-17		
—	…其他施工照片按工艺流程依次排列	—	—		

附件一 规范性图例

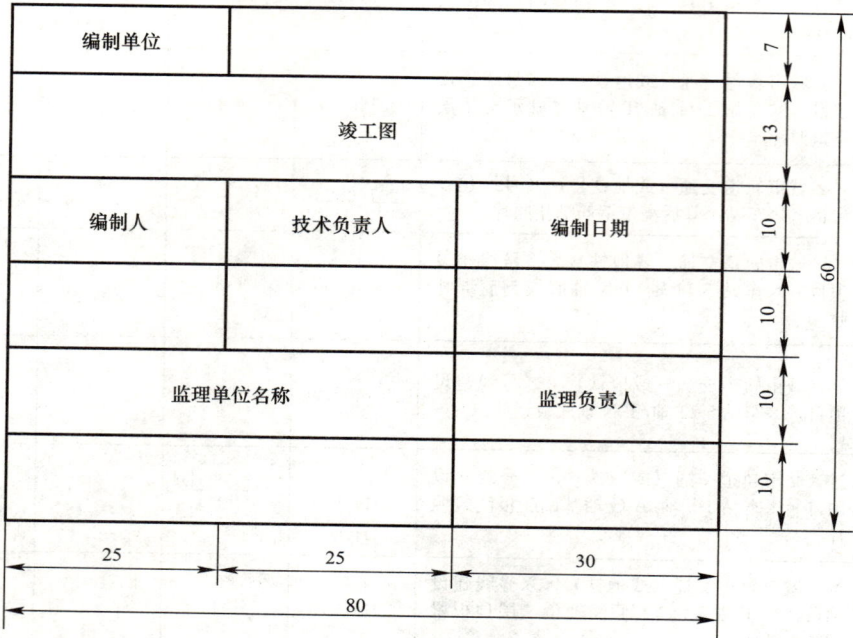

编制单位			7
竣工图			13
编制人	技术负责人	编制日期	10
			10
监理单位名称		监理负责人	10
			10

尺寸单位: mm

图1 竣工图章式样

240

建设单位	×××工程 竣工图	图名		制图		校核		技术 负责人		监理 负责人		编制 日期		图表名	变更令及其他 变更批准文件编号	监理 单位	施工 单位
														(竣)××			

图 2　重新绘制竣工图图框

设计变更文件与竣工图对应一览表

合同段：

序号	变更依据文件文号	主要变更内容	变更文件案卷号	对应竣工图图号	竣工图案卷号	备注

图 3　竣工图、变更令对应一览表

242

册内照片目录

照片号	题名	时间	页号	底片号	备注

图 4 照片档案卷内目录

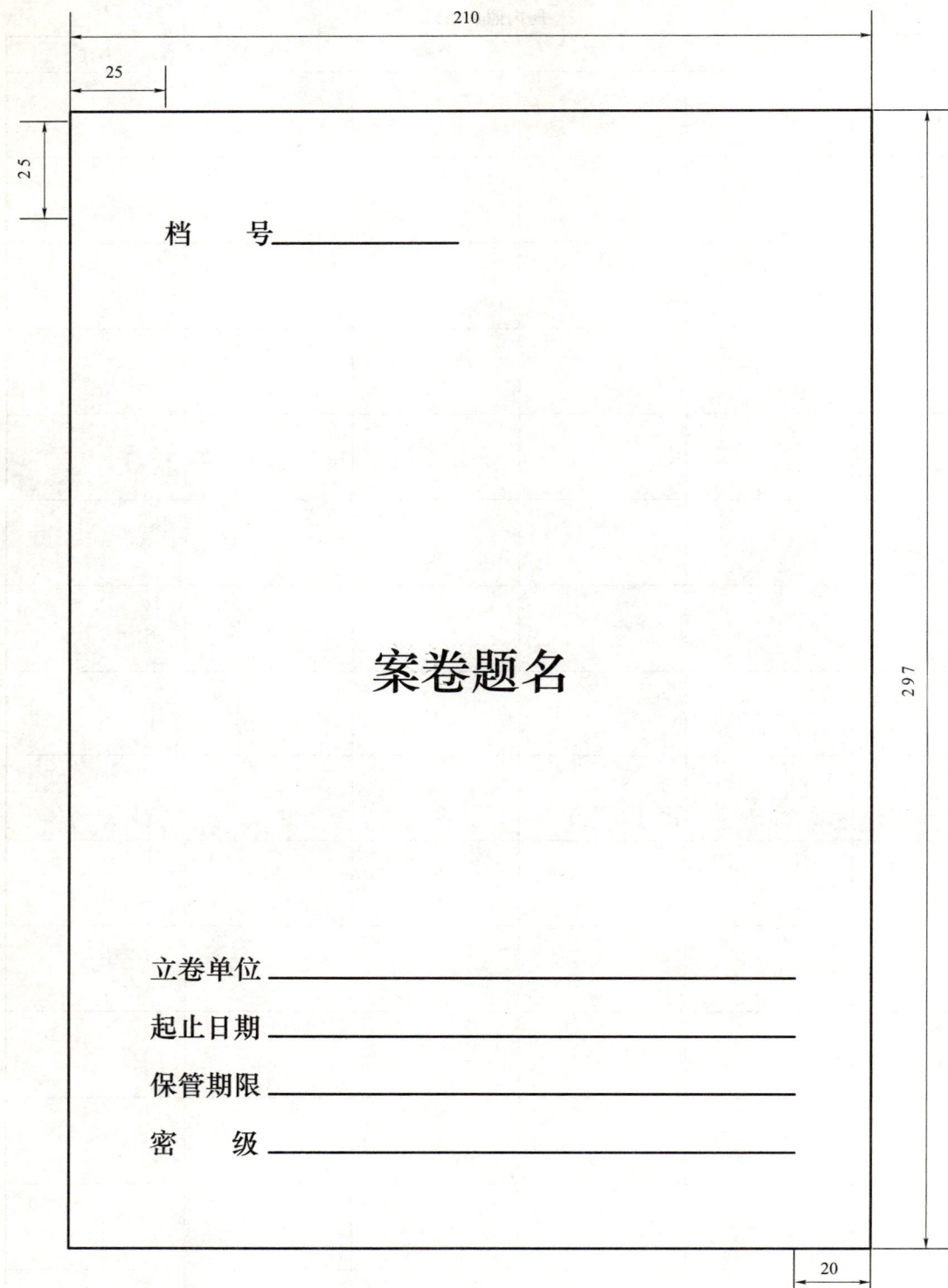

档　　号＿＿＿＿＿＿＿＿＿

案卷题名

立卷单位＿＿＿＿＿＿＿＿＿＿＿＿＿＿＿＿＿

起止日期＿＿＿＿＿＿＿＿＿＿＿＿＿＿＿＿＿

保管期限＿＿＿＿＿＿＿＿＿＿＿＿＿＿＿＿＿

密　　级＿＿＿＿＿＿＿＿＿＿＿＿＿＿＿＿＿

尺寸单位：mm

图5　案卷封面样式

244

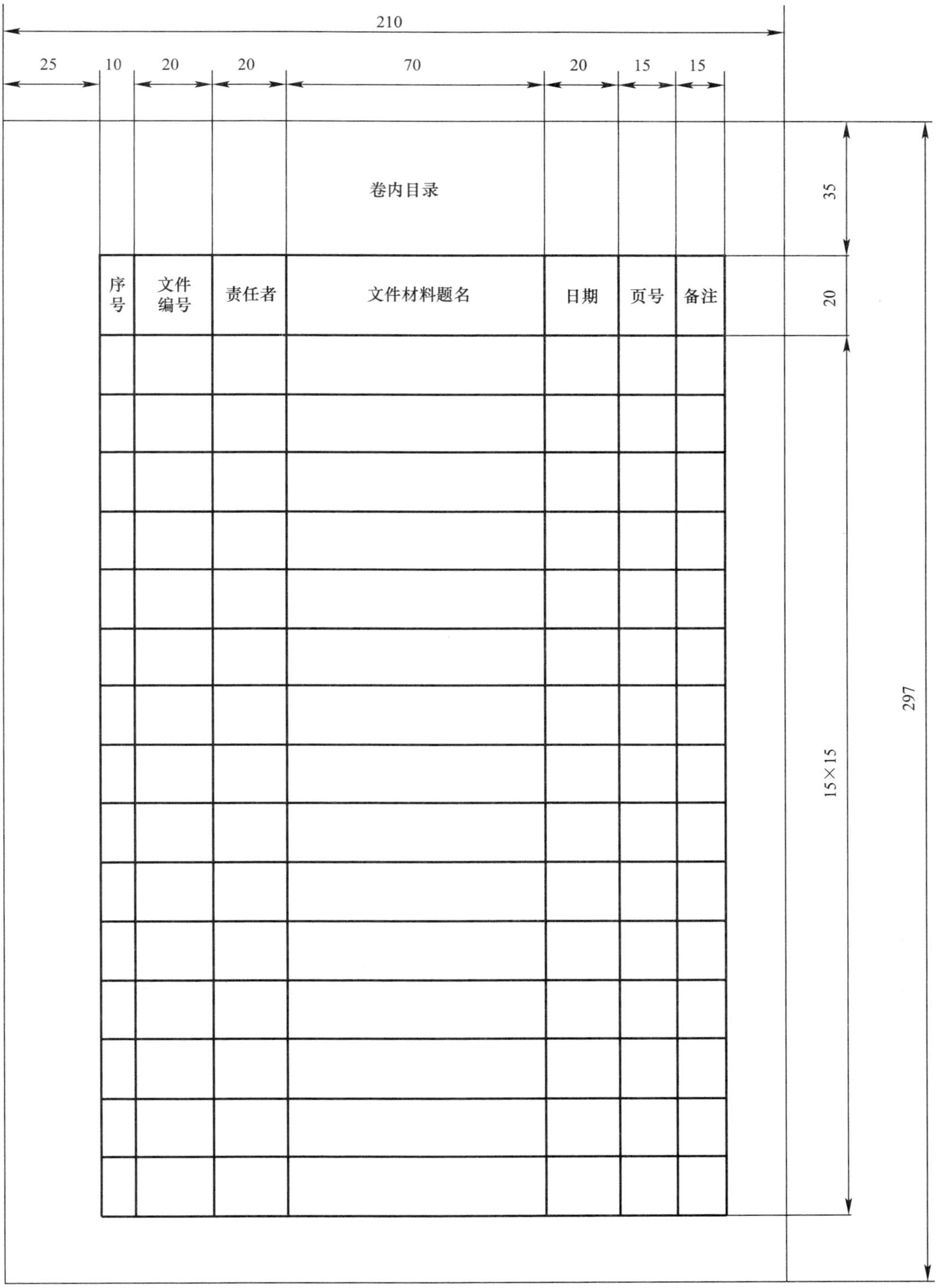

卷内目录

序号	文件编号	责任者	文件材料题名	日期	页号	备注

尺寸单位：mm

图6 卷内目录式样

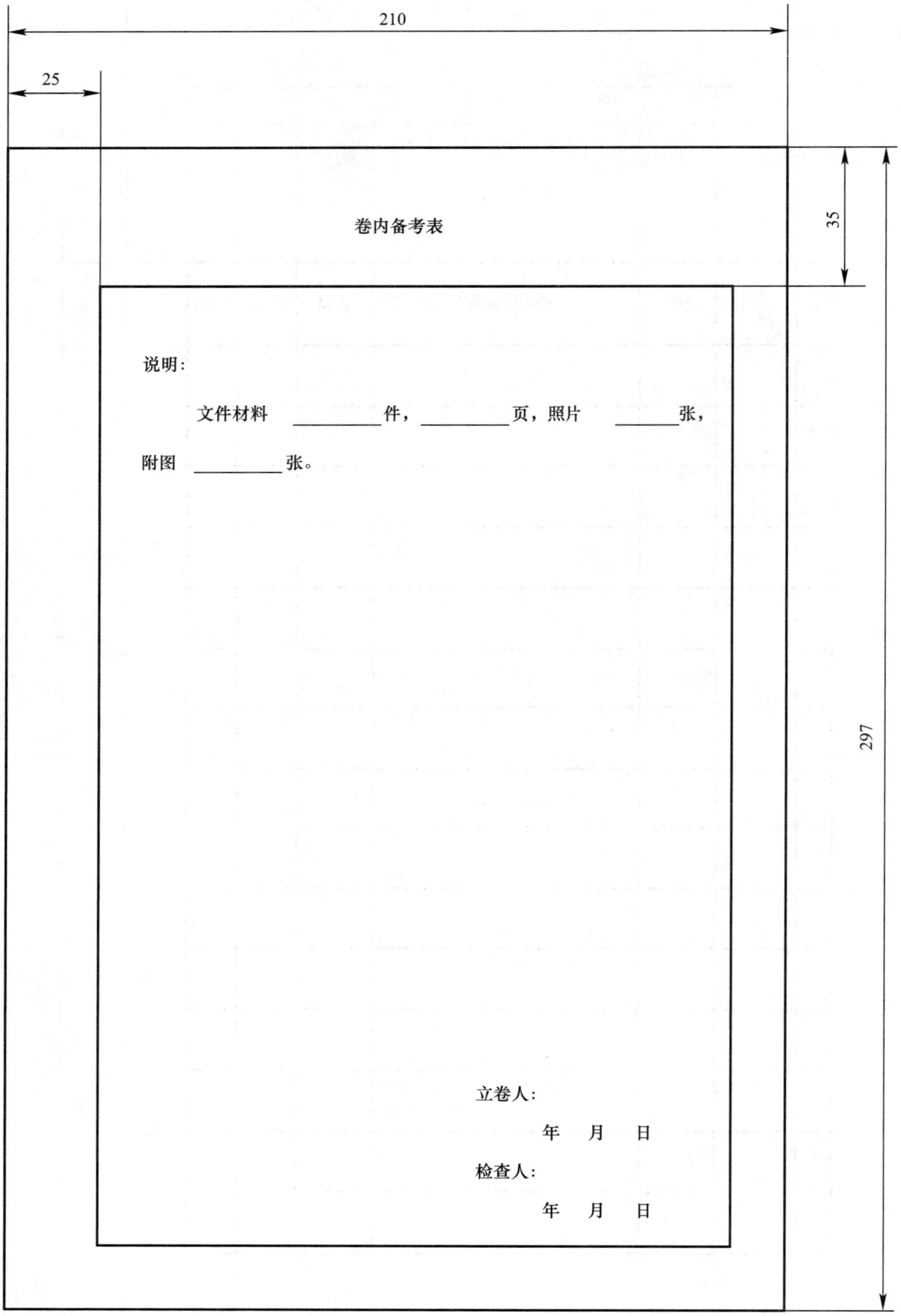
210
25
35
297
卷内备考表
说明：
文件材料 ________件，________页，照片 ______张，
附图 ________张。
立卷人：
年 月 日
检查人：
年 月 日

尺寸单位：mm

图 7　备考表式样

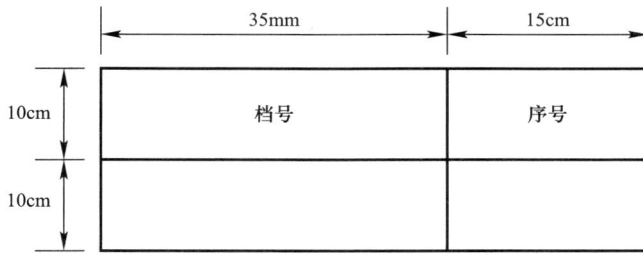

图 8　档号章式样

城市轨道交通建设项目档案案卷案卷目录

档号	案卷题名	立卷单位	起止日期	密级	期限	件数	页数	备注

图 9 案卷目录式样

附件二 城市轨道交通建设项目档案分类编号

01 综合管理类

01.01 项目前期文件

01.02 建设用地、征地、拆迁文件

01.02.01 建设用地文件

01.02.02 建设征地文件

01.02.03 建设拆迁文件

01.03 工程招标、投标、合同文件

01.03.01 工程勘察、设计招标、投标、合同文件及评标报告

01.03.02 工程施工招标、投标、合同文件及评标报告

01.03.03 工程监理招标、投标、合同文件及评标报告

01.03.04 材料及设备采购理招标、投标、合同文件及评标报告

01.03.05 其他招标、投标、合同文件及评标报告

01.04 项目开工审批文件

01.05 工程项目实施过程中有关工程管理文件

01.06 质量监督部门的抽检报告及其他委托单位出具的检测报告等

02 工程设计类

02.01 工程地质勘测

02.02 项目初步设计及审批文件

02.03 施工图设计及审批文件

02.04 通用图

02.05 变更设计图

03 工程施工类

03.01 车站工程

03.01.01 第1个车站工程

03.01.01.01 第1个车站土建工程

03.01.01.02 第1个车站附属土建工程

03.01.01.03 第1个车站设备安装工程（含临近半区间）

03.01.01.03.01 第1个车站通风与空调工程

03.01.01.03.02 第1个车站建筑给水排水及采暖工程

03.01.01.03.03 第1个车站建筑电气工程

03.01.01.04 第1个车站装修工程

03.01.02 第2个车站工程

03.01.*n*　第*n*个车站工程

……

03.02　区间

03.02.01　第1个区间

03.02.02　第2个区间

03.02.*n*　第*n*个区间

……

03.03　车辆段、停车场及基地

03.03.01　第1个车辆段、停车场及基地

03.03.02　第2个车辆段、停车场及基地

03.03.*n*　第*n*个车辆段、停车场及基地

……

03.04　正线轨道工程

03.05　主变电所

03.05.01　第1个主变电所

03.05.02　第2个主变电所

03.05.*n*　第*n*个主变电所

……

03.06　供电工程

03.07　信号系统

03.08　通信系统

03.09　综合监控系统

03.10　自动售检票（AFC）系统

03.11　站台屏蔽门

03.12　电（扶）梯工程

03.13　人防工程

03.14　综合信息管理（IMS）系统

03.15　供冷站

03.16　施工单位管理性文件

03.16.01　第1标段管理性文件

03.16.02　第2标段管理性文件

03.16.*n*　第*n*标段管理性文件

……

04　工程监理类

04.01　第1个总监办（或监理组）

04.02　第2个总监办（或监理组）

04.*n*　第*n*个总监办（或监理组）

……

05　交、竣工验收及缺陷责任期文件

05.01 交工验收文件

05.02 缺陷责任期文件

05.03 竣工验收文件

6 资金管理文件

06.01 计量支付文件

06.01.01 第1合同段计量支付文件

06.01.02 第2合同段计量支付文件

06.01.n 第n合同段计量支付文件

......

06.02 决算审计文件

07 竣工图表类

07.01 车站工程竣工图

07.02 区间工程竣工图

07.03 车辆段、停车场及基础工程竣工图

07.04 轨道工程竣工图

07.05 主变电站工程竣工图

07.06 供电工程竣工图

07.07 信号系统竣工图

07.08 通信系统竣工图

07.09 综合监控（ISCS）系统竣工图

07.10 自动售检票（AFC）系统竣工图

07.11 站台屏蔽门工程竣工图

07.12 电（扶）梯工程竣工图

07.13 人防工程竣工图

07.14 综合信息管理（IMS）系统竣工图

07.15 供冷站工程竣工图

07.16 设计变更文件

07.17 设计变更文件与竣工图对应一览表

08 工程科研类

08.01 科研项目

08.01.01 第1个课题科研项目

08.01.02 第2个课题科研项目

08.01.n 第n个课题科研项目

......

08.02 新技术、新材料、新工艺应用等文件材料

08.02.01 第1项新技术、新材料、新工艺应用等文件材料

08.02.02 第2项新技术、新材料、新工艺应用等文件材料

08.02.n 第n项新技术、新材料、新工艺应用等文件材料

......

09 　特殊载体
09.01 　照片
09.02 　录音、录像
09.03 　实物

附件三 城市轨道交通建设项目文件材料归档范围、保管期限及分类编号细则

01 综合管理类（保管期限：永久）

01.01 项目前期文件

 （一）项目建议书及审批文件

 （二）项目可行性研究报告及审批文件、专家评审文件

 （三）项目可行性研究报告的评估报告、专家评审文件

 （四）行业主管部门对可行性研究报告的审查文件

 （五）项目环境影响评价报告书及批复

 （六）水土保持方案及审批文件

 （七）文物调查、保护、矿产资源调查等文件

 （八）其他文件材料

01.02 建设用地、征地、拆迁文件

01.02.01 建设用地文件

 （一）项目选址意见书

 （二）用地申请报告及用地批准书

 （三）建设用地规划许可证及附件

 （四）划拨建设用地文件

 （五）国有土地使用证

 （六）其他文件材料

01.02.02 建设征地文件

 （一）征地批文、与当地政府的有关合同协议或会议纪要文件

 （二）图表

 （三）征用土地一览表

 （四）用地范围图

 （五）其他文件材料

01.02.03 建设拆迁文件

 （一）拆迁批文、合同及协议

 （二）图表

 （三）拆迁建筑物一览表

 （四）拆迁电力、电讯设备及其他一览表

 （五）其他文件材料

01.03 工程招标、投标、合同文件

01.03.01 工程勘察、设计招标、投标文件、中标通知书、合同文件及评标报告

01.03.02 工程施工招标、投标文件、中标通知书、合同文件及评标报告

01.03.03 工程监理招标、投标文件、中标通知书、合同文件及评标报告

01.03.04 材料及设备采购理招标、投标文件、中标通知书、合同文件及评标报告

01.03.05 其他招标、投标文件、中标通知书、合同文件及评标报告

01.04 项目开工审批文件

（一）建设项目列入年度计划申报及批复文件

（二）建设工程规划许可证及附件

（三）建设工程开工审查表

（四）建设工程施工许可证

（五）投资许可证、审计证明、交纳绿化建设费等证明

（六）工程质量监督手续

（七）其他文件材料

01.05 工程项目实施过程中有关工程管理文件

（一）组织机构人员文件

（二）制定的规章、制度、标准、计划方案等文件

（三）计划、投资、统计管理文件

（四）质量控制管理文件

（五）进度控制管理文件

（六）安全、环保控制管理文件

（七）廉政建设文件

（八）其他管理文件

01.06 质量监督部门的抽检报告及其他委托单位出具的检测报告等

02 工程设计类

02.01 工程地质勘测（保管期限：永久）

（一）地质勘测记录及测量图

（二）设计基础资料

（三）建设前原始地形、地貌状况图

02.02 项目初步设计及审批文件（保管期限：永久）

（一）初步设计报审及批准文件

（二）初步设计专家审查意见及审查会议纪要

（三）初步设计文件及图纸

02.03 施工图设计及审批文件

（一）施工图设计报审及批准文件（保管期限：永久）

（二）施工图设计审查会、交底会等（保管期限：永久）

（三）施工图设计（保管期限：30年）

02.04 通用图（保管期限：30年）

02.05 变更设计图（由设计单位下发的整册变更设计图纸）（保管期限：30年）

03 工程施工类（保管期限：30年）

03.01 车站工程

03.01.01　第1个车站工程

03.01.01.01　第1个车站土建工程

（一）开工报告

（1）工程开工报审表

（2）工程概况表

（3）施工管理人员名单

（4）施工现场质量管理检查记录

（5）材料（构配件）进场使用报验单及附件（首批进场）

（6）设备进场使用报验单及附件

（7）关于工长与特殊工种的承包单位通用报审表及附件

（二）施工技术管理文件

（1）施工组织设计报审表及附件

（2）施工方案报审表及附件

（3）工程进度计划申报表及附件

（4）图纸审查记录

（5）技术交底记录

（三）首件工程报审表及附件

（1）首件工程报审表

（2）施工测量报验单及附件

（3）工序质量报验单及附件

（4）材料（构配件）进场使用报验单及附件

（5）设备进场使用报验单及附件

（6）检测报告

（四）材料（构配件）、设备进场使用报验单、各种标准试验

（1）材料（构配件）进场使用报验单及附件（附：产品质量证明文件、合格证、说明书、试验报告等）

（2）各种标准试验报告（混凝土配合比、标准击实试验等）

（五）车站土建工程中间质量控制文件

（1）地基基础及支护结构　　分部工程质量验收记录

① 土方工程　　子分部工程质量验收记录

土方开挖分项工程质量验收记录；施工测量报验单及附件；检验批质量验收记录、工序质量报验单、地基验槽记录及地基处理记录

土方回填分项工程质量验收记录；检验批质量验收记录、工序质量报验单、压实度试验记录

② 支护工程　　子分部工程质量验收记录

地下连续墙分项工程质量验收记录；施工测量报验单及附件；模板（或成槽）检验批质量验收记录、工序质量报验单；钢筋加工及安装检验批质量验收记录、工序质量报验单、隐蔽工程验收记录；混凝土浇筑检验批质量验收记录、工序质量报验单、混凝土出厂合格证及浇筑记录表；水泥抗压强度试验报告、高程及偏位复测记录

桩基（包括混凝土灌注桩、立柱桩等）分项工程质量验收记录；施工测量报验单及附件；成孔检验批质量验收记录、工序质量报验单、钻进记录；钢筋加工及安装检验批质量验收记录、工序质量报验单、隐蔽工程验收记录；混凝土浇筑检验批质量验收记录、工序质量报验单、混凝土出厂合格证及浇筑记录表；水泥抗压强度试验报告、高程及偏位复测记录

SMW桩支护分项工程质量验收记录；施工测量报验单及附件；水泥土搅拌检验批质量验收记录、工序质量报验单、施工现场检测记录；型钢插拔检验批质量验收记录、工序质量报验单、施工现场检测记录

钢支撑分项工程质量验收记录；施工测量报验单及附件；检验批质量验收记录、工序质量报验单、拼装质量验收记录表、架设记录表

冠梁、混凝土支撑等分项工程质量验收记录；施工测量报验单及附件；模板安装检验批质量验收记录、工序质量报验单；钢筋加工及安装检验批质量验收记录、工序质量报验单、隐蔽工程验收记录；混凝土浇筑检验批质量验收记录、工序质量报验单、混凝土出厂合格证及浇筑记录表；模板拆除检验批质量验收记录、工序质量报验单；水泥抗压强度试验报告、高程及偏位复测记录

管棚（制作、安装、注浆）、超前小导管（制作、安装、注浆）分项工程质量验收记录；施工测量报验单及附件；制作检验批质量验收记录、工序质量报验单；安装检验批质量验收记录、工序质量报验单、隐蔽工程验收记录；注浆检验批质量验收记录、工序质量报验单、注浆记录

降水与排水分项工程质量验收记录；施工测量报验单及附件；检验批质量验收记录、工序质量报验单、洗井施工记录表、井点降水记录表

锚索、锚杆及土钉墙支护、初期支护、水泥搅拌桩支护、高压喷射注浆支护、钢筋网喷混凝土、超前锚杆、注浆加固等分项工程质量验收记录；施工测量报验单及附件；检验批质量验收记录、工序质量报验单、施工现场检测记录

③ 地基处理　　子分部工程质量验收记录

地基处理（包括灰土地基、高压喷射注浆地基、注浆地基、水泥土搅拌桩地基、砂和砂石地基、PHC管桩、土工合成材料地基、强夯地基、树根桩、碎石桩、堆载预压地基等）分项工程质量验收记录；施工测量报验单及附件；检验批质量验收记录、工序质量报验单、施工现场试验检测记录

④ 桩基础　　子分部工程质量验收记录

钢筋混凝土灌注桩分项工程质量验收记录；施工测量报验单及附件；成孔检验批质量验收记录、工序质量报验单、钻进记录；钢筋加工及安装检验批质量验收记录、工序质量报验单、隐蔽工程验收记录；混凝土浇筑检验批质量验收记录、工序质量报验单、混凝土出厂合格证及浇筑记录表；水泥抗压强度试验报告、高程及偏位复测记录

静力压桩、先张法预应力管桩、钢筋混凝土预制桩分项工程质量验收记录；施工测量报验单及附件；检验批质量验收记录、工序质量报验单、施工现场检测记录

⑤ 混凝土基础　　分部（子分部）工程质量验收记录

分项工程质量验收记录；施工测量报验单及附件；模板安装检验批质量验收记录、工序质量报验单；钢筋加工及安装检验批质量验收记录、工序质量报验单、隐蔽工程验收记

录；混凝土浇筑检验批质量验收记录、工序质量报验单、混凝土出厂合格证及浇筑记录表；模板拆除检验批质量验收记录、工序质量报验单；水泥抗压强度试验报告、高程及偏位复测记录

后浇带混凝土分项工程质量验收记录；检验批质量验收记录、工序质量报验单、混凝土出厂合格证及浇筑记录表；水泥抗压强度试验报告

混凝土结构缝处理分项工程质量验收记录；检验批质量验收记录、工序质量报验单、施工现场检测记录

⑥ 砌体基础　　子分部工程质量验收记录

砖砌体分项工程质量验收记录；检验批质量验收记录、工序质量报验单、施工现场检测记录

混凝土砌块砌体分项工程质量验收记录；检验批质量验收记录、工序质量报验单、施工现场检测记录

配筋砖砌体分项工程质量验收记录；检验批质量验收记录、工序质量报验单、施工现场检测记录

⑦ 劲性混凝土　　子分部工程质量验收记录

分项工程质量验收记录；施工测量报验单及附件；劲钢（管）焊接检验批质量验收记录、工序质量报验单、施工现场检测记录；劲钢（管）与钢筋的连接检验批质量验收记录、工序质量报验单、施工现场检测记录；混凝土浇筑检验批质量验收记录、工序质量报验单、混凝土出厂合格证及浇筑记录表；水泥抗压强度试验报告、高程及偏位复测记录

（2）防水工程　　分部工程质量验收记录

防水混凝土分项工程质量验收记录；施工测量报验单及附件；检验批质量验收记录、工序质量报验单、施工现场检测记录

卷材防水层、涂料防水层、水泥砂浆防水层、塑料板防水层、金属板防水层、膨润土防水毯防水层、防水层保护层等分项工程质量验收记录；施工测量报验单及附件；检验批质量验收记录、工序质量报验单、基面检查记录、铺装记录、检查记录、隐蔽工程验收记录

细部构造分项工程质量验收记录；检验批质量验收记录、工序质量报验单、施工现场检测记录

（3）主体结构工程　　分部工程质量验收记录

① 混凝土结构　　子分部工程质量验收记录

分项工程质量验收记录；施工测量报验单及附件；模板安装检验批质量验收记录、工序质量报验单；钢筋加工及安装检验批质量验收记录、工序质量报验单、隐蔽工程验收记录；混凝土浇筑检验批质量验收记录、工序质量报验单、混凝土出厂合格证及浇筑记录表；模板拆除检验批质量验收记录、工序质量报验单；水泥抗压强度试验报告、高程及偏位复测记录

② 砌体结构　　子分部工程质量验收记录

砖砌体分项工程质量验收记录；检验批质量验收记录、工序质量报验单、施工现场检测记录

混凝土小型空心砌块砌体分项工程质量验收记录；检验批质量验收记录、工序质量报

验单、施工现场检测记录

配筋砖砌体分项工程质量验收记录；检验批质量验收记录、工序质量报验单、施工现场检测记录

填充墙砌体分项工程质量验收记录；检验批质量验收记录、工序质量报验单、施工现场检测记录

石砌体分项工程质量验收记录；检验批质量验收记录、工序质量报验单、施工现场检测记录

③ 钢结构

A　钢结构工程质量验收文件

钢结构子分部工程质量验收记录

钢结构焊接分项工程质量验收记录；检验批质量验收记录、工序质量报验单、钢结构焊钉焊接检验批质量验收记录

钢结构连接分项工程质量验收记录；检验批质量验收记录、工序质量报验单

钢结构制作分项工程质量验收记录；检验批质量验收记录、工序质量报验单

钢结构紧固件连接分项工程质量验收记录；钢结构（普通紧固件连接）检验批质量验收记录、工序质量报验单；钢结构（高强度螺栓连接）检验批质量验收记录、工序质量报验单

钢零件及钢部件加工分项工程质量验收记录；检验批质量验收记录、工序质量报验单

单层钢结构安装分项工程质量验收记录；检验批质量验收记录、工序质量报验单、单层钢结构安装分项工程检验批质量验收中有关允许偏差检查记录

多层及高层钢结构安装分项工程质量验收记录；检验批质量验收记录、工序质量报验单、多层及高层钢结构安装分项工程质量验收中有关允许偏差检查记录

钢结构涂装分项工程质量验收记录；防腐涂料涂装检验批质量验收记录、工序质量报验单；防火涂料涂装检验批质量验收记录、工序质量报验单

钢构件组装分项工程质量验收记录；检验批质量验收记录、工序质量报验单、钢构件组装分项工程检验批中有关允许偏差检查记录

钢结构预拼装分项工程质量验收记录；检验批质量验收记录、工序质量报验单

网架结构安装分项工程质量验收记录；工序质量报验单、网架结构安装检验批质量验收记录、网架结构安装分项工程检验批质量验收中有关允许偏差检查记录

压型金属板分项工程质量验收记录；检验批质量验收记录、工序质量报验单

B　钢结构施工记录

高强度螺栓施工记录

钢结构矫正施工记录

钢零部件矫正成型施工记录

焊缝的焊前预热、焊后热处理施工记录

钢零部件边缘加工施工记录

新材料、新工艺的施工记录

焊接材料的烘焙记录

焊工合格证汇总表

钢结构工程质量控制资料检查表

258

有关安全及功能检验和见证检测项目检查记录

结构工程观感质量检查记录

C　检查记录

各种（强制性条文）检查记录

一、二级焊缝内部缺陷探伤报告检查记录

钢吊车梁（桁架）挠度检查记录

钢结构防腐涂料施工厚度检查记录

钢结构防火涂料施工厚度检查记录

其他检验项目的检测报告及隐蔽工程项目检查验收记录汇总表

扭剪型高强度螺栓预拉力、高强度大六角头螺扭矩系数复验报告

高强度螺栓连接摩擦面抗滑移系数复验报告

网架节点承载力试验报告

一、二级焊缝内部缺陷探伤报告

焊缝（主控项目和一般项目）的外观质量及焊缝尺寸检查记录

高强度螺栓施工中终拧扭矩（梅花头）检查记录

钢网架施工中螺栓球节点高强度螺栓连接质量检查记录

柱脚及网架支座中锚栓紧固质量检查记录

柱脚及网架支座中垫板（块）设置、二次灌浆质量检查记录

钢屋（托）架、桁架、钢梁、吊车梁等垂直度和侧向弯曲检测报告

钢柱垂直度检测报告

钢网架安装完成后及屋面工程完成后挠度检测报告

单层（多层及高层）钢结构主体结构整体垂直度检测报告

单层（多层及高层）钢结构主体结构整体平面弯曲检测报告

扭矩扳手标定记录

焊接工艺评定报告

焊缝的焊前预热、焊后热处理工艺评定记录

钢零部件矫正成型工艺评定报告

新材料、新工艺应用的工艺评定报告

隐蔽工程检查验收记录

④ 网架及索膜结构　　子分部工程质量验收记录

网架制作分项工程质量验收记录；施工测量报验单及附件；检验批质量验收记录、工序质量报验单、施工现场检测记录

网架安装分项工程质量验收记录；施工测量报验单及附件；检验批质量验收记录、工序质量报验单、施工现场检测记录

钢结构涂装分项工程质量验收记录；防腐涂料涂装检验批质量验收记录、工序质量报验单；防火涂料涂装检验批质量验收记录、工序质量报验单

⑤ 劲性混凝土结构　　子分部工程质量验收记录

分项工程质量验收记录；施工测量报验单及附件；劲钢（管）柱加工制作检验批质量验收记录、工序质量报验单、施工现场检测记录；劲钢（管）柱的就位与对中检验批质量

验收记录、工序质量报验单、施工现场检测记录；劲钢（管）柱与桩基的连接检验批质量验收记录、工序质量报验单、施工现场检测记录；梁（板）与柱的节点检验批质量验收记录、工序质量报验单、施工现场检测记录；劲钢（管）柱的防腐检验批质量验收记录、工序质量报验单、施工现场检测记录；劲钢（管）柱的防火检验批质量验收记录、工序质量报验单、施工现场检测记录；混凝土浇筑检验批质量验收记录、工序质量报验单、混凝土出厂合格证及浇筑记录表；水泥抗压强度试验报告、高程及偏位复测记录

⑥ 衬砌　　子分部工程质量验收记录

分项工程质量验收记录；施工测量报验单及附件；模板安装检验批质量验收记录、工序质量报验单；钢筋加工及安装检验批质量验收记录、工序质量报验单、隐蔽工程验收记录；混凝土浇筑检验批质量验收记录、工序质量报验单、混凝土出厂合格证及浇筑记录表；水泥抗压强度试验报告、高程及偏位复测记录

背后回填注浆分项工程质量验收记录；检验批质量验收记录、工序质量报验单、施工现场检测记录、注浆记录

（4）建筑屋面　　分部工程质量验收记录

① 卷材防水屋面　　子分部工程质量验收记录

屋面保温层分项工程质量验收记录；检验批质量验收记录、工序质量报验单、施工现场检测记录

屋面找平层分项工程质量验收记录；检验批质量验收记录、工序质量报验单、施工现场检测记录

卷材防水层分项工程质量验收记录；检验批质量验收记录、工序质量报验单、施工现场检测记录

细部构造分项工程质量验收记录；检验批质量验收记录、工序质量报验单、施工现场检测记录

② 涂膜防水屋面　　子分部工程质量验收记录

屋面保温层分项工程质量验收记录；检验批质量验收记录、工序质量报验单、施工现场检测记录

屋面找平层分项工程质量验收记录；检验批质量验收记录、工序质量报验单、施工现场检测记录

涂膜防水层分项工程质量验收记录；检验批质量验收记录、工序质量报验单、施工现场检测记录

细部构造分项工程质量验收记录；检验批质量验收记录、工序质量报验单、施工现场检测记录

③ 刚性防水屋面　　子分部工程质量验收记录

细石混凝土防水层分项工程质量验收记录；检验批质量验收记录、工序质量报验单、施工现场检测记录

密封材料嵌缝分项工程质量验收记录；检验批质量验收记录、工序质量报验单、施工现场检测记录

细部构造分项工程质量验收记录；检验批质量验收记录、工序质量报验单、施工现场检测记录

④ 金属板屋面　　子分部工程质量验收记录

金属板屋面分项工程质量验收记录；检验批质量验收记录、工序质量报验单、施工现场检测记录

密封材料嵌缝分项工程质量验收记录；检验批质量验收记录、工序质量报验单、施工现场检测记录

细部构造分项工程质量验收记录；检验批质量验收记录、工序质量报验单、施工现场检测记录

⑤ 玻璃屋面　　子分部工程质量验收记录

玻璃屋面分项工程质量验收记录；检验批质量验收记录、工序质量报验单、施工现场检测记录

密封材料嵌缝分项工程质量验收记录；检验批质量验收记录、工序质量报验单、施工现场检测记录

细部构造分项工程质量验收记录；检验批质量验收记录、工序质量报验单、施工现场检测记录

⑥ 瓦屋面　　子分部工程质量验收记录

平瓦屋面分项工程质量验收记录；检验批质量验收记录、工序质量报验单、施工现场检测记录

油毡瓦屋面分项工程质量验收记录；检验批质量验收记录、工序质量报验单、施工现场检测记录

细部构造分项工程质量验收记录；检验批质量验收记录、工序质量报验单、施工现场检测记录

⑦ 隔热屋面　　子分部工程质量验收记录

架空屋面分项工程质量验收记录；检验批质量验收记录、工序质量报验单、施工现场检测记录

蓄水屋面分项工程质量验收记录；检验批质量验收记录、工序质量报验单、施工现场检测记录

种植屋面分项工程质量验收记录；检验批质量验收记录、工序质量报验单、施工现场检测记录

（5）接地网工程　　分部工程质量验收记录

接地装置安装分项工程质量验收记录；施工测量报验单及附件；检验批质量验收记录、工序质量报验单、接地装置测试报告、接地网检验表

03.01.01.02　第 1 个车站附属土建工程（内容同 03.01.01.01）

03.01.01.03　第 1 个车站设备安装工程（含临近半区间）

03.01.01.03.01　第 1 个车站通风与空调工程

（一）开工报告

（1）工程开工报审表

（2）工程概况表

（3）施工管理人员名单

（4）施工现场质量管理检查记录

（5）材料（构配件）进场使用报验单及附件（首批进场）

（6）设备进场使用报验单及附件

（7）关于工长与特殊工种的承包单位通用报审表及附件

（二）施工技术管理文件

（1）施工组织设计报审表及附件

（2）施工方案报审表及附件

（3）工程进度计划申报表及附件

（4）图纸审查记录

（5）技术交底记录

（三）分部工程质量验收文件

（1）通风与空调工程概况表

（2）通风与空调工程施工现场质量管理记录

（3）通风与空调分部工程质量验收记录

（4）通风与空调质量控制资料核查记录

（5）通风与空调工程安全和功能检验资料核查及主要功能抽查记录

（6）通风与空调观感质量验收检查记录

（四）质量控制文件

（1）通风与空调材料、设备出厂合格证及进场检验（试验）报告汇总表

（2）通风与空调工程材料（构配件）进场使用报验单及附件（材料、设备、器具出厂合格证及进场检（试）验报告等）

（3）设备进场验收记录

（4）设备基础验收记录

（5）隐蔽工程验收记录

（6）风机盘管水压试验检验记录

（7）风管强度检验记录

（8）风管系统漏风量检验记录

（9）风管系统漏光检验记录

（10）现场组装除尘器、空调机组漏风量检验记录

（11）水系统管道强度（严密性）检验记录

（12）空调水系统管道冲（吹）洗记录

（13）冷凝水管道系统通水试验记录

（14）制冷系统气密性试验记录

（15）净化空调风管清洗记录

（16）设备单机试运转记录

（17）阀门试验记录

（18）空调系统综合检测报告

（五）子分部工程、检验批质量验收记录

（1）送、排风系统　子分部工程质量验收记录

风管与配件制作分项工程质量验收记录；风管（金属风管）与配件制作检验批质量验

收记录、工序质量报验单；风管（非金属、复合材料风管）与配件制作检验批质量验收记录、工序质量报验单

消声器制作与安装分项工程质量验收记录；检验批质量验收记录、工序质量报验单

风管系统安装分项工程质量验收记录；风管（送、排风、排烟）系统安装检验批质量验收记录、工序质量报验单

通风机与空气处理设备安装分项工程质量验收记录；通风机安装检验批质量验收记录、工序质量报验单

风管与设备防腐分项工程质量验收记录；检验批质量验收记录、工序质量报验单

系统调试分项工程质量验收记录；检验批质量验收记录、工序质量报验单

（2）防排烟系统　子分部工程质量验收记录

风管与配件制作分项工程质量验收记录；风管（金属风管）与配件制作检验批质量验收记录、工序质量报验单；风管（非金属风管）与配件制作检验批质量验收记录、工序质量报验单

风管部件制作分项工程质量验收记录；检验批质量验收记录、工序质量报验单

风管系统安装分项工程质量验收记录；风管（送、排风、排烟）系统安装检验批质量验收记录、工序质量报验单

风机与空气处理设备安装分项工程质量验收记录；检验批质量验收记录、工序质量报验单

排烟风口、常闭正压风口安装分项工程质量验收记录；检验批质量验收记录、工序质量报验单

风管与设备防腐分项工程质量验收记录；检验批质量验收记录、工序质量报验单

消声器制作和安装分项工程质量验收记录；检验批质量验收记录、工序质量报验单

系统调试分项工程质量验收记录；检验批质量验收记录、工序质量报验单

（3）空调风系统　子分部工程质量验收记录

风管与配件制作分项工程质量验收记录；风管（金属风管）与配件制作检验批质量验收记录、工序质量报验单；风管（非金属、复合材料风管）与配件制作检验批质量验收记录、工序质量报验单

部件制作分项工程质量验收记录；检验批质量验收记录、工序质量报验单

风管系统安装分项工程质量验收记录；风管（空调系统）安装检验批质量验收记录、工序质量报验单

风机与空气处理设备安装分项工程质量验收记录；检验批质量验收记录、工序质量报验单

消声设备制作与安装分项工程质量验收记录；检验批质量验收记录、工序质量报验单

风管与设备防腐分项工程质量验收记录；检验批质量验收记录、工序质量报验单

风管与设备绝热分项工程质量验收记录；检验批质量验收记录、工序质量报验单

系统调试分项工程质量验收记录；检验批质量验收记录、工序质量报验单

（4）制冷设备系统　子分部工程质量验收记录

制冷机组安装分项工程质量验收记录；检验批质量验收记录、工序质量报验单

制冷剂管道及配件安装分项工程质量验收记录；检验批质量验收记录、工序质量报验单

制冷附属设备安装分项工程质量验收记录；检验批质量验收记录、工序质量报验单

管道及设备的防腐和绝热分项工程质量验收记录；检验批质量验收记录、工序质量报验单

系统调试分项工程质量验收记录；检验批质量验收记录、工序质量报验单

（5）空调水系统　　子分部工程质量验收记录

冷热水管道系统安装分项工程质量验收记录；冷热水管道系统（金属管道）安装检验批质量验收记录、工序质量报验单；冷热水管道系统（非金属管道）水系统安装检验批质量验收记录、工序质量报验单

冷却水管道系统安装分项工程质量验收记录；冷却水管道系统（金属管道）安装检验批质量验收记录、工序质量报验单；冷却水管道系统（非金属管道）安装检验批质量验收记录、工序质量报验单

冷凝水管道系统安装分项工程质量验收记录；冷凝水（金属）管道系统安装检验批质量验收记录、工序质量报验单；冷凝水（非金属）管道系统安装检验批质量验收记录、工序质量报验单

阀门和部件安装分项工程质量验收记录；检验批质量验收记录、工序质量报验单

冷却塔安装分项工程质量验收记录；检验批质量验收记录、工序质量报验单

水泵及附属设备安装分项工程质量验收记录；检验批质量验收记录、工序质量报验单

管道与设备的防腐与绝热分项工程质量验收记录；检验批质量验收记录、工序质量报验单

系统调试分项工程质量验收记录；检验批质量验收记录、工序质量报验单

（6）空调净化系统　　子分部工程质量验收记录

风管制作分项工程质量验收记录；风管（金属风管）制作检验批质量验收记录、工序质量报验单；风管（非金属风管）制作检验批质量验收记录、工序质量报验单

部件制作分项工程质量验收记录；检验批质量验收记录、工序质量报验单

风管（净化空调）系统安装分项工程质量验收记录；检验批质量验收记录、工序质量报验单

风机与空气处理设备安装分项工程质量验收记录；检验批质量验收记录、工序质量报验单

消声设备制作与安装分项工程质量验收记录；检验批质量验收记录、工序质量报验单

风管与设备绝热分项工程质量验收记录；检验批质量验收记录、工序质量报验单

风管与设备防腐分项工程质量验收记录；检验批质量验收记录、工序质量报验单

高效过滤器安装分项工程质量验收记录；检验批质量验收记录、工序质量报验单

空调净化设备安装分项工程质量验收记；检验批质量验收记录、工序质量报验单

系统调试分项工程质量验收记录；检验批质量验收记录、工序质量报验单

（7）除尘系统　　子分部工程质量验收记录

风管与配件制作分项工程质量验收记录；风管（金属风管）与配件制作检验批质量验收记录、工序质量报验单

风管部件制作分项工程质量验收记录；检验批质量验收记录、工序质量报验单

风管系统安装分项工程质量验收记录；风管（送、排风、排烟）系统安装检验批质量

验收记录、工序质量报验单

　　风机安装分项工程质量验收记录；检验批质量验收记录、工序质量报验单

　　除尘器与排污设备分项工程质量验收记录；检验批质量验收记录、工序质量报验单

　　风管与设备防腐分项工程质量验收记录；检验批质量验收记录、工序质量报验单

　　风管与设备绝热分项工程质量验收记录；检验批质量验收记录、工序质量报验单

　　系统调试分项工程质量验收记录；检验批质量验收记录、工序质量报验单

03.01.01.03.02　　第1个车站建筑给水排水及采暖工程

（一）开工报告

（1）工程开工报审表

（2）工程概况表

（3）施工管理人员名单

（4）施工现场质量管理检查记录

（5）材料（构配件）进场使用报验单及附件（首批进场）

（6）设备进场使用报验单及附件

（7）关于工长与特殊工种的承包单位通用报审表及附件

（二）施工技术管理文件

（1）施工组织设计报审表及附件

（2）施工方案报审表及附件

（3）工程进度计划申报表及附件

（4）图纸审查记录

（5）技术交底记录

（三）分部工程验收文件

（1）建筑给水排水及采暖施工现场质量管理记录

（2）建筑给水排水及采暖分部工程质量验收记录

（3）建筑给水排水及采暖质量控制资料核查表

（4）建筑给水排水及采暖安全和功能检验资料核查及主要功能抽查记录

（5）建筑给水排水及采暖观感质量检查记录

（四）质量控制文件

（1）建筑给水排水及采暖工程材料、设备、器具出厂合格证及进场检（试）验报告汇总表

（2）建筑给水排水及采暖工程材料（构配件）进场使用报验单及附件（材料、设备、器具出厂合格证及进场检（试）验报告等）

（3）管道隐蔽记录

（4）管道支、吊架安装记录

（5）管道焊接检验记录

（6）楼板（屋面）立管洞盛水试验记录

（7）钢管伸缩器预拉伸安装记录

（8）塑料排水管伸缩器预留伸缩量记录

（9）设备基础交接验收记录

（10）管道保温验收记录

（11）设备单机试验运转记录

（12）锅炉烘炉记录

（13）锅炉煮炉记录

（14）阀门及散热器安装前水压试验记录

（15）承压管道系统（设备）强度和严密性水压试验记录

（16）非承压管道灌水试验记录

（17）给水、热水、采暖管道系统冲洗记录

（18）卫生器具满水试验记录

（19）地漏排水试验记录

（20）排水管道通球试验记录

（21）排水系统及卫生器具通水试验记录

（22）敞开水箱满水试验记录

（23）消火栓系统试射试验记录

（24）采暖系统试运行和调试

（25）安全阀及报警联动系统动作测试记录

（五）子分部、分项工程质量验收记录

（1）室内给水系统　　子分部工程质量验收记录

支架制作安装分项工程质量验收记录；检验批质量验收记录、工序质量报验单

给水管道及配件安装分项工程质量验收记录；检验批质量验收记录、工序质量报验单

室内消火栓系统安装分项工程质量验收记录；检验批质量验收记录、工序质量报验单

给水设备安装分项工程质量验收记录；检验批质量验收记录、工序质量报验单

管道防腐、绝热分项工程质量验收记录；检验批质量验收记录、工序质量报验单

（2）室内排水系统安装　　子分部工程质量验收记录

室内排水管道及配件安装分项工程质量验收记录；检验批质量验收记录、工序质量报验单

雨水管道及配件安装分项工程质量验收记录；检验批质量验收记录、工序质量报验单

排水设备安装分项工程质量验收记录；检验批质量验收记录、工序质量报验单

管道防腐、保温分项工程质量验收记录；检验批质量验收记录、工序质量报验单

（3）卫生器具安装　　子分部工程质量验收记录

卫生器具安装分项工程质量验收记录；检验批质量验收记录、工序质量报验单

卫生器具给水配件安装分项工程质量验收记录；检验批质量验收记录、工序质量报验单

卫生器具排水管道安装分项工程质量验收记录；检验批质量验收记录、工序质量报验单

管道防腐分项工程质量验收记录；检验批质量验收记录、工序质量报验单

（4）消防水系统　　子分部工程质量验收记录

消防泵组安装分项工程质量验收记录；检验批质量验收记录、工序质量报验单

消防水池分项工程质量验收记录；检验批质量验收记录、工序质量报验单

支架制作安装分项工程质量验收记录；检验批质量验收记录、工序质量报验单

消防水管道及配件安装分项工程质量验收记录；检验批质量验收记录、工序质量报验单

水喷淋管道及配件安装分项工程质量验收记录；检验批质量验收记录、工序质量报验单

喷洒开关安装分项工程质量验收记录；检验批质量验收记录、工序质量报验单

消火栓箱及设备安装分项工程质量验收记录；检验批质量验收记录、工序质量报验单

管道防腐、保温分项工程质量验收记录；检验批质量验收记录、工序质量报验单

管道试压、冲洗分项工程质量验收记录；检验批质量验收记录、工序质量报验单

系统调试分项工程质量验收记录；检验批质量验收记录、工序质量报验单

（5）水处理系统　　子分部工程质量验收记录

管道安装分项工程质量验收记录；检验批质量验收记录、工序质量报验单

设备安装分项工程质量验收记录；检验批质量验收记录、工序质量报验单

系统调试分项工程质量验收记录；检验批质量验收记录、工序质量报验单

（6）室外给水管网　　子分部工程质量验收记录

给水管道安装分项工程质量验收记录；检验批质量验收记录、工序质量报验单

管沟及井室分项工程质量验收记录；检验批质量验收记录、工序质量报验单

消防水泵接合器分项工程质量验收记录；检验批质量验收记录、工序质量报验单

（7）室外排水管网　　子分部工程质量验收记录

排水管道安装分项工程质量验收记录；检验批质量验收记录、工序质量报验单

排水管沟与井池分项工程质量验收记录；检验批质量验收记录、工序质量报验单

（8）采暖系统　　子分部工程质量验收记录

室内管道及配件安装分项工程质量验收记录；检验批质量验收记录、工序质量报验单

室外管道及配件安装分项工程质量验收记录；检验批质量验收记录、工序质量报验单

锅炉及附属设施安装分项工程质量验收记录；检验批质量验收记录、工序质量报验单

管道试压、冲洗分项工程质量验收记录；检验批质量验收记录、工序质量报验单

管道防腐、保温分项工程质量验收记录；检验批质量验收记录、工序质量报验单

系统调试分项工程质量验收记录；检验批质量验收记录、工序质量报验单

03.01.01.03.03　第1个车站建筑电气工程

（一）开工报告

（1）工程开工报审表

（2）工程概况表

（3）施工管理人员名单

（4）施工现场质量管理检查记录

（5）材料（构配件）进场使用报验单及附件（首批进场）

（6）设备进场使用报验单及附件

（7）关于工长与特殊工种的承包单位通用报审表及附件

（二）施工技术管理文件

（1）施工组织设计报审表及附件

（2）施工方案报审表及附件

（3）工程进度计划申报表及附件

（4）图纸审查记录

（5）技术交底记录

（三）分部工程验收文件

（1）建筑电气工程施工现场质量管理记录

（2）建筑电气分部工程质量验收记录

（3）建筑电气工程质量控制资料核查记录

（4）建筑电气工程安全和功能检验资料核查及主要功能抽查记录

（5）建筑电气工程观感质量检查记录

（四）质量控制文件

（1）建筑电气工程材料、设备、器具出厂合格证及进场检（试）验报告汇总表

（2）建筑电气工程材料（构配件）进场使用报验单及附件（材料、设备、器具出厂合格证及进场检（试）验报告等）

（3）线槽、电导管安装隐蔽工程验收记录

（4）重复接地（防雷接地）工程隐蔽验收记录

（5）防雷接地系统布置简图

（6）配线敷设施工隐蔽验收记录

（7）工序交接试验验收记录

（8）电气设备交接试验记录

（9）线路（设备）绝缘电阻测试记录

（10）接地电阻测试记录

（11）线路、插座、开关接地检验记录

（12）建筑照明通电、全负荷试运行记录

（13）大型灯具牢固性试验记录

（五）子分部、分项工程质量验收记录

（1）电气动力　　子分部工程质量验收记录

环控电柜箱、控制柜（屏、台）和动力、照明配电箱（盘）安装分项工程质量验收记录；检验批质量验收记录、工序质量报验单

低压电动机、电加热器及电动执行机构检查接线分项工程质量验收记录；检验批质量验收记录、工序质量报验单

低压电气动力设备试验和试运行分项工程质量验收记录；检验批质量验收记录、工序质量报验单

电缆桥架安装和桥架内电缆敷设分项工程质量验收记录；检验批质量验收记录、工序质量报验单

电线导管、电缆导管和线槽敷设分项工程质量验收记录；检验批质量验收记录、工序质量报验单

电线、电缆穿管和线槽敷线分项工程质量验收记录；检验批质量验收记录、工序质量报验单

电缆头制作、接线和线路绝缘测试分项工程质量验收记录；检验批质量验收记录、工

序质量报验单

开关、插座、风扇安装分项工程质量验收记录；检验批质量验收记录、工序质量报验单

（2）电气照明安装　　子分部工程质量验收记录

成套配电柜、控制柜（屏、台）和动力、照明配电箱（盘）安装分项工程质量验收记录；检验批质量验收记录、工序质量报验单

电线导管、电缆导管和线槽敷设分项工程质量验收记录；检验批质量验收记录、工序质量报验单

电线、电缆穿管和线槽敷设分项工程质量验收记录；检验批质量验收记录、工序质量报验单

槽板配线分项工程质量验收记录；检验批质量验收记录、工序质量报验单

电缆头制作、接线和线路绝缘测试分项工程质量验收记录；检验批质量验收记录、工序质量报验单

普通灯具安装分项工程质量验收记录；检验批质量验收记录、工序质量报验单

专用灯具安装分项工程质量验收记录；检验批质量验收记录、工序质量报验单

开关、插座、风扇安装分项工程质量验收记录；检验批质量验收记录、工序质量报验单

建筑物照明通电试运行分项工程质量验收记录；检验批质量验收记录、工序质量报验单

（3）防雷及接地安装　　子分部工程质量验收记录

接地装置安装分项工程质量验收记录；检验批质量验收记录、工序质量报验单

变配电室接地干线敷设分项工程质量验收记录；工序质量报验单、设分项工程检验验批质量验收记录

接地系统调试分项工程质量验收记录；工序质量报验单、分项工程检验验批质量验收记录

03.01.01.04　第1个车站装修工程

（一）开工报告

（1）工程开工报审表

（2）工程概况表

（3）施工管理人员名单

（4）施工现场质量管理检查记录

（5）材料（构配件）进场使用报验单及附件（首批进场）

（6）设备进场使用报验单及附件

（7）关于工长与特殊工种的承包单位通用报审表及附件

（二）施工技术管理文件

（1）施工组织设计报审表及附件

（2）施工方案报审表及附件

（3）工程进度计划申报表及附件

（4）图纸审查记录

（5）技术交底记录

（三）材料（构配件）、设备进场使用报验单、各种标准试验

（1）材料（构配件）进场使用报验单及附件（附：产品质量证明文件、合格证、说明书、试验报告等）

（2）各种标准试验报告

（四）装饰装修工程分部、子分部、分项工程质量验收记录

分部工程质量验收记录

（1）地面　　子分部工程质量验收记录

① 整体面层

基层分项工程质量验收记录；检验批质量验收记录、工序质量报验单

水泥混凝土面层分项工程质量验收记录；检验批质量验收记录、工序质量报验单

水泥砂浆面层分项工程质量验收记录；检验批质量验收记录、工序质量报验单

水磨石面层分项工程质量验收记录；检验批质量验收记录、工序质量报验单

防油渗面层分项工程质量验收记录；检验批质量验收记录、工序质量报验单

水泥钢（铁）屑面层分项工程质量验收记录；检验批质量验收记录、工序质量报验单

② 不发火（防爆的）面层

分项工程质量验收记录；检验批质量验收记录、工序质量报验单

③ 板块面层

基层分项工程质量验收记录；检验批质量验收记录、工序质量报验单

砖面层（陶瓷锦砖、缸砖、陶瓷地砖和水泥花砖面层等）分项工程质量验收记录；检验批质量验收记录、工序质量报验单

大理石和花岗岩面层分项工程质量验收记录；检验批质量验收记录、工序质量报验单

预制板块面层（预制水泥混凝土、水磨石板块面层等）分项工程质量验收记录；检验批质量验收记录、工序质量报验单

石料面层（条石、块石面层等）分项工程质量验收记录；检验批质量验收记录、工序质量报验单

塑料板面层分项工程质量验收记录；检验批质量验收记录、工序质量报验单

活动地板面层分项工程质量验收记录；检验批质量验收记录、工序质量报验单

④ 地毯面层　　分项工程质量验收记录；检验批质量验收记录、工序质量报验单

⑤ 木竹面层

基层分项工程质量验收记录；检验批质量验收记录、工序质量报验单

实木地板面层（条材、块材面层等）分项工程质量验收记录；检验批质量验收记录、工序质量报验单

实木复合地板面层（条材、块材面层等）分项工程质量验收记录；检验批质量验收记录、工序质量报验单

中密度（强化）复合地板面层（条材面层）分项工程质量验收记录；检验批质量验收记录、工序质量报验单

竹地板面层分项工程质量验收记录；检验批质量验收记录、工序质量报验单

（2）抹灰　　子分部工程质量验收记录

一般抹灰分项工程质量验收记录；检验批质量验收记录、工序质量报验单

装饰抹灰分项工程质量验收记录；检验批质量验收记录、工序质量报验单

清水砌体勾缝分项工程质量验收记录；检验批质量验收记录、工序质量报验单

（3）门窗　　子分部工程质量验收记录

木门窗制作与安装分项工程质量验收记录；检验批质量验收记录、工序质量报验单

金属门窗安装分项工程质量验收记录；检验批质量验收记录、工序质量报验单

塑料门窗安装分项工程质量验收记录；检验批质量验收记录、工序质量报验单

特种门安装分项工程质量验收记录；检验批质量验收记录、工序质量报验单、特种门安装分项工程（推拉自动门）检验批质量验收记录、工序质量报验单

门窗玻璃安装分项工程质量验收记录；检验批质量验收记录、工序质量报验单

（4）吊顶　　子分部工程质量验收记录

暗龙骨吊顶分项工程质量验收记录；检验批质量验收记录、工序质量报验单

明龙骨吊顶分项工程质量验收记录；检验批质量验收记录、工序质量报验单

（5）轻质隔墙　　子分部工程质量验收记录

板材隔墙分项工程质量验收记录；检验批质量验收记录、工序质量报验单

骨架隔墙分项工程质量验收记录；检验批质量验收记录、工序质量报验单

活动隔墙分项工程质量验收记录；检验批质量验收记录、工序质量报验单

玻璃隔墙分项工程质量验收记录；检验批质量验收记录、工序质量报验单

（6）饰面板（砖）　　子分部工程质量验收记录

饰面板（砖）安装分项工程质量验收记录；检验批质量验收记录、工序质量报验单

饰面板（砖）粘贴分项工程质量验收记录；检验批质量验收记录、工序质量报验单

（7）涂饰　　子分部工程质量验收记录

水性涂料涂饰分项工程质量验收记录；检验批质量验收记录、工序质量报验单

溶剂型涂料涂饰分项工程质量验收记录；检验批质量验收记录、工序质量报验单

美术涂饰分项工程质量验收记录；检验批质量验收记录、工序质量报验单

（8）裱糊与软包　　子分部工程质量验收记录

裱糊分项工程质量验收记录；检验批质量验收记录、工序质量报验单

软包分项工程质量验收记录；检验批质量验收记录、工序质量报验单

（9）细部　　子分部工程质量验收记录

橱柜制作与安装分项工程质量验收记录；检验批质量验收记录、工序质量报验单

窗帘盒、窗台板、和散热气罩制作与安装分项工程质量验收记录；检验批质量验收记录、工序质量报验单

门窗套制作与安装分项工程质量验收记录；检验批质量验收记录、工序质量报验单

护栏和扶手制作与安装分项工程质量验收记录；检验批质量验收记录、工序质量报验单

花饰制作与安装分项工程质量验收记录；检验批质量验收记录、工序质量报验单

（10）厕、浴间防水　　子分部工程质量验收记录；

找平层分项工程质量验收记录；检验批质量验收记录、工序质量报验单

涂膜防水、卷材防水层、塑料防水层等分项工程质量验收记录；检验批质量验收记录、工序质量报验单

防水保护层分项工程质量验收记录；检验批质量验收记录、工序质量报验单

（五）安装工程分部、子分部、分项工程质量验收记录

电气照明安装参照 03.01.01.03.03

给排水安装参照 03.01.01.03.02

（六）结构工程分部、子分部、分项工程质量验收记录

分部工程质量验收记录

（1）防水　　子分部工程质量验收记录

卷材防水层分项工程质量验收记录；检验批质量验收记录、工序质量报验单

涂料防水层分项工程质量验收记录；检验批质量验收记录、工序质量报验单

（2）结构混凝土　　子分部工程质量验收记录

施工测量报验单及附件

模板分项工程质量验收记录；检验批质量验收记录、工序质量报验单

混凝土分项工程质量验收记录；检验批质量验收记录、工序质量报验单、混凝土出厂合格证及浇筑记录表；水泥抗压强度试验报告

钢筋分项工程质量验收记录；检验批质量验收记录、工序质量报验单、隐蔽工程验收记录

现浇结构分项工程质量验收记录；检验批质量验收记录、工序质量报验单

（3）砌体结构　　子分部工程质量验收记录

混凝土小型空心砖砌体分项工程质量验收记录；检验批质量验收记录、工序质量报验单

填充墙砌体分项工程质量验收记录；检验批质量验收记录、工序质量报验单

（七）四小件分部、子分部、分项工程质量验收记录　　分部工程质量验收记录

（1）屋面　　子分部工程质量验收记录

保温层层分项工程质量验收记录；检验批质量验收记录、工序质量报验单

找平层层分项工程质量验收记录；检验批质量验收记录、工序质量报验单

卷材防水层分项工程质量验收记录；检验批质量验收记录、工序质量报验单

涂膜防水层分项工程质量验收记录；检验批质量验收记录、工序质量报验单

细部构造分项工程质量验收记录；检验批质量验收记录、工序质量报验单

金属幕墙分项工程质量验收记录；检验批质量验收记录、工序质量报验单

玻璃幕墙分项工程质量验收记录；检验批质量验收记录、工序质量报验单

（2）钢结构　　子分部工程质量验收记录

钢结构焊接分项工程质量验收记录；检验批质量验收记录、工序质量报验单

紧固件连接分项工程质量验收记录；检验批质量验收记录、工序质量报验单

零部件加工分项工程质量验收记录；检验批质量验收记录、工序质量报验单

钢构件组装分项工程质量验收记录；检验批质量验收记录、工序质量报验单

钢构件预拼装分项工程质量验收记录；检验批质量验收记录、工序质量报验单

单层钢结构安装分项工程质量验收记录；检验批质量验收记录、工序质量报验单

钢结构涂装（防腐涂料、防火涂料）组装分项工程质量验收记录；检验批质量验收记录、工序质量报验单

（八）雨篷分部、子分部、分项工程质量验收记录　　分部工程质量验收记录

（1）钢结构　　子分部工程质量验收记录

钢结构焊接分项工程质量验收记录；检验批质量验收记录、工序质量报验单

紧固件连接分项工程质量验收记录；检验批质量验收记录、工序质量报验单

零部件加工分项工程质量验收记录；检验批质量验收记录、工序质量报验单

钢构件组装分项工程质量验收记录；检验批质量验收记录、工序质量报验单

钢构件预拼装分项工程质量验收记录；检验批质量验收记录、工序质量报验单

单层钢结构安装分项工程质量验收记录；检验批质量验收记录、工序质量报验单

钢网架结构安装分项工程质量验收记录；检验批质量验收记录、工序质量报验单

钢结构涂装（防腐涂料、防火涂料）组装分项工程质量验收记录；检验批质量验收记录、工序质量报验单

（2）屋面　　子分部工程质量验收记录

金属板材屋面分项工程质量验收记录；检验批质量验收记录、工序质量报验单

玻璃屋面分项工程质量验收记录；检验批质量验收记录、工序质量报验单

密封材料嵌缝分项工程质量验收记录；检验批质量验收记录、工序质量报验单

细部构造分项工程质量验收记录；检验批质量验收记录、工序质量报验单

（九）外立面幕墙分部、子分部、分项工程质量验收记录　　分部工程质量验收记录

（1）抹灰　　子分部工程质量验收记录

一般抹灰分项工程质量验收记录；检验批质量验收记录、工序质量报验单

装饰抹灰分项工程质量验收记录；检验批质量验收记录、工序质量报验单

清水砌体勾缝分项工程质量验收记录；检验批质量验收记录、工序质量报验单

（2）幕墙　　子分部工程质量验收记录

金属幕墙分项工程质量验收记录；检验批质量验收记录、工序质量报验单

玻璃幕墙分项工程质量验收记录；检验批质量验收记录、工序质量报验单

石材幕墙分项工程质量验收记录；检验批质量验收记录、工序质量报验单

03.01.02　　第 2 个车站工程（内容同 03.01.01）

03.01.n　　第 n 个车站工程（内容同 03.01.01）

······

03.02　区间

03.02.01　第 1 个区间

（一）开工报告

（1）工程开工报审表

（2）工程概况表

（3）施工管理人员名单

（4）施工现场质量管理检查记录

（5）材料（构配件）进场使用报验单及附件（首批进场）

（6）设备进场使用报验单及附件

（7）关于工长与特殊工种的承包单位通用报审表及附件

（二）施工技术管理文件

（1）施工组织设计报审表及附件

（2）施工方案报审表及附件

（3）工程进度计划申报表及附件

（4）图纸审查记录

（5）技术交底记录

（三）首件工程报审表及附件

（1）首件工程报审表

（2）施工测量报验单及附件

（3）工序质量报验单及附件

（4）材料（构配件）进场使用报验单及附件

（5）设备进场使用报验单及附件

（6）检测报告

（四）材料（构配件）、设备进场使用报验单、各种标准试验

（1）材料（构配件）进场使用报验单及附件（附：产品质量证明文件、合格证、说明书、试验报告等）

（2）各种标准试验报告（混凝土配合比、标准击实试验等）

（五）明挖区间中间质量控制文件

（1）地基基础与支护工程　　分部工程质量验收记录

①土方工程　　子分部工程质量验收记录

土方开挖分项工程质量验收记录；施工测量报验单及附件；检验批质量验收记录、工序质量报验单、地基验槽记录及地基处理记录

土方回填分项工程质量验收记录；检验批质量验收记录、工序质量报验单、施工现场试验检测记录、压实度试验记录

② 支护工程　　子分部工程质量验收记录

地下连续墙支护分项工程质量验收记录；施工测量报验单及附件；成槽检验批质量验收记录、工序质量报验单；钢筋加工及安装检验批质量验收记录、工序质量报验单、隐蔽工程验收记录；混凝土浇筑检验批质量验收记录、工序质量报验单、混凝土出厂合格证及浇筑记录表；水泥抗压强度试验报告、高程及偏位复测记录

水泥土搅拌桩、高压喷射注浆支护分项工程质量验收记录；施工测量报验单及附件；检验批质量验收记录、工序质量报验单、施工现场检测记录

SMW桩支护分项工程质量验收记录；施工测量报验单及附件；水泥土搅拌检验批质量验收记录、工序质量报验单、施工现场检测记录；型钢插拔检验批质量验收记录、工序质量报验单、施工现场检测记录

混凝土灌注桩分项工程质量验收记录；施工测量报验单及附件；成孔检验批质量验收记录、工序质量报验单、钻进记录；钢筋加工及安装检验批质量验收记录、工序质量报验单、隐蔽工程验收记录；混凝土浇筑检验批质量验收记录、工序质量报验单、混凝土出厂合格证及浇筑记录表；水泥抗压强度试验报告、高程及偏位复测记录

锚杆及土钉墙支护、钢筋网喷混凝土、钢或混凝土支撑等分项工程质量验收记录；施工测量报验单及附件；检验批质量验收记录、工序质量报验单、施工现场检测记录

降水与排水分项工程质量验收记录；施工测量报验单及附件；检验批质量验收记录、

工序质量报验单、洗井施工记录表、井点降水记录表

冠梁分项工程质量验收记录；施工测量报验单及附件；模板安装检验批质量验收记录、工序质量报验单；钢筋加工及安装检验批质量验收记录、工序质量报验单、隐蔽工程验收记录；混凝土浇筑检验批质量验收记录、工序质量报验单、混凝土出厂合格证及浇筑记录表；模板拆除检验批质量验收记录、工序质量报验单；水泥抗压强度试验报告、高程及偏位复测记录

冷冻分项工程质量验收记录；检验批质量验收记录、工序质量报验单、施工现场检测记录

③ 地基处理   子分部工程质量验收记录

高压喷射注浆地基、注浆地基、水泥土搅拌桩地基等分项工程质量验收记录；施工测量报验单及附件；检验批质量验收记录、工序质量报验单、施工现场检测记录

④ 桩基础   子分部工程质量验收记录

钢筋混凝土灌注桩分项工程质量验收记录；施工测量报验单及附件；成孔检验批质量验收记录、工序质量报验单、钻进记录；钢筋加工及安装检验批质量验收记录、工序质量报验单、隐蔽工程验收记录；混凝土浇筑检验批质量验收记录、工序质量报验单、混凝土出厂合格证及浇筑记录表；水泥抗压强度试验报告、高程及偏位复测记录

（2）防水工程   分部工程质量验收记录

防水混凝土分项工程质量验收记录；施工测量报验单及附件；检验批质量验收记录、工序质量报验单、施工现场检测记录

水泥砂浆防水层、卷材防水层、涂料防水层分项工程质量验收记录；施工测量报验单及附件；检验批质量验收记录、工序质量报验单、基面检查记录、铺装记录、检查记录、隐蔽工程验收记录

细部构造分项工程质量验收记录；施工测量报验单及附件；检验批质量验收记录、工序质量报验单、施工现场检测记录

（3）主体结构工程   分部工程质量验收记录

① 混凝土结构   子分部工程质量验收记录

分项工程质量验收记录；施工测量报验单及附件；模板安装检验批质量验收记录、工序质量报验单；钢筋加工及安装检验批质量验收记录、工序质量报验单、隐蔽工程验收记录；混凝土浇筑检验批质量验收记录、工序质量报验单、混凝土出厂合格证及浇筑记录表；模板拆除检验批质量验收记录、工序质量报验单；现浇结构检验批质量验收记录、工序质量报验单；装配式结构检验批质量验收记录、工序质量报验单；水泥抗压强度试验报告、高程及偏位复测记录

② 砌体结构   子分部工程质量验收记录

砖砌体分项工程质量验收记录；施工测量报验单及附件；检验批质量验收记录、工序质量报验单、施工现场检测记录

混凝土小型空心砌块砌体分项工程质量验收记录；施工测量报验单及附件；检验批质量验收记录、工序质量报验单、施工现场检测记录

配筋砖砌体分项工程质量验收记录；施工测量报验单及附件；检验批质量验收记录、工序质量报验单、施工现场检测记录

填充墙砌体分项工程质量验收记录；施工测量报验单及附件；检验批质量验收记录、工序质量报验单、施工现场检测记录

石砌体分项工程质量验收记录；施工测量报验单及附件；检验批质量验收记录、工序质量报验单、施工现场检测记录

③ 劲性混凝土　　子分部工程质量验收记录

分项工程质量验收记录；施工测量报验单及附件；劲钢（管）焊接检验批质量验收记录、工序质量报验单、施工现场检测记录；螺栓连接检验批质量验收记录、工序质量报验单、施工现场检测记录；劲钢（管）与钢筋的连接检验批质量验收记录、工序质量报验单、施工现场检测记录；劲钢（管）制作检验批质量验收记录、工序质量报验单、施工现场检测记录；劲钢（管）安装检验批质量验收记录、工序质量报验单、施工现场检测记录；混凝土浇筑检验批质量验收记录、工序质量报验单、混凝土出厂合格证及浇筑记录表；水泥抗压强度试验报告、高程及偏位复测记录

（4）接地网　　分部工程质量验收记录

接地装置安装分项工程质量验收记录；施工测量报验单及附件；检验批质量验收记录、工序质量报验单、接地装置测试报告、接地网检验表

（5）附属工程　　分部工程质量验收记录

① 泵房　　子分部工程质量验收记录

分项工程质量验收记录；施工测量报验单及附件；支护工程检验批质量验收记录、工序质量报验单、施工现场检测记录；土方开挖检验批质量验收记录、工序质量报验单、地基验槽记录及地基处理记录；模板与支架检验批质量验收记录、工序质量报验单、施工现场检测记录；钢筋检验批质量验收记录、工序质量报验单、隐蔽工程验收记录；混凝土浇筑检验批质量验收记录、工序质量报验单、混凝土出厂合格证及浇筑记录表；水泥抗压强度试验报告、高程及偏位复测记录；衬砌检验批质量验收记录、工序质量报验单、施工现场检测记录；防水和排水检验批质量验收记录、工序质量报验单、施工现场检测记录；土体加固检验批质量验收记录、工序质量报验单、施工现场检测记录

② 风井、风道　　子分部工程质量验收记录

分项工程质量验收记录；施工测量报验单及附件；支护工程检验批质量验收记录、工序质量报验单、施工现场检测记录；土方开挖检验批质量验收记录、工序质量报验单、地基验槽记录及地基处理记录；模板与支架检验批质量验收记录、工序质量报验单、施工现场检测记录；钢筋检验批质量验收记录、工序质量报验单、隐蔽工程验收记录；混凝土浇筑检验批质量验收记录、工序质量报验单、混凝土出厂合格证及浇筑记录表；水泥抗压强度试验报告、高程及偏位复测记录；衬砌检验批质量验收记录、工序质量报验单、施工现场检测记录；防水和排水检验批质量验收记录、工序质量报验单、施工现场检测记录；土体加固检验批质量验收记录、工序质量报验单、施工现场检测记录

（六）暗挖区间中间质量控制文件

（1）洞口工程　　分部工程质量验收记录

洞身开挖分项工程质量验收记录；施工测量报验单及附件、检验批质量验收记录、工序质量报验单、施工现场检测记录

洞口钢筋分项工程质量验收记录；检验批质量验收记录、工序质量报验单、隐蔽工程

验收记录

洞口模板分项工程质量验收记录；检验批质量验收记录、工序质量报验单、隐蔽工程验收记录

洞口混凝土浇筑分项工程质量验收记录；检验批质量验收记录、工序质量报验单、混凝土出厂合格证及浇筑记录表；水泥抗压强度试验报告、高程及偏位复测记录

洞口防护分项工程质量验收记录；检验批质量验收记录、工序质量报验单、施工现场检测记录

（2）明洞工程　　分部工程质量验收记录

土方开挖分项工程质量验收记录；施工测量报验单及附件；检验批质量验收记录、工序质量报验单、地基验槽记录及地基处理记录

支护工程分项工程质量验收记录；施工测量报验单及附件；检验批质量验收记录、工序质量报验单、施工现场检测记录

衬砌分项工程质量验收记录；施工测量报验单及附件；检验批质量验收记录、工序质量报验单、混凝土出厂合格证及浇筑记录表；水泥抗压强度试验报告、高程及偏位复测记录

土体加固（旋喷、搅拌、注浆、冷冻、降水等）分项工程质量验收记录；检验批质量验收记录、工序质量报验单、施工现场试验检测记录

回填分项工程质量验收记录；检验批质量验收记录、工序质量报验单、施工现场试验检测记录、压实度试验记录

（3）竖井及横通道　　分部工程质量验收记录

①竖井　　子分部工程质量验收记录

基坑围护地下连续墙分项工程质量验收记录；施工测量报验单及附件；成槽检验批质量验收记录、工序质量报验单；钢筋加工及安装检验批质量验收记录、工序质量报验单、隐蔽工程验收记录；混凝土浇筑检验批质量验收记录、工序质量报验单、混凝土出厂合格证及浇筑记录表；水泥抗压强度试验报告、高程及偏位复测记录

基坑围护钻孔灌注桩分项工程质量验收记录；施工测量报验单及附件；成孔检验批质量验收记录、工序质量报验单、钻进记录；钢筋加工及安装检验批质量验收记录、工序质量报验单、隐蔽工程验收记录；混凝土浇筑检验批质量验收记录、工序质量报验单、混凝土出厂合格证及浇筑记录表；水泥抗压强度试验报告、高程及偏位复测记录

基坑围护钢格栅喷射混凝土等分项工程质量验收记录；检验批质量验收记录、工序质量报验单、施工现场试验检测记录

锁口圈分项工程质量验收记录；检验批质量验收记录、工序质量报验单、施工现场试验检测记录

土方开挖分项工程质量验收记录；施工测量报验单及附件；检验批质量验收记录、工序质量报验单、地基验槽记录及地基处理记录

支护工程分项工程质量验收记录；检验批质量验收记录、工序质量报验单、施工现场检测记录

衬砌分项工程质量验收记录；施工测量报验单及附件；钢筋检验批质量验收记录、工序质量报验单、隐蔽工程验收记录；模板检验批质量验收记录、工序质量报验单；混凝土

浇筑检验批质量验收记录、工序质量报验单、混凝土出厂合格证及浇筑记录表；水泥抗压强度试验报告、高程及偏位复测记录

防水和排水分项工程质量验收记录；检验批质量验收记录、工序质量报验单、施工现场检测记录

竖井回填（土方、混凝土、砌体等）分项工程质量验收记录；检验批质量验收记录、工序质量报验单、施工现场试验检测记录、压实度试验记录

土体加固（旋喷、搅拌、注浆等）分项工程质量验收记录；检验批质量验收记录、工序质量报验单、施工现场试验检测记录

② 横通道　　子分部工程质量验收记录

洞身开挖分项工程质量验收记录；施工测量报验单及附件、检验批质量验收记录、工序质量报验单、施工现场检测记录

土体加固（旋喷、搅拌、注浆、冷冻、降水等）分项工程质量验收记录；检验批质量验收记录、工序质量报验单、施工现场试验检测记录

超前小导管、管棚、锚杆（含锁脚）、锚索、钢筋网、钢架（格栅钢架、型钢钢架）、喷射混凝土、回填注浆等分项工程质量验收记录；施工测量报验单及附件；检验批质量验收记录、工序质量报验单、施工现场试验检测记录

衬砌分项工程质量验收记录；施工测量报验单及附件；钢筋检验批质量验收记录、工序质量报验单、隐蔽工程验收记录；模板检验批质量验收记录、工序质量报验单；混凝土浇筑检验批质量验收记录、工序质量报验单、混凝土出厂合格证及浇筑记录表；水泥抗压强度试验报告、高程及偏位复测记录

防水和排水分项工程质量验收记录；检验批质量验收记录、工序质量报验单、施工现场检测记录

横通道回填分项工程质量验收记录；检验批质量验收记录、工序质量报验单、施工现场试验检测记录、压实度试验记录

（4）洞身开挖　　分部工程质量验收记录

洞身开挖分项工程质量验收记录；施工测量报验单及附件；检验批质量验收记录、工序质量报验单、施工现场检测记录

隧底开挖分项工程质量验收记录；施工测量报验单及附件、检验批质量验收记录、工序质量报验单、施工现场检测记录

（5）主体结构　　分部工程质量验收记录

① 支护工程　　子分部工程质量验收记录

超前小导管、管棚、锚杆、锚索、钢筋网、钢架、喷射混凝土、回填注浆等分项工程质量验收记录；施工测量报验单及附件；检验批质量验收记录、工序质量报验单、施工现场试验检测记录

② 衬砌　　子分部工程质量验收记录

衬砌分项工程质量验收记录；施工测量报验单及附件；衬砌钢筋检验批质量验收记录、工序质量报验单、隐蔽工程验收记录；衬砌模板分检验批质量验收记录、工序质量报验单；衬砌混凝土浇筑检验批质量验收记录、工序质量报验单、混凝土出厂合格证及浇筑记录表；水泥抗压强度试验报告、高程及偏位复测记录

底板混凝土分项工程质量验收记录；施工测量报验单及附件；底板钢筋检验批质量验收记录、工序质量报验单、隐蔽工程验收记录；底板模板分检验批质量验收记录、工序质量报验单；底板混凝土检验批质量验收记录、工序质量报验单、混凝土出厂合格证及浇筑记录表；水泥抗压强度试验报告、高程及偏位复测记录

仰拱混凝土分项工程质量验收记录；施工测量报验单及附件；仰拱钢筋检验批质量验收记录、工序质量报验单、隐蔽工程验收记录；仰拱模板分检验批质量验收记录、工序质量报验单；仰拱混凝土检验批质量验收记录、工序质量报验单、混凝土出厂合格证及浇筑记录表；水泥抗压强度试验报告、高程及偏位复测记录

仰拱填充分项工程质量验收记录；检验批质量验收记录、工序质量报验单、施工现场试验检测记录

仰拱回填注浆分项工程质量验收记录；检验批质量验收记录、工序质量报验单、注浆记录

③ 砌体结构　　子分部工程质量验收记录

砖砌体分项工程质量验收记录；施工测量报验单及附件；检验批质量验收记录、工序质量报验单、施工现场检测记录

混凝土小型空心砌块砌体分项工程质量验收记录；施工测量报验单及附件；检验批质量验收记录、工序质量报验单、施工现场检测记录

石砌体分项工程质量验收记录；施工测量报验单及附件；检验批质量验收记录、工序质量报验单、施工现场检测记录

填充墙砌体分项工程质量验收记录；施工测量报验单及附件；检验批质量验收记录、工序质量报验单、施工现场检测记录

配筋砖砌体分项工程质量验收记录；施工测量报验单及附件；检验批质量验收记录、工序质量报验单、施工现场检测记录

（6）防水与排水　　分部工程质量验收记录

洞口防排水、洞内排水沟（槽）、施工缝与变形缝处理、卷材防水层、涂料防水层、金属板防水层、塑料板防水层、膨润土防水毯防水层、细部构造、注浆防水、防水盲管（沟）、防水混凝土、水泥砂浆防水层等分项工程质量验收记录；施工测量报验单及附件；检验批质量验收记录、工序质量报验单、施工现场检测记录

（7）附属工程　　分部工程质量验收记录

① 联络通道　　子分部工程质量验收记录

超前小导管、管棚、地层加固注浆、锚杆（含锁脚）、锚索、钢筋网、钢架（格栅钢架、型钢钢架）喷射混凝土等分项工程质量验收记录；施工测量报验单及附件；检验批质量验收记录、工序质量报验单、施工现场试验检测记录

土方开挖分项工程质量验收记录；施工测量报验单及附件；检验批质量验收记录、工序质量报验单、地基验槽记录及地基处理记录

衬砌分项工程质量验收记录；施工测量报验单及附件；衬砌钢筋检验批质量验收记录、工序质量报验单、隐蔽工程验收记录；衬砌模板检验批质量验收记录、工序质量报验单；衬砌混凝土浇筑检验批质量验收记录、工序质量报验单、混凝土出厂合格证及浇筑记录表；水泥抗压强度试验报告、高程及偏位复测记录

防水分项工程质量验收记录；检验批质量验收记录、工序质量报验单、施工现场试验检测记录

回填注浆分项工程质量验收记录；检验批质量验收记录、工序质量报验单、注浆记录

② 泵房　　子分部工程质量验收记录

超前小导管、管棚、地层加固注浆、锚杆（含锁脚）、锚索、钢筋网、钢架（格栅钢架、型钢钢架）喷射混凝土等分项工程质量验收记录；施工测量报验单及附件；检验批质量验收记录、工序质量报验单、施工现场试验检测记录

土方开挖分项工程质量验收记录；施工测量报验单及附件；检验批质量验收记录、工序质量报验单、地基验槽记录及地基处理记录

衬砌分项工程质量验收记录；施工测量报验单及附件；衬砌钢筋检验批质量验收记录、工序质量报验单、隐蔽工程验收记录；衬砌模板检验批质量验收记录、工序质量报验单；衬砌混凝土浇筑检验批质量验收记录、工序质量报验单、混凝土出厂合格证及浇筑记录表；水泥抗压强度试验报告、高程及偏位复测记录

防水分项工程质量验收记录；检验批质量验收记录、工序质量报验单、施工现场试验检测记录

回填注浆分项工程质量验收记录；检验批质量验收记录、工序质量报验单、注浆记录

③ 风井及风道　　子分部工程质量验收记录

基坑围护地下连续墙分项工程质量验收记录；施工测量报验单及附件；成槽检验批质量验收记录、工序质量报验单；钢筋加工及安装检验批质量验收记录、工序质量报验单、隐蔽工程验收记录；混凝土浇筑检验批质量验收记录、工序质量报验单、混凝土出厂合格证及浇筑记录表；水泥抗压强度试验报告、高程及偏位复测记录

基坑围护钻孔灌注桩分项工程质量验收记录；施工测量报验单及附件；成孔检验批质量验收记录、工序质量报验单、钻进记录；钢筋加工及安装检验批质量验收记录、工序质量报验单、隐蔽工程验收记录；混凝土浇筑检验批质量验收记录、工序质量报验单、混凝土出厂合格证及浇筑记录表；水泥抗压强度试验报告、高程及偏位复测记录

基坑围护钢格栅喷射混凝土等分项工程质量验收记录；检验批质量验收记录、工序质量报验单、施工现场试验检测记录

土方开挖分项工程质量验收记录；施工测量报验单及附件；检验批质量验收记录、工序质量报验单、地基验槽记录及地基处理记录

衬砌分项工程质量验收记录；施工测量报验单及附件；衬砌钢筋检验批质量验收记录、工序质量报验单、隐蔽工程验收记录；衬砌模板检验批质量验收记录、工序质量报验单；衬砌混凝土浇筑检验批质量验收记录、工序质量报验单、混凝土出厂合格证及浇筑记录表；水泥抗压强度试验报告、高程及偏位复测记录

防水分项工程质量验收记录；检验批质量验收记录、工序质量报验单、施工现场试验检测记录

地层加固注浆分项工程质量验收记录；检验批质量验收记录、工序质量报验单、注浆记录

回填（土方、混凝土、砌体等）分项工程质量验收记录；施工测量报验单及附件；检验批质量验收记录、工序质量报验单、施工现场试验检测记录、压实度试验记录

土体加固（旋喷、搅拌、冷冻、注浆等）分项工程质量验收记录；施工测量报验单及附件；检验批质量验收记录、工序质量报验单、施工现场试验检测记录

（七）盾构区间中间质量控制文件

（1）竖井及风井　　分部工程质量验收记录

基坑支护分项工程质量验收记录；施工测量报验单及附件；检验批质量验收记录、工序质量报验单、施工现场试验检测记录

地基加固分项工程质量验收记录；施工测量报验单及附件；检验批质量验收记录、工序质量报验单、施工现场试验检测记录

土方开挖分项工程质量验收记录；施工测量报验单及附件；检验批质量验收记录、工序质量报验单、地基验槽记录及地基处理记录

主体结构分项工程质量验收记录；施工测量报验单及附件；检验批质量验收记录、工序质量报验单、施工现场试验检测记录

防水分项工程质量验收记录；检验批质量验收记录、工序质量报验单、施工现场试验检测记录

（2）洞门工程　　分部工程质量验收记录

结构分项工程质量验收记录；施工测量报验单及附件；模板安装检验批质量验收记录、工序质量报验单；钢筋加工及安装检验批质量验收记录、工序质量报验单、隐蔽工程验收记录；混凝土浇筑检验批质量验收记录、工序质量报验单、混凝土出厂合格证及浇筑记录表；模板拆除检验批质量验收记录、工序质量报验单；水泥抗压强度试验报告、高程及偏位复测记录

防水分项工程质量验收记录；检验批质量验收记录、工序质量报验单、施工现场检测记录

土体加固（旋喷、搅拌、冷冻、注浆等）分项工程质量验收记录；检验批质量验收记录、工序质量报验单、施工现场试验检测记录

（3）管片制作　　分部工程质量验收记录

分项工程质量验收记录；模具检验批质量验收记录、工序质量报验单、模具检测记录；钢筋加工及安装检验批质量验收记录、工序质量报验单、隐蔽工程验收记录；混凝土浇筑检验批质量验收记录、工序质量报验单、混凝土出厂合格证及浇筑记录表；成品检验批质量验收记录、工序质量报验单、水泥抗压强度试验报告

钢管片分项工程质量验收记录；检验批质量验收记录、工序质量报验单、施工现场试验检测记录

（4）盾构掘进与管片拼装　　分部工程质量验收记录

盾构掘进分项工程质量验收记录；检验批质量验收记录、工序质量报验单、施工记录、姿态实测记录、拌浆记录、同步注浆记录、二次注浆记录

管片拼装分项工程质量验收记录；检验批质量验收记录、工序质量报验单、基面检查记录、铺装记录、检查记录、隐蔽工程验收记录

壁后注浆分项工程质量验收记录；检验批质量验收记录、工序质量报验单、注浆记录

成型隧道分项工程质量验收记录；工序质量报验、检验批质量验收记录、拼装记录表

（5）联络通道或泵房　　分部工程质量验收记录

① 洞身开挖　　子分部工程质量验收记录

洞身开挖分项工程质量验收记录；施工测量报验单及附件；检验批质量验收记录、工序质量报验单、施工现场检测记录

隧底开挖分项工程质量验收记录；施工测量报验单及附件；检验批质量验收记录、工序质量报验单、施工现场检测记录

② 支护工程　　子分部工程质量验收记录

喷射混凝土、锚杆、钢筋网、钢架等：分项工程质量验收记录；施工测量报验单及附件；检验批质量验收记录、工序质量报验单、施工现场试验检测记录

超前小导管分项工程质量验收记录；施工测量报验单及附件；超前小导管制作检验批质量验收记录、工序质量报验单、施工现场检测记录；超前小导管安装检验批质量验收记录、工序质量报验单、施工现场检测记录；超前小导管注浆检验批质量验收记录、工序质量报验单、注浆记录

管棚分项工程质量验收记录；施工测量报验单及附件；管棚制作检验批质量验收记录、工序质量报验单、施工现场检测记录；管棚安装检验批质量验收记录、工序质量报验单、施工现场检测记录；管棚注浆检验批质量验收记录、工序质量报验单、注浆记录

土体加固（旋喷、搅拌、冷冻等）分项工程质量验收记录；检验批质量验收记录、工序质量报验单、施工现场试验检测记录

③ 衬砌　　子分部工程质量验收记录

衬砌分项工程质量验收记录；施工测量报验单及附件；模板检验批质量验收记录、工序质量报验单；钢筋检验批质量验收记录、工序质量报验单、隐蔽工程验收记录；混凝土浇筑检验批质量验收记录、工序质量报验单、混凝土出厂合格证及浇筑记录表；水泥抗压强度试验报告、高程及偏位复测记录

底板分项工程质量验收记录；施工测量报验单及附件；底板模板检验批质量验收记录、工序质量报验单；底板钢筋检验批质量验收记录、工序质量报验单、隐蔽工程验收记录；混凝土浇筑检验批质量验收记录、工序质量报验单、混凝土出厂合格证及浇筑记录表；水泥抗压强度试验报告、高程及偏位复测记录

仰拱分项工程质量验收记录；施工测量报验单及附件；仰拱模板检验批质量验收记录、工序质量报验单；仰拱钢筋检验批质量验收记录、工序质量报验单、隐蔽工程验收记录；混凝土浇筑检验批质量验收记录、工序质量报验单、混凝土出厂合格证及浇筑记录表；水泥抗压强度试验报告、高程及偏位复测记录

仰拱填充分项工程质量验收记录；检验批质量验收记录、工序质量报验单、施工现场试验检测记录

回填注浆分项工程质量验收记录；检验批质量验收记录、工序质量报验单、注浆记录

④ 防水　　子分部工程质量验收记录

施工缝与变形缝处理、防水板防水、涂料防水层防水、注浆防水、盲管（沟）等分项工程质量验收记录；施工测量报验单及附件；检验批质量验收记录、工序质量报验单、施工现场检测记录

（6）内部结构　　分部工程质量验收记录

① 预制结构　　子分部工程质量验收记录

分项工程质量验收记录；模板安装检验批质量验收记录、工序质量报验单；钢筋加工及安装检验批质量验收记录、工序质量报验单、隐蔽工程验收记录；混凝土浇筑检验批质量验收记录、工序质量报验单、混凝土出厂合格证及浇筑记录表；模板拆除检验批质量验收记录、工序质量报验单；装配式结构检验批质量验收记录、工序质量报验单；水泥抗压强度试验报告、高程及偏位复测记录

② 现浇结构　　子分部工程质量验收记录

分项工程质量验收记录；施工测量报验单及附件；模板安装检验批质量验收记录、工序质量报验单；钢筋加工及安装检验批质量验收记录、工序质量报验单、隐蔽工程验收记录；混凝土浇筑检验批质量验收记录、工序质量报验单、混凝土出厂合格证及浇筑记录表；模板拆除检验批质量验收记录、工序质量报验单；水泥抗压强度试验报告、高程及偏位复测记录

（八）路基区间中间质量控制文件

（1）地基处理　　分部工程质量验收记录

原地面平整碾压、换填、木桩、塑料排水板、碎石桩、堆载预压、砂（碎石）垫层、土工合成材料、复合土工膜隔断层、静力压桩、灰土地基、高压喷射注浆地基、注浆地基等分项工程质量验收记录；施工测量报验单及附件；检验批质量验收记录、工序质量报验单、施工现场试验检测记录

（2）基床以下路堤　　分部工程质量验收记录

一般路堤填筑分项工程质量验收记录；施工测量报验单及附件；检验批质量验收记录、工序质量报验单、施工现场试验检测记录、压实度试验记录

路堤边坡分项工程质量验收记录；施工测量报验单及附件；检验批质量验收记录、工序质量报验单、施工现场试验检测记录

路堤与桥台间过渡段填筑分项工程质量验收记录；施工测量报验单及附件；检验批质量验收记录、工序质量报验单、施工现场试验检测记录、压实度试验记录

填石路堤分项工程质量验收记录；施工测量报验单及附件；检验批质量验收记录、工序质量报验单、施工现场试验检测记录、压实度试验记录

（3）基床　　分部工程质量验收记录

基床底层分项工程质量验收记录；施工测量报验单及附件；检验批质量验收记录、工序质量报验单、施工现场试验检测记录、压实度试验记录

基床表层分项工程质量验收记录；施工测量报验单及附件；检验批质量验收记录、工序质量报验单、施工现场试验检测记录、压实度试验记录

路基面分项工程质量验收记录；施工测量报验单及附件；检验批质量验收记录、工序质量报验单、施工现场试验检测记录、压实度试验记录

（4）路堑　　分部工程质量验收记录

路堑基床底层分项工程质量验收记录；施工测量报验单及附件；检验批质量验收记录、工序质量报验单、施工现场试验检测记录、压实度试验记录

路堑基床表层分项工程质量验收记录；施工测量报验单及附件；检验批质量验收记

录、工序质量报验单、施工现场试验检测记录、压实度试验记录

路堑开挖分项工程质量验收记录；施工测量报验单及附件；检验批质量验收记录、工序质量报验单、地基验槽记录及地基处理记录

（5）路基支挡　　分部工程质量验收记录

① 重力式挡墙　　子分部工程质量验收记录

明挖基坑分项工程质量验收记录；施工测量报验单及附件；检验批质量验收记录、工序质量报验单、地基验槽记录及地基处理记录

基础分项工程质量验收记录；施工测量报验单及附件；检验批质量验收记录、工序质量报验单、施工现场试验检测记录

挡墙墙身及墙背填筑分项工程质量验收记录；施工测量报验单及附件；钢筋加工及安装检验批质量验收记录、工序质量报验单、隐蔽工程验收记录；模板安装检验批质量验收记录、工序质量报验单；混凝土浇筑检验批质量验收记录、工序质量报验单、混凝土出厂合格证及浇筑记录表；水泥抗压强度试验报告、高程及偏位复测记录

墙背填筑检验批质量验收记录、工序质量报验单、施工现场试验检测记录、压实度试验记录

② 扶壁式挡墙　　子分部工程质量验收记录

明挖基坑分项工程质量验收记录；施工测量报验单及附件；检验批质量验收记录、工序质量报验单、地基验槽记录及地基处理记录

墙趾板分项工程质量验收记录；施工测量报验单及附件；检验批质量验收记录、工序质量报验单、施工现场试验检测记录

墙踵板分项工程质量验收记录；施工测量报验单及附件；检验批质量验收记录、工序质量报验单、施工现场试验检测记录

墙面板分项工程质量验收记录；施工测量报验单及附件；检验批质量验收记录、工序质量报验单、施工现场试验检测记录

扶壁分项工程质量验收记录；施工测量报验单及附件；检验批质量验收记录、工序质量报验单、施工现场试验检测记录

（6）路基防护　　分部工程质量验收记录

植物防护分项工程质量验收记录；施工测量报验单及附件；检验批质量验收记录、工序质量报验单、施工现场试验检测记录

混凝土、浆砌护坡（墙）分项工程质量验收记录；施工测量报验单及附件；检验批质量验收记录、工序质量报验单、施工现场试验检测记录

边坡挂网锚喷防护分项工程质量验收记录；施工测量报验单及附件；检验批质量验收记录、工序质量报验单、施工现场试验检测记录

边坡勾缝、灌浆、填缝、嵌补等分项工程质量验收记录；检验批质量验收记录、工序质量报验单、施工现场试验检测记录

（7）路基排水　　分部工程质量验收记录

地表排水沟分项工程质量验收记录；施工测量报验单及附件；检验批质量验收记录、工序质量报验单、施工现场试验检测记录；

急流槽、地下排水、排水管道、检查井及沉淀井等分项工程质量验收记录；施工测量

284

报验单及附件；检验批质量验收记录、工序质量报验单、施工现场试验检测记录

（8）路基附属工程　　分部工程质量验收记录

栏杆分项工程质量验收记录；施工测量报验单及附件；检验批质量验收记录、工序质量报验单、施工现场试验检测记录

检查梯分项工程质量验收记录；施工测量报验单及附件；检验批质量验收记录、工序质量报验单、施工现场试验检测记录

隔离栅栏分项工程质量验收记录；施工测量报验单及附件；检验批质量验收记录、工序质量报验单、施工现场试验检测记录

（9）声屏障　　分部工程质量验收记录

钢结构焊接分项工程质量验收记录；检验批质量验收记录、工序质量报验单、施工现场试验检测记录

钢结构紧固件安装分项工程质量验收记录；检验批质量验收记录、工序质量报验单、施工现场试验检测记录

钢结构紧涂装分项工程质量验收记录；检验批质量验收记录、工序质量报验单、施工现场试验检测记录

吸隔声板安装（吸声板粘贴）分项工程质量验收记录；检验批质量验收记录、工序质量报验单、施工现场试验检测记录

隔声墙砌筑分项工程质量验收记录；施工测量报验单及附件、检验批质量验收记录、工序质量报验单、施工现场试验检测记录

（九）高架区间中间质量控制文件

（1）地基及基础　　分部工程质量验收记录

① 地基处理　　子分部工程质量验收记录

地基加固分项工程质量验收记录；施工测量报验单及附件；检验批质量验收记录、工序质量报验单、施工现场试验检测记录

局部地基处理分项工程质量验收记录；施工测量报验单及附件；检验批质量验收记录、工序质量报验单、施工现场试验检测记录

② 明挖基础　　子分部工程质量验收记录

分项工程质量验收记录；施工测量报验单及附件；基坑检验批质量验收记录、工序质量报验单、地基验槽记录及地基处理记录；模板及支架检验批质量验收记录、工序质量报验单；钢筋加工及安装检验批质量验收记录、工序质量报验单、隐蔽工程验收记录；混凝土浇筑检验批质量验收记录、工序质量报验单、混凝土出厂合格证及浇筑记录表；水泥抗压强度试验报告、高程及偏位复测记录

③ 桩基　　子分部工程质量验收记录

分项工程质量验收记录；施工测量报验单及附件；成孔检验批质量验收记录、工序质量报验单、钻进记录；钢筋加工及安装（钢筋笼）检验批质量验收记录、工序质量报验单、隐蔽工程验收记录；混凝土浇筑检验批质量验收记录、工序质量报验单、混凝土出厂合格证及浇筑记录表；水泥抗压强度试验报告、高程及偏位复测记录

④ 桩基承台　　子分部工程质量验收记录

分项工程质量验收记录；施工测量报验单及附件；模板及支架检验批质量验收记录、

工序质量报验单；钢筋加工及安装检验批质量验收记录、工序质量报验单、隐蔽工程验收记录；混凝土浇筑检验批质量验收记录、工序质量报验单、混凝土出厂合格证及浇筑记录表；水泥抗压强度试验报告、高程及偏位复测记录

（2）下部结构　　分部工程质量验收记录

① 墩台　　子分部工程质量验收记录

分项工程质量验收记录；施工测量报验单及附件；模板及支架检验批质量验收记录、工序质量报验单；钢筋加工及安装检验批质量验收记录、工序质量报验单、隐蔽工程验收记录；混凝土浇筑检验批质量验收记录、工序质量报验单、混凝土出厂合格证及浇筑记录表；水泥抗压强度试验报告、高程及偏位复测记录

② 台后填土、锥体及其他　　子分部工程质量验收记录

台后填土分项工程质量验收记录；检验批质量验收记录、工序质量报验单、施工现场试验检测记录、压实度试验记录

锥体分项工程质量验收记录；施工测量报验单及附件；检验批质量验收记录、工序质量报验单、施工现场试验检测记录

③ 盖梁　　子分部工程质量验收记录

分项工程质量验收记录；施工测量报验单及附件；模板及支架检验批质量验收记录、工序质量报验单；钢筋加工及安装检验批质量验收记录、工序质量报验单、隐蔽工程验收记录；混凝土浇筑检验批质量验收记录、工序质量报验单、混凝土出厂合格证及浇筑记录表；水泥抗压强度试验报告、高程及偏位复测记录

④ 索塔　　子分部工程质量验收记录

分项工程质量验收记录；施工测量报验单及附件；模板及支架检验批质量验收记录、工序质量报验单；钢筋加工及安装检验批质量验收记录、工序质量报验单、隐蔽工程验收记录；混凝土浇筑检验批质量验收记录、工序质量报验单、混凝土出厂合格证及浇筑记录表；水泥抗压强度试验报告、高程及偏位复测记录；预应力检验批质量验收记录、工序质量报验单、预应力钢筋现场检测记录、预应力张拉记录表、构件压浆记录表、水泥浆强度试验报告、施工现场试验检测记录

⑤ 支座安装　　子分部工程质量验收记录

支座安装分项工程质量验收记录；施工测量报验单及附件；检验批质量验收记录、工序质量报验单、施工现场检测记录

（3）上部结构　　分部工程质量验收记录

① 支架上制梁　　子分部工程质量验收记录

分项工程质量验收记录；模板及支架检验批质量验收记录、工序质量报验单；钢筋加工及安装检验批质量验收记录、工序质量报验单、隐蔽工程验收记录；混凝土浇筑检验批质量验收记录、工序质量报验单、混凝土出厂合格证及浇筑记录表；水泥抗压强度试验报告、预应力检验批质量验收记录、工序质量报验单、预应力钢筋现场检测记录、预应力张拉记录表、构件压浆记录表、水泥浆强度试验报告、施工现场试验检测记录；防水层检验批质量验收记录、工序质量报验单

② U形简支梁架设　　子分部工程质量验收记录

分项工程质量验收记录；架梁检验批质量验收记录、工序质量报验单；模板及支架检

验批质量验收记录、工序质量报验单；钢筋加工及安装检验批质量验收记录、工序质量报验单、隐蔽工程验收记录；混凝土浇筑检验批质量验收记录、工序质量报验单、混凝土出厂合格证及浇筑记录表；水泥抗压强度试验报告；预应力检验批质量验收记录、工序质量报验单、预应力钢筋现场检测记录、预应力张拉记录表、构件压浆记录表、水泥浆强度试验报告、施工现场检测记录

③ 悬臂浇筑预应力混凝土连续梁　　子分部工程质量验收记录

分项工程质量验收记录；施工测量报验单及附件；模板及支架检验批质量验收记录、工序质量报验单；钢筋加工及安装检验批质量验收记录、工序质量报验单、隐蔽工程验收记录；混凝土浇筑检验批质量验收记录、工序质量报验单、混凝土出厂合格证及浇筑记录表；水泥抗压强度试验报告、高程及偏位复测记录；预应力检验批质量验收记录、工序质量报验单、预应力钢筋现场检测记录，预应力张拉记录表，构件压浆记录表、水泥浆强度试验报告、施工现场检测记录；防水层检验批质量验收记录、工序质量报验单

④ 钢桁梁　　子分部工程质量验收记录

施工测量报验单及附件

杆件预拼分项工程质量验收记录；检验批质量验收记录、工序质量报验单、施工现场检测记录

拼装架设分项工程质量验收记录；检验批质量验收记录、工序质量报验单、施工现场检测记录

涂装分项工程质量验收记录；检验批质量验收记录、工序质量报验单、施工现场检测记录

混凝土桥面板浇筑分项工程质量验收记录；检验批质量验收记录、工序质量报验单、混凝土出厂合格证及浇筑记录表；水泥抗压强度试验报告

⑤ 预应力混凝土斜拉桥主梁和斜拉索　　子分部工程质量验收记录

预应力混凝土斜拉桥主梁分项工程质量验收记录；施工测量报验单及附件；模板及支架检验批质量验收记录、工序质量报验单；钢筋加工及安装检验批质量验收记录、工序质量报验单、隐蔽工程验收记录；混凝土浇筑检验批质量验收记录、工序质量报验单、混凝土出厂合格证及浇筑记录表；水泥抗压强度试验报告、高程及偏位复测记录；预应力检验批质量验收记录、工序质量报验单、预应力钢筋现场检测记录、预应力张拉记录表、构件压浆记录表、水泥浆强度试验报告、施工现场试验检测记录；防水层检验批质量验收记录、工序质量报验单、施工现场检测记录

斜拉索分项工程质量验收记录；斜拉索制作检验批质量验收记录、工序质量报验单、施工现场检测记录；斜拉索防护检验批质量验收记录、工序质量报验单、施工现场检测记录；斜拉索安装中间检验申请单，检验批质量验收记录、工序质量报验单、施工现场检测记录

水平转体施工分项工程质量验收记录；检验批质量验收记录、工序质量报验单、施工现场检测记录

（4）桥面系　　分部工程质量验收记录

① 桥面防水　　子分部工程质量验收记录

找平层分项工程质量验收记录；检验批质量验收记录、工序质量报验单、施工现场检

测记录

防水层分项工程质量验收记录；检验批质量验收记录、工序质量报验单、施工现场检测记录

防水保护层分项工程质量验收记录；检验批质量验收记录、工序质量报验单、施工现场检测记录

② 伸缩装置　子分部工程质量验收记录

伸缩缝安装分项工程质量验收记录；检验批质量验收记录、工序质量报验单、施工现场检测记录

③ 桥面铺装　子分部工程质量验收记录

沥青混凝土桥面铺装分项工程质量验收记录；施工测量报验单及附件；检验批质量验收记录、工序质量报验单、施工现场试验检测记录

水泥混凝土（加强筋网片）桥面铺装分项工程质量验收记录；施工测量报验单及附件；检验批质量验收记录、工序质量报验单、施工现场试验检测记录

钢纤维混凝土桥面铺装分项工程质量验收记录；施工测量报验单及附件；检验批质量验收记录、工序质量报验单、施工现场试验检测记录

④ 人行道　子分部工程质量验收记录

铺装人行道分项工程质量验收记录；施工测量报验单及附件；检验批质量验收记录、工序质量报验单、施工现场检测记录；

⑤ 栏杆、地袱、挂板　子分部工程质量验收记录

安装栏杆分项工程质量验收记录；施工测量报验单及附件；检验批质量验收记录、工序质量报验单、施工现场试验检测记录

安装地袱分项工程质量验收记录；施工测量报验单及附件；检验批质量验收记录、工序质量报验单、施工现场试验检测记录

安装挂板分项工程质量验收记录；施工测量报验单及附件；检验批质量验收记录、工序质量报验单、施工现场试验检测记录

⑥ 隔离墩、防撞墩、缘石　子分部工程质量验收记录

隔离墩分项工程质量验收记录；施工测量报验单及附件；检验批质量验收记录、工序质量报验单、施工现场试验检测记录

防撞墩分项工程质量验收记录；施工测量报验单及附件；检验批质量验收记录、工序质量报验单、施工现场试验检测记录

缘石分项工程质量验收记录；施工测量报验单及附件；检验批质量验收记录、工序质量报验单、施工现场试验检测记录

⑦ 锥坡　子分部工程质量验收记录

锥坡基础填筑分项工程质量验收记录；施工测量报验单及附件；检验批质量验收记录、工序质量报验单、施工现场试验检测记录

砖、石护砌分项工程质量验收记录；施工测量报验单及附件；检验批质量验收记录、工序质量报验单、施工现场检测记录

（5）声屏障　分部工程质量验收记录

钢结构焊接分项工程质量验收记录；检验批质量验收记录、工序质量报验单、施工现

288

场试验检测记录

钢结构紧固件安装分项工程质量验收记录；检验批质量验收记录、工序质量报验单、施工现场检测记录

钢结构组装分项工程质量验收记录；检验批质量验收记录、工序质量报验单、施工现场检测记录

钢结构涂装分项工程质量验收记录；检验批质量验收记录、工序质量报验单、施工现场检测记录

吸隔声板安装（吸声板粘贴）分项工程质量验收记录；检验批质量验收记录、工序质量报验单、施工现场检测记录

隔声墙砌筑分项工程质量验收记录；施工测量报验单及附件；检验批质量验收记录、工序质量报验单、施工现场检测记录

（6）附属工程　　分部工程质量验收记录

桥头搭板分项工程质量验收记录；施工测量报验单及附件；模板检验批质量验收记录、工序质量报验单；钢筋加工及安装检验批质量验收记录、工序质量报验单、隐蔽工程验收记录；混凝土浇筑检验批质量验收记录、工序质量报验单、混凝土出厂合格证及浇筑记录表；水泥抗压强度试验报告、高程及偏位复测记录

排泄水分项工程质量验收记录；检验批质量验收记录、工序质量报验单、施工现场检测记录

台阶分项工程质量验收记录；检验批质量验收记录、工序质量报验单、施工现场检测记录

灯、柱等分项工程质量验收记录；检验批质量验收记录、工序质量报验单、施工现场检测记录

（7）接地网　　分部工程质量验收记录

接地装置安装分项工程质量验收记录；施工测量报验单及附件；检验批质量验收记录、工序质量报验单、接地装置测试报告、接地网检验表

03.02.02　第2个区间（内容同03.02.01）

03.02.n　第n个区间（内容同03.02.01）

......

03.03　车辆段、停车场及基地

03.03.01　第1个车辆段、停车场及基地

（一）开工报告

（1）工程开工报审表

（2）工程概况表

（3）施工管理人员名单

（4）施工现场质量管理检查记录

（5）材料（构配件）进场使用报验单及附件（首批进场）

（6）设备进场使用报验单及附件

（7）关于工长与特殊工种的承包单位通用报审表及附件

（二）施工技术管理文件

（1）施工组织设计报审表及附件

（2）施工方案报审表及附件

（3）工程进度计划申报表及附件

（4）图纸审查记录

（5）技术交底记录

（三）材料（构配件）、设备进场使用报验单、各种标准试验

（1）材料（构配件）进场使用报验单及附件（附：产品质量证明文件、合格证、说明书、试验报告等）

（2）各种标准试验报告（混凝土配合比、标准击实试验等）

（四）轨道路基及道路中间质量控制文件

（1）路基　　分部工程质量验收记录

① 地基处理　　子分部工程质量验收记录

地基处理（包括原地面平整碾压、换填、木桩、塑料排水板、碎石桩、堆载预压、砂（碎石）垫层、土工合成材料、复合土工膜隔断层、静力压桩、灰土地基、高压喷射注浆地基、注浆地基等）分项工程质量验收记录；施工测量报验单及附件；检验批质量验收记录、工序质量报验单、施工现场试验检测记录

② 地基排水　　子分部工程质量验收记录

地表排水沟分项工程质量验收记录；施工测量报验单及附件；检验批质量验收记录、工序质量报验单、施工现场检测记录

③ 基床以下路堤　　子分部工程质量验收记录

一般路堤填筑、路堤边坡、路堤与桥台间过渡段填筑、填石路堤等分项工程质量验收记录；施工测量报验单及附件；检验批质量验收记录、工序质量报验单、施工现场试验检测记录、压实度试验记录

④ 基床　　子分部工程质量验收记录

基床底层、基床表层、路基面等分项工程质量验收记录；施工测量报验单及附件；检验批质量验收记录、工序质量报验单、施工现场试验检测记录、压实度试验记录

⑤ 路堑　　子分部工程质量验收记录

路堑基床底层、路堑基床表层、路堑开挖等分项工程质量验收记录；施工测量报验单及附件；检验批质量验收记录、工序质量报验单、施工现场试验检测记录

⑥ 路基防护　　子分部工程质量验收记录

路基防护（包括植物防护，混凝土、浆砌护坡（墙），边坡勾缝、灌浆、填缝、嵌补等）分项工程质量验收记录；施工测量报验单及附件；检验批质量验收记录、工序质量报验单、施工现场试验检测记录

（2）基层　　分部工程质量验收记录

摊铺分项工程质量验收记录；施工测量报验单及附件；检验批质量验收记录、工序质量报验单、施工现场试验检测记录

碾压分项工程质量验收记录；检验批质量验收记录、工序质量报验单、施工现场试验检测记录、压实度试验记录

养生分项工程质量验收记录；检验批质量验收记录、工序质量报验单、施工现场检测记录

（3）路面　　分部工程质量验收记录

摊铺分项工程质量验收记录；施工测量报验单及附件；检验批质量验收记录、工序质量报验单、施工现场试验检测记录

碾压分项工程质量验收记录；检验批质量验收记录、工序质量报验单、施工现场试验检测记录、压实度试验记录

（4）附属工程　　分部工程质量验收记录

① 道牙　　子分部工程质量验收记录

垫层分项工程质量验收记录；施工测量报验单及附件；检验批质量验收记录、工序质量报验单、施工现场试验检测记录

安砌分项工程质量验收记录；施工测量报验单及附件；检验批质量验收记录、工序质量报验单、施工现场检测记录

后背回填（浇筑）分项工程质量验收记录；检验批质量验收记录、工序质量报验单、施工现场试验检测记录

勾缝分项工程质量验收记录；检验批质量验收记录、工序质量报验单、施工现场检测记录

② 雨水口　　子分部工程质量验收记录

土方分项工程质量验收记录；施工测量报验单及附件；检验批质量验收记录、工序质量报验单、施工现场试验检测记录

安砌分项工程质量验收记录；施工测量报验单及附件；检验批质量验收记录、工序质量报验单、施工现场检测记录

支管安装分项工程质量验收记录；检验批质量验收记录、工序质量报验单、施工现场检测记录

③ 人行步道、广场铺装　　子分部工程质量验收记录

基础分项工程质量验收记录；施工测量报验单及附件；检验批质量验收记录、工序质量报验单、施工现场试验检测记录

铺装分项工程质量验收记录；检验批质量验收记录、工序质量报验单、施工现场检测记录

伸缩缝分项工程质量验收记录；检验批质量验收记录、工序质量报验单、施工现场检测记录

④ 道路标志　　子分部工程质量验收记录

标志安装分项工程质量验收记录；施工测量报验单及附件；检验批质量验收记录、工序质量报验单、施工现场检测记录

⑤ 道路护栏　　子分部工程质量验收记录

护栏安装分项工程质量验收记录；施工测量报验单及附件；检验批质量验收记录、工序质量报验单、施工现场检测记录

⑥ 其他　　子分部工程质量验收记录

照明设施分项工程质量验收记录；施工测量报验单及附件；检验批质量验收记录、工序质量报验单、施工现场检测记录

交通设施分项工程质量验收记录；施工测量报验单及附件；检验批质量验收记录、工序质量报验单、施工现场检测记录

环保设施分项工程质量验收记录；施工测量报验单及附件；检验批质量验收记录、工

序质量报验单、施工现场检测记录

绿化设施分项工程质量验收记录；施工测量报验单及附件；检验批质量验收记录、工序质量报验单、施工现场检测记录

小型构筑物等分项工程质量验收记录；施工测量报验单及附件；检验批质量验收记录、工序质量报验单、施工现场检测记录

（五）桥梁或涵洞中间质量控制文件

（1）桥梁（参照 03.02.01 中（九）高架区间中间质量控制文件）

（2）涵洞　　分部工程质量验收记录

① 土方　　子分部工程质量验收记录

降排水分项工程质量验收记录；施工测量报验单及附件；检验批质量验收记录、工序质量报验单、施工现场检测记录

围护分项工程质量验收记录；施工测量报验单及附件；检验批质量验收记录、工序质量报验单、施工现场试验检测记录

土方开挖分项工程质量验收记录；施工测量报验单及附件；检验批质量验收记录、工序质量报验单、地基验槽记录及地基处理记录

土方回填分项工程质量验收记录；检验批质量验收记录、工序质量报验单、施工现场试验检测记录、压实度试验记录

② 地基与基础　　子分部工程质量验收记录

施工测量报验单及附件

模板分项工程质量验收记录；检验批质量验收记录、工序质量报验单

钢筋加工及安装分项工程质量验收记录；检验批质量验收记录、工序质量报验单、隐蔽工程验收记录

混凝土浇筑分项工程质量验收记录；检验批质量验收记录、工序质量报验单、混凝土出厂合格证及浇筑记录表；水泥抗压强度试验报告、高程及偏位复测记录

③ 结构工程　　子分部工程质量验收记录

施工测量报验单及附件

模板分项工程质量验收记录；检验批质量验收记录、工序质量报验单

钢筋加工及安装分项工程质量验收记录；检验批质量验收记录、工序质量报验单、隐蔽工程验收记录

混凝土浇筑分项工程质量验收记录；检验批质量验收记录、工序质量报验单、混凝土出厂合格证及浇筑记录表；水泥抗压强度试验报告、高程及偏位复测记录

（六）室外建筑环境中间质量控制文件

（1）室外建筑

包括车棚、围墙、大门、挡土墙、垃圾收集站等，其文件收集范围参见其他结构工程

（2）室外环境　　分部工程质量验收记录

建筑小品分项工程质量验收记录；检验批质量验收记录、工序质量报验单、施工现场检测记录

亭台分项工程质量验收记录；检验批质量验收记录、工序质量报验单、施工现场试验检测记录

连廊分项工程质量验收记录；检验批质量验收记录、工序质量报验单、施工现场试验检测记录

花坛分项工程质量验收记录；检验批质量验收记录、工序质量报验单、施工现场试验检测记录

场坪绿化分项工程质量验收记录；检验批质量验收记录、工序质量报验单、施工现场检测记录

（七）室外安装中间质量控制文件

（1）室外电气 　　分部工程质量验收记录

室外供电系统分项工程质量验收记录；检验批质量验收记录、工序质量报验单

室外照明系统分项工程质量验收记录；检验批质量验收记录、工序质量报验单

（2）管沟（井室）工程 　　分部工程质量验收记录

① 土方工程 　　子分部工程质量验收记录

降排水分项工程质量验收记录；施工测量报验单及附件；检验批质量验收记录、工序质量报验单、施工现场检测记录

围护分项工程质量验收记录；施工测量报验单及附件；检验批质量验收记录、工序质量报验单、施工现场试验检测记录

土方开挖分项工程质量验收记录；施工测量报验单及附件；检验批质量验收记录、工序质量报验单、地基验槽记录及地基处理记录

土方回填分项工程质量验收记录；检验批质量验收记录、工序质量报验单、施工现场试验检测记录、压实度试验记录

② 地基处理工程 　　子分部工程质量验收记录

局部地基处理、地基加固等分项工程质量验收记录；施工测量报验单及附件；检验批质量验收记录、工序质量报验单、施工现场试验检测记录

③ 基础工程 　　子分部工程质量验收记录

施工测量报验单及附件

砂砾基础分项工程质量验收记录；检验批质量验收记录、工序质量报验单、施工现场试验检测记录

模板及支架分项工程质量验收记录；检验批质量验收记录、工序质量报验单；

钢筋加工及安装分项工程质量验收记录；检验批质量验收记录、工序质量报验单、隐蔽工程验收记录；

混凝土浇筑分项工程质量验收记录；检验批质量验收记录、工序质量报验单、混凝土出厂合格证及浇筑记录表；水泥抗压强度试验报告、高程及偏位复测记录；

预埋件、支架、支墩安装等分项工程质量验收记录；检验批质量验收记录、工序质量报验单、施工现场检测记录

④ 井室结构工程 　　子分部工程质量验收记录

施工测量报验单及附件

模板及支架分项工程质量验收记录；检验批质量验收记录、工序质量报验单

钢筋加工及安装分项工程质量验收记录；检验批质量验收记录、工序质量报验单、隐蔽工程验收记录

混凝土浇筑分项工程质量验收记录；检验批质量验收记录、工序质量报验单、混凝土出厂合格证及浇筑记录表；水泥抗压强度试验报告、高程及偏位复测记录

防水分项工程质量验收记录；检验批质量验收记录、工序质量报验单、施工现场检测记录

预埋安装等分项工程质量验收记录；检验批质量验收记录、工序质量报验单、施工现场检测记录

（3）给水管道安装工程　　分部工程质量验收记录

① 管道安装　　子分部工程质量验收记录

铸铁、球墨铸铁管安装分项工程质量验收记录；检验批质量验收记录、工序质量报验单、施工现场检测记录

钢管安装分项工程质量验收记录；检验批质量验收记录、工序质量报验单、施工现场检测记录

预应力混凝土管安装分项工程质量验收记录；检验批质量验收记录、工序质量报验单、施工现场检测记录

PVC管安装分项工程质量验收记录；检验批质量验收记录、工序质量报验单、施工现场检测记录

② 设备安装　　子分部工程质量验收记录

闸阀、蝶阀、排气阀、消火栓、测流计及其附件等分项工程质量验收记录；检验批质量验收记录、工序质量报验单、施工现场检测记录

（4）排水管道安装工程　　分部工程质量验收记录

① 管道安装　　子分部工程质量验收记录

水泥混凝土管、预应力混凝土管及其他排水管道安装分项工程质量验收记录；检验批质量验收记录、工序质量报验单、施工现场检测记录

② 设备安装　　子分部工程质量验收记录

井室构件、水泵、金属管道及管件安装、调试等分项工程质量验收记录；检验批质量验收记录、工序质量报验单、施工现场检测记录

（5）燃气管道安装工程　　分部工程质量验收记录

① 管道安装　　子分部工程质量验收记录

安管、凝水器制作安装分项工程质量验收记录；检验批质量验收记录、工序质量报验单、施工现场检测记录

调压箱安装分项工程质量验收记录；检验批质量验收记录、工序质量报验单、施工现场检测记录

支吊架及附件制作安装等分项工程质量验收记录；检验批质量验收记录、工序质量报验单、施工现场检测记录

② 防腐绝缘　　子分部工程质量验收记录

管道防腐施工、阴极保护、绝缘板安装等分项工程质量验收记录；检验批质量验收记录、工序质量报验单、施工现场检测记录

③ 闸室设备安装　　子分部工程质量验收记录

阀、伸缩器等安装分项工程质量验收记录；检验批质量验收记录、工序质量报验单、施工现场检测记录

④ 聚乙烯塑料管安装　　子分部工程质量验收记录

安管、安装凝水器及调压箱、抗渗处理等分项工程质量验收记录；检验批质量验收记录、工序质量报验单、施工现场检测记录

（6）热力管道安装工程　　分部工程质量验收记录

① 管道安装　　子分部工程质量验收记录

钢管安装、固定支架、滑动支架、张力、套筒、伸缩器等附件安装分项工程质量验收记录；检验批质量验收记录、工序质量报验单、施工现场检测记录

② 除锈防锈　　子分部工程质量验收记录

喷砂除锈、酸洗除锈、刷防锈漆等分项工程质量验收记录；检验批质量验收记录、工序质量报验单、施工现场检测记录

③ 管道保温　　子分部工程质量验收记录

保温层、工厂化树脂保温壳、保护层分项工程质量验收记录；检验批质量验收记录、工序质量报验单、施工现场检测记录

④ 热力井室设备安装　　子分部工程质量验收记录

设备安装及调试分项工程质量验收记录；检验批质量验收记录、工序质量报验单、施工现场检测记录

（7）其他管道（线）安装工程

① 管道安装　　子分部工程质量验收记录

铸铁、球墨铸铁管安装分项工程质量验收记录；检验批质量验收记录、工序质量报验单、施工现场检测记录

钢管安装分项工程质量验收记录；检验批质量验收记录、工序质量报验单、施工现场检测记录

预应力混凝土管安装分项工程质量验收记录；检验批质量验收记录、工序质量报验单、施工现场检测记录

PVC管安装分项工程质量验收记录；检验批质量验收记录、工序质量报验单、施工现场检测记录

② 设备安装　　子分部工程质量验收记录

闸阀、蝶阀、排气阀、消火栓、测流计及其附件等分项工程质量验收记录；检验批质量验收记录、工序质量报验单、施工现场检测记录

（八）房屋建筑中间质量控制文件

参照 03.01.01.01 之（五）

03.03.02　第 2 个车辆段、停车场及基地（内容同 03.03.01）

03.03.n　第 n 个车辆段、停车场及基地（内容同 03.03.01）

......

03.04　正线轨道工程

（一）开工报告

（1）工程开工报审表

（2）工程概况表

（3）施工管理人员名单

（4）施工现场质量管理检查记录

（5）材料（构配件）进场使用报验单及附件（首批进场）

（6）设备进场使用报验单及附件

（7）关于工长与特殊工种的承包单位通用报审表及附件

（二）施工技术管理文件

（1）施工组织设计报审表及附件

（2）施工方案报审表及附件

（3）工程进度计划申报表及附件

（4）图纸审查记录

（5）技术交底记录

（三）材料（构配件）、设备进场使用报验单、各种标准试验

（1）材料（构配件）进场使用报验单及附件（附：产品质量证明文件、合格证、说明书、试验报告等）

（2）各种标准试验报告（混凝土配合比、标准击实试验等）

（四）正线轨道工程中间质量控制文件

（1）线路基桩　　分部工程质量验收记录

基桩测设分项工程质量验收记录；施工测量报验单及附件；检验批质量验收记录、工序质量报验单、施工现场检测记录

（2）道床　　分部工程质量验收记录

① 有碴道床　　子分部工程质量验收记录

铺底碴分项工程质量验收记录；施工测量报验单及附件；检验批质量验收记录、工序质量报验单、施工现场试验检测记录

预铺道碴分项工程质量验收记录；施工测量报验单及附件；检验批质量验收记录、工序质量报验单、施工现场试验检测记录

② 整体道床　　子分部工程质量验收记录

轨排组装架设分项工程质量验收记录；施工测量报验单及附件；检验批质量验收记录、工序质量报验单、施工现场检测记录

整体道床分项工程质量验收记录；施工测量报验单及附件；模板检验批质量验收记录、工序质量报验单；道床钢筋检验批质量验收记录、工序质量报验单、隐蔽工程验收记录；道床混凝土浇筑检验批质量验收记录、工序质量报验单、混凝土出厂合格证及浇筑记录表；水泥抗压强度试验报告、高程及偏位复测记录

防水层分项工程质量验收记录；检验批质量验收记录、工序质量报验单、施工现场检测记录；

保护层及伸缩缝分项工程质量验收记录；检验批质量验收记录、工序质量报验单、施工现场检测记录；

隔振器安装、预制浮置板安装分项工程质量验收记录；施工测量报验单及附件；检验批质量验收记录、工序质量报验单、施工现场检测记录

（3）轨道　　分部工程质量验收记录

铺轨分项工程质量验收记录；施工测量报验单及附件；检验批质量验收记录、工序质

量报验单、施工现场检测记录

工地钢轨焊接分项工程质量验收记录；检验批质量验收记录、工序质量报验单、施工现场检测记录

铺碴、整道分项工程质量验收记录；施工测量报验单及附件；检验批质量验收记录、工序质量报验单、施工现场检测记录

线路锁定分项工程质量验收记录；检验批质量验收记录、工序质量报验单、施工现场检测记录

轨道整理分项工程质量验收记录；检验批质量验收记录、工序质量报验单、施工现场检测记录

钢轨伸缩调节器铺设分项工程质量验收记录；检验批质量验收记录、工序质量报验单、施工现场检测记录

道岔铺设分项工程质量验收记录；施工测量报验单及附件；检验批质量验收记录、工序质量报验单、施工现场检测记录

道岔整道分项工程质量验收记录；检验批质量验收记录、工序质量报验单、施工现场检测记录

（4）线路附属　　分部工程质量验收记录

① 护轨　　子分部工程质量验收记录

护轨铺设分项工程质量验收记录；施工测量报验单及附件；检验批质量验收记录、工序质量报验单、施工现场检测记录

② 标志　　子分部工程质量验收记录

线路、信号标志分项工程质量验收记录；施工测量报验单及附件；检验批质量验收记录、工序质量报验单、施工现场检测记录

③ 轨道加强设备　　子分部工程质量验收记录

防爬设备分项工程质量验收记录；检验批质量验收记录、工序质量报验单、施工现场检测记录

轨距杆、轨撑、挡车器、涂油器、融雪器分项工程质量验收记录；检验批质量验收记录、工序质量报验单、施工现场检测记录

（五）站场及出入线段轨道工程中间质量控制文件

（1）道床　　分部工程质量验收记录

① 有碴道床　　子分部工程质量验收记录

铺底碴分项工程质量验收记录；施工测量报验单及附件；检验批质量验收记录、工序质量报验单、施工现场试验检测记录

预铺道碴分项工程质量验收记录；施工测量报验单及附件；检验批质量验收记录、工序质量报验单、施工现场试验检测记录

② 整体道床　　子分部工程质量验收记录；

轨排组装架设分项工程质量验收记录；施工测量报验单及附件；检验批质量验收记录、工序质量报验单、施工现场检测记录

道床分项工程质量验收记录；施工测量报验单及附件；模板检验批质量验收记录、工序质量报验单；道床钢筋检验批质量验收记录、工序质量报验单、隐蔽工程验收记录；道

床混凝土浇筑检验批质量验收记录、工序质量报验单、混凝土出厂合格证及浇筑记录表；水泥抗压强度试验报告、高程及偏位复测记录

防水层分项工程质量验收记录；检验批质量验收记录、工序质量报验单、施工现场检测记录

保护层及伸缩缝分项工程质量验收记录；检验批质量验收记录、工序质量报验单、施工现场检测记录

隔振器安装、预制浮置板安装分项工程质量验收记录；施工测量报验单及附件；检验批质量验收记录、工序质量报验单、施工现场检测记录

（2）轨道　　分部工程质量验收记录

铺轨分项工程质量验收记录；施工测量报验单及附件；检验批质量验收记录、工序质量报验单、施工现场检测记录

工地钢轨焊接分项工程质量验收记录；检验批质量验收记录、工序质量报验单、施工现场检测记录

铺碴、整道分项工程质量验收记录；施工测量报验单及附件；检验批质量验收记录、工序质量报验单、施工现场检测记录

线路锁定分项工程质量验收记录；检验批质量验收记录、工序质量报验单、施工现场检测记录

轨道整理分项工程质量验收记录；检验批质量验收记录、工序质量报验单、施工现场检测记录

钢轨伸缩调节器铺设分项工程质量验收记录；检验批质量验收记录、工序质量报验单、施工现场检测记录

道岔铺设分项工程质量验收记录；施工测量报验单及附件；检验批质量验收记录、工序质量报验单、施工现场检测记录；

道岔整道分项工程质量验收记录；检验批质量验收记录、工序质量报验单、施工现场检测记录

（3）线路附属　　分部工程质量验收记录

① 护轨　　子分部工程质量验收记录

护轨铺设分项工程质量验收记录；施工测量报验单及附件；检验批质量验收记录、工序质量报验单、施工现场检测记录

② 标志　　子分部工程质量验收记录

线路、信号标志分项工程质量验收记录；施工测量报验单及附件；检验批质量验收记录、工序质量报验单、施工现场检测记录

③ 轨道加强设备　　子分部工程质量验收记录

防爬设备分项工程质量验收记录；检验批质量验收记录、工序质量报验单、施工现场检测记录

轨距杆、轨撑、挡车器、涂油器、融雪器分项工程质量验收记录；检验批质量验收记录、工序质量报验单、施工现场检测记录

03.05　主变电所

03.05.01　第1个主变电所

（一）开工报告

（1）工程开工报审表

（2）工程概况表

（3）施工管理人员名单

（4）施工现场质量管理检查记录

（5）材料（构配件）进场使用报验单及附件（首批进场）

（6）设备进场使用报验单及附件

（7）关于工长与特殊工种的承包单位通用报审表及附件

（二）施工技术管理文件

（1）施工组织设计报审表及附件

（2）施工方案报审表及附件

（3）工程进度计划申报表及附件

（4）图纸审查记录

（5）技术交底记录

（三）材料（构配件）、设备进场使用报验单、各种标准试验

（1）材料（构配件）进场使用报验单及附件（附：产品质量证明文件、合格证、说明书、试验报告等）

（2）各种标准试验报告（混凝土配合比、标准击实试验等）

（四）送电工程（进线部分）中间质量控制文件

（1）输电线路土建及电气安装　　分部工程质量验收记录

① 电缆沟管基础工程　　子分部工程质量验收记录

土方开挖分项工程质量验收记录；施工测量报验单及附件；检验批质量验收记录、工序质量报验单、地基验槽记录及地基处理记录

碎石垫层分项工程质量验收记录；施工测量报验单及附件；检验批质量验收记录、工序质量报验单、施工现场试验检测记录

模板分项工程质量验收记录；检验批质量验收记录、工序质量报验单

钢筋加工及安装分项工程质量验收记录；检验批质量验收记录、工序质量报验单、隐蔽工程验收记录

混凝土浇筑分项工程质量验收记录；检验批质量验收记录、工序质量报验单、混凝土出厂合格证及浇筑记录表；水泥抗压强度试验报告、高程及偏位复测记录

模板拆除分项工程质量验收记录；检验批质量验收记录、工序质量报验单、施工现场检测记录

砖砌体分项工程质量验收记录；检验批质量验收记录、工序质量报验单、施工现场检测记录；

土方回填分项工程质量验收记录；检验批质量验收记录、工序质量报验单、施工现场试验检测记录、压实度试验记录；

接地装置安装分项工程质量验收记录；检验批质量验收记录、工序质量报验单、施工现场检测记录

② 电缆敷设工程　　子分部工程质量验收记录

电缆敷设分项工程质量验收记录；检验批质量验收记录、工序质量报验单、施工现场检测记录

电缆终端、中间接头制作安装分项工程质量验收记录；检验批质量验收记录、工序质量报验单、施工现场检测记录

电缆线路防火及阻燃分项工程质量验收记录；检验批质量验收记录、工序质量报验单、施工现场检测记录

③ 架空线路工程　　子分部工程质量验收记录

基础、接地分项工程质量验收记录；检验批质量验收记录、工序质量报验单、施工现场检测记录

组塔分项工程质量验收记录；检验批质量验收记录、工序质量报验单、施工现场检测记录；

导、地线展放、紧线、附件安装分项工程质量验收记录；检验批质量验收记录、工序质量报验单、施工现场检测记录

交叉跨越分项工程质量验收记录；检验批质量验收记录、工序质量报验单、施工现场检测记录

（五）房屋建筑中间质量控制文件

参照 03.01.01.01 之（五）

（六）电气设备安装工程中间质量控制文件

（1）主变压器系统设备安装　　分部工程质量验收记录

① 主变压器安装　　子分部工程质量验收记录

主变压器主体安装分项工程质量验收记录；检验批质量验收记录、工序质量报验单、施工现场检测记录

主变压器检查分项工程质量验收记录；检验批质量验收记录、工序质量报验单、施工现场检测记录

主变压器附件安装分项工程质量验收记录；检验批质量验收记录、工序质量报验单、施工现场检测记录

主变压器注油及密封试验分项工程质量验收记录；检验批质量验收记录、工序质量报验单、施工现场检测记录

主变压器整体检查分项工程质量验收记录；检验批质量验收记录、工序质量报验单、施工现场检测记录

② 主变压器系统附属设备安装　　子分部工程质量验收记录

中性点隔离开关安装分项工程质量验收记录；检验批质量验收记录、工序质量报验单、施工现场检测记录

中性点电流互感器、避雷器安装分项工程质量验收记录；检验批质量验收记录、工序质量报验单、施工现场检测记录

控制柜及端子箱检查安装分项工程质量验收记录；检验批质量验收记录、工序质量报验单、施工现场检测记录

软母线安装分项工程质量验收记录；检验批质量验收记录、工序质量报验单、施工现场检测记录

③ 带电试运行　　子分部工程质量验收记录

带电试运行分项工程质量验收记录；检验批质量验收记录、工序质量报验单、施工现场检测记录

（2）主控及直流设备安装　　分部工程质量验收记录

主控室设备安装子分部工程质量验收记录

控制及保护和自动化屏安装分项工程质量验收记录；检验批质量验收记录、工序质量报验单、施工现场检测记录

交、直流屏及充电设备安装分项工程质量验收记录；检验批质量验收记录、工序质量报验单、施工现场检测记录

二次回路检查及接线分项工程质量验收记录；检验批质量验收记录、工序质量报验单、施工现场检测记录

（3）110kV 封闭式组合电器安装　　分部工程质量验收记录

① 封闭式组合电器检查安装　　子分部工程质量验收记录

基础检查及设备支架安装分项工程质量验收记录；检验批质量验收记录、工序质量报验单、施工现场检测记录

封闭式组合电器本体检查安装分项工程质量验收记录；检验批质量验收记录、工序质量报验单、施工现场检测记录

电压互感器、避雷器安装分项工程质量验收记录；检验批质量验收记录、工序质量报验单、施工现场检测记录

② 配套设备安装　　子分部工程质量验收记录

电压（流）互感器安装分项工程质量验收记录；检验批质量验收记录、工序质量报验单、施工现场检测记录

避雷器安装分项工程质量验收记录；检验批质量验收记录、工序质量报验单、施工现场检测记录

③ 就地控制设备安装　　子分部工程质量验收记录

控制柜及就地设备安装分项工程质量验收记录；检验批质量验收记录、工序质量报验单、施工现场检测记录

二次回路检查及接线分项工程质量验收记录；检验批质量验收记录、工序质量报验单、施工现场检测记录

④ 组合电器带电试运　　子分部工程质量验收记录

组合电器带电试运分项工程质量验收记录；检验批质量验收记录、工序质量报验单、施工现场检测记录

（4）35kV 及所用配电装置安装　　分部工程质量验收记录

① 所用配电装置安装　　子分部工程质量验收记录

变压器本体安装分项工程质量验收记录；检验批质量验收记录、工序质量报验单、施工现场检测记录

变压器检查分项工程质量验收记录；检验批质量验收记录、工序质量报验单、施工现场检测记录

变压器附件安装分项工程质量验收记录；检验批质量验收记录、工序质量报验单、施

工现场检测记录

控制及端子箱安装分项工程质量验收记录；检验批质量验收记录、工序质量报验单、施工现场检测记录

变压器整体检查安装分项工程质量验收记录；检验批质量验收记录、工序质量报验单、施工现场检测记录

② 35kV 配电柜安装　　子分部工程质量验收记录

基础型钢安装分项工程质量验收记录；检验批质量验收记录、工序质量报验单、施工现场检测记录

配电盘安装分项工程质量验收记录；检验批质量验收记录、工序质量报验单、施工现场检测记录

母线安装分项工程质量验收记录；检验批质量验收记录、工序质量报验单、施工现场检测记录

断路器检查分项工程质量验收记录；检验批质量验收记录、工序质量报验单、施工现场检测记录

二次回路检查接线分项工程质量验收记录；检验批质量验收记录、工序质量报验单、施工现场检测记录

③ 配电装置带电试运　　子分部工程质量验收记录

配电装置带电试运分项工程质量验收记录；检验批质量验收记录、二序质量报验单、施工现场检测记录

（5）35kV 无功补偿装置安装　　分部工程质量验收记录

设备安装分项工程质量验收记录；检验批质量验收记录、工序质量报验单、施工现场检测记录

引下线安装分项工程质量验收记录；检验批质量验收记录、工序质量报验单、施工现场检测记录

（6）全所电缆施工　　分部工程质量验收记录

① 电缆敷设　　子分部工程质量验收记录

室内电缆敷设分项工程质量验收记录；检验批质量验收记录、工序质量报验单、施工现场检测记录

② 电力电缆终端制作　　子分部工程质量验收记录

电力电缆终端制作及安装分项工程质量验收记录；检验批质量验收记录、工序质量报验单、施工现场检测记录

（7）系统调试　　分部工程质量验收记录

主变差动保护调试（一次侧及二次侧断路器联调）分项工程质量验收记录；检验批质量验收记录、工序质量报验单、施工现场检测记录

母联备自投调试分项工程质量验收记录；检验批质量验收记录、工序质量报验单、施工现场检测记录

主所 35kVGIS 柜体联合调试分项工程质量验收记录；检验批质量验收记录、工序质量报验单、施工现场检测记录

变电所综合自动化系统联调分项工程质量验收记录；检验批质量验收记录、工序质量

报验单、施工现场检测记录

主所站用交直流系统调试分项工程质量验收记录；检验批质量验收记录、工序质量报验单、施工现场检测记录

主所与车站 35kV 变电所所间差动保护调试分项工程质量验收记录；检验批质量验收记录、工序质量报验单、施工现场检测记录

本所"五防"及连锁试验分项工程质量验收记录；检验批质量验收记录、工序质量报验单、施工现场检测记录

（8）光缆工程　　分部工程质量验收记录

光缆敷设分项工程质量验收记录；检验批质量验收记录、工序质量报验单、施工现场检测记录

设备安装分项工程质量验收记录；检验批质量验收记录、工序质量报验单、施工现场检测记录

测试分项工程质量验收记录；检验批质量验收记录、工序质量报验单、施工现场检测记录

03.05.02　第 2 个主变电所（内容同 03.05.01）

03.05.n　第 n 个主变电所（内容同 03.05.01）

......

03.06　供电工程

（一）开工报告

（1）工程开工报审表

（2）工程概况表

（3）施工管理人员名单

（4）施工现场质量管理检查记录

（5）材料（构配件）进场使用报验单及附件（首批进场）

（6）设备进场使用报验单及附件

（7）关于工长与特殊工种的承包单位通用报审表及附件

（二）施工技术管理文件

（1）施工组织设计报审表及附件

（2）施工方案报审表及附件

（3）工程进度计划申报表及附件

（4）图纸审查记录

（5）技术交底记录

（三）材料（构配件）、设备进场使用报验单

材料（构配件）进场使用报验单及附件（附：产品质量证明文件、合格证、说明书、试验报告等）

（四）牵引供电系统工程中间质量控制文件

（1）牵引降压混合变电所、降压变电所　　分部工程质量验收记录

设备基础制安分项工程质量验收记录；检验批质量验收记录、工序质量报验单、施工现场检测记录

所内接地装置制安分项工程质量验收记录；检验批质量验收记录、工序质量报验单、

施工现场检测记录

电缆桥支架安装分项工程质量验收记录；检验批质量验收记录、工序质量报验单、施工现场检测记录

整流变压器安装分项工程质量验收记录；检验批质量验收记录、工序质量报验单、施工现场检测记录

配电变压器安装分项工程质量验收记录；检验批质量验收记录、工序质量报验单、施工现场检测记录

屏柜（非绝缘）安装分项工程质量验收记录；检验批质量验收记录、工序质量报验单、施工现场检测记录

屏柜（绝缘）安装、整流变压器网栅制作安装、电力及控制电缆敷设分项工程质量验收记录；检验批质量验收记录、工序质量报验单、施工现场检测记录；

直流联跳保护电缆及纵联差动保护光缆敷设分项工程质量验收记录；检验批质量验收记录、工序质量报验单、施工现场检测记录；

变电所附属设施分项工程质量验收记录；检验批质量验收记录、工序质量报验单、施工现场检测记录

测试试验分项工程质量验收记录；检验批质量验收记录、工序质量报验单、施工现场检测记录

送电开通分项工程质量验收记录；检验批质量验收记录、工序质量报验单、施工现场检测记录

（2）电力监控　　分部工程质量验收记录

控制设备安装分项工程质量验收记录；检验批质量验收记录、工序质量报验单、施工现场检测记录

线缆敷设及连线分项工程质量验收记录；检验批质量验收记录、工序质量报验单、施工现场检测记录

软件安装分项工程质量验收记录；检验批质量验收记录、工序质量报验单、施工现场检测记录

屏柜安装分项工程质量验收记录；检验批质量验收记录、工序质量报验单、施工现场检测记录

控制信号屏安装、所内通信网络安装分项工程质量验收记录；检验批质量验收记录、工序质量报验单、施工现场检测记录

通信通道安装分项工程质量验收记录；检验批质量验收记录、工序质量报验单、施工现场检测记录

后台机安装分项工程质量验收记录；检验批质量验收记录、工序质量报验单、施工现场检测记录

变电所电力监控系统测试试验分项工程质量验收记录；检验批质量验收记录、工序质量报验单、施工现场检测记录

（3）环网电缆　　分部工程质量验收记录

环网电缆支架安装分项工程质量验收记录；检验批质量验收记录、工序质量报验单、施工现场检测记录

接地制作安装分项工程质量验收记录；检验批质量验收记录、工序质量报验单、施工现场检测记录

环网电缆敷设及电缆头制作分项工程质量验收记录；检验批质量验收记录、工序质量报验单、施工现场检测记录

测试试验分项工程质量验收记录；检验批质量验收记录、工序质量报验单、施工现场检测记录

（4）杂散电流防护　　分部工程质量验收记录

设备基础制作及预埋管件分项工程质量验收记录；检验批质量验收记录、工序质量报验单、施工现场检测记录

单向导通装置分项工程质量验收记录；检验批质量验收记录、工序质量报验单、施工现场检测记录；

电缆转换箱等安装分项工程质量验收记录；检验批质量验收记录、工序质量报验单、施工现场检测记录

参比电极装置安装分项工程质量验收记录；检验批质量验收记录、工序质量报验单、施工现场检测记录

传感器等装置安装分项工程质量验收记录；检验批质量验收记录、工序质量报验单、施工现场检测记录

电缆敷设及接续分项工程质量验收记录；检验批质量验收记录、工序质量报验单、施工现场检测记录

监测室的盘、柜、箱安装分项工程质量验收记录；检验批质量验收记录、工序质量报验单、施工现场检测记录

接地装置分项工程质量验收记录；检验批质量验收记录、工序质量报验单、施工现场检测记录

测试试验分项工程质量验收记录；检验批质量验收记录、工序质量报验单、施工现场检测记录

（五）接触网工程中间质量控制文件

（1）柔性接触网　　分部工程质量验收记录

基础分项工程质量验收记录；检验批质量验收记录、工序质量报验单、施工现场检测记录

埋入杆件安装分项工程质量验收记录；检验批质量验收记录、工序质量报验单、施工现场检测记录

钢柱安装分项工程质量验收记录；检验批质量验收记录、工序质量报验单、施工现场检测记录

基础帽分项工程质量验收记录；检验批质量验收记录、工序质量报验单、施工现场检测记录

接地、接地极安装分项工程质量验收记录；检验批质量验收记录、工序质量报验单、施工现场检测记录

拉线安装分项工程质量验收记录；检验批质量验收记录、工序质量报验单、施工现场检测记录

硬横梁安装分项工程质量验收记录；检验批质量验收记录、工序质量报验单、施工现

场检测记录

支柱装配分项工程质量验收记录；检验批质量验收记录、工序质量报验单、施工现场检测记录

定位器及定位装置安装分项工程质量验收记录；检验批质量验收记录、工序质量报验单、施工现场检测记录

承力索架设分项工程质量验收记录；检验批质量验收记录、工序质量报验单、施工现场检测记录

接触线架设分项工程质量验收记录；检验批质量验收记录、工序质量报验单、施工现场检测记录

中心锚结安装分项工程质量验收记录；检验批质量验收记录、工序质量报验单、施工现场检测记录

吊弦及吊索安装分项工程质量验收记录；检验批质量验收记录、工序质量报验单、施工现场检测记录

接触悬挂调整分项工程质量验收记录；检验批质量验收记录、工序质量报验单、施工现场检测记录

补偿装置安装分项工程质量验收记录；检验批质量验收记录、工序质量报验单、施工现场检测记录

电连接线安装分项工程质量验收记录；检验批质量验收记录、工序质量报验单、施工现场检测记录

线岔安装分项工程质量验收记录；检验批质量验收记录、工序质量报验单、施工现场检测记录

隔离开关安装分项工程质量验收记录；检验批质量验收记录、工序质量报验单、施工现场检测记录

避雷器及放电间隙安装分项工程质量验收记录；检验批质量验收记录、工序质量报验单、施工现场检测记录

分段绝缘器安装分项工程质量验收记录；检验批质量验收记录、工序质量报验单、施工现场检测记录

附加导线架设分项工程质量验收记录；检验批质量验收记录、工序质量报验单、施工现场检测记录

标志牌、支柱号码安装分项工程质量验收记录；检验批质量验收记录、工序质量报验单、施工现场检测记录

支柱防护、限界门安装分项工程质量验收记录；检验批质量验收记录、工序质量报验单、施工现场检测记录

冷滑试验及送电开通分项工程质量验收记录；检验批质量验收记录、工序质量报验单、施工现场检测记录

（2）刚性接触网　　分部工程质量验收记录

埋入杆件及底座安装分项工程质量验收记录；检验批质量验收记录、工序质量报验单、施工现场检测记录

悬挂装置安装分项工程质量验收记录；检验批质量验收记录、工序质量报验单、施工

306

现场检测记录

汇流排安装分项工程质量验收记录；检验批质量验收记录、工序质量报验单、施工现场检测记录

接触线架设分项工程质量验收记录；检验批质量验收记录、工序质量报验单、施工现场检测记录

中心锚结安装分项工程质量验收记录；检验批质量验收记录、工序质量报验单、施工现场检测记录

分段绝缘器安装分项工程质量验收记录；检验批质量验收记录、工序质量报验单、施工现场检测记录

架空地线架设分项工程质量验收记录；检验批质量验收记录、工序质量报验单、施工现场检测记录

隔离开关安装分项工程质量验收记录；检验批质量验收记录、工序质量报验单、施工现场检测记录

电连接、接地挂环安装分项工程质量验收记录；检验批质量验收记录、工序质量报验单、施工现场检测记录

刚柔过渡安装分项工程质量验收记录；检验批质量验收记录、工序质量报验单、施工现场检测记录

标志牌安装分项工程质量验收记录；检验批质量验收记录、工序质量报验单、施工现场检测记录

冷滑试验及送电开通分项工程质量验收记录；检验批质量验收记录、工序质量报验单、施工现场检测记录

（3）疏散平台　　分部工程质量验收记录

支架安装、平台安装、扶手安装、步梯安装等分项工程质量验收记录；检验批质量验收记录、工序质量报验单、施工现场检测记录

（4）接触轨　　分部工程质量验收记录

支架安装、接触轨安装、防护罩安装、隔离开关（柜）安装、防爬器安装等分项工程质量验收记录；检验批质量验收记录、工序质量报验单、施工现场检测记录

电连接板、避雷器及放电间隙安装、接触轨带电显示设备安装等分项工程质量验收记录；检验批质量验收记录、工序质量报验单、施工现场检测记录

接地扁钢敷设、直流软电缆敷设、电缆头制安装等分项工程质量验收记录；检验批质量验收记录、工序质量报验单、施工现场检测记录

冷滑试验及送电开通分项工程质量验收记录；检验批质量验收记录、工序质量报验单、施工现场检测记录

03.07　信号系统

（一）开工报告

（1）工程开工报审表

（2）工程概况表

（3）施工管理人员名单

（4）施工现场质量管理检查记录

（5）材料（构配件）进场使用报验单及附件（首批进场）

（6）设备进场使用报验单及附件

（7）关于工长与特殊工种的承包单位通用报审表及附件

（二）施工技术管理文件

（1）施工组织设计报审表及附件

（2）施工方案报审表及附件

（3）工程进度计划申报表及附件

（4）图纸审查记录

（5）技术交底记录

（三）材料（构配件）、设备进场使用报验单

材料（构配件）进场使用报验单及附件（附：产品质量证明文件、合格证、说明书、试验报告等）

（四）正线信号系统工程中间质量控制文件

（1）电（光）缆线路　　分部工程质量验收记录

支架、线槽安装分项工程质量验收记录；检验批质量验收记录、工序质量报验单、施工现场检测记录

电（光）缆敷设分项工程质量验收记录；检验批质量验收记录、工序质量报验单、施工现场检测记录

电（光）缆防护分项工程质量验收记录；检验批质量验收记录、工序质量报验单、施工现场检测记录

电（光）缆接续分项工程质量验收记录；检验批质量验收记录、工序质量报验单、施工现场检测记录

箱、盒安装分项工程质量验收记录；检验批质量验收记录、工序质量报验单、施工现场检测记录

（2）固定信号机、发车指示器及按钮装置　　分部工程质量验收记录

高柱信号机安装、矮型信号机安装、非标信号机安装等分项工程质量验收记录；检验批质量验收记录、工序质量报验单、施工现场检测记录

发车指示器安装分项工程质量验收记录；检验批质量验收记录、工序质量报验单、施工现场检测记录

按钮装置安装分项工程质量验收记录；检验批质量验收记录、工序质量报验单、施工现场检测记录

（3）转辙设备　　分部工程质量验收记录

安装装置安装分项工程质量验收记录；检验批质量验收记录、工序质量报验单、施工现场检测记录

外锁闭装置安装分项工程质量验收记录；检验批质量验收记录、工序质量报验单、施工现场检测记录

转辙机安装分项工程质量验收记录；检验批质量验收记录、工序质量报验单、施工现场检测

（4）列车检测与车地通信设备　　分部工程质量验收记录

有绝缘轨道电路安装分项工程质量验收记录；检验批质量验收记录、工序质量报验单、施工现场检测记录

无绝缘轨道电路安装分项工程质量验收记录；检验批质量验收记录、工序质量报验单、施工现场检测记录

阻抗连接器安装分项工程质量验收记录；检验批质量验收记录、工序质量报验单、施工现场检测记录

环线安装波导管安装分项工程质量验收记录；检验批质量验收记录、工序质量报验单、施工现场检测记录

漏泄同轴电缆敷设分项工程质量验收记录；检验批质量验收记录、工序质量报验单、施工现场检测记录

应答器安装分项工程质量验收记录；检验批质量验收记录、工序质量报验单、施工现场检测记录

定位天线安装分项工程质量验收记录；检验批质量验收记录、工序质量报验单、施工现场检测记录

终端接收器安装分项工程质量验收记录；检验批质量验收记录、工序质量报验单、施工现场检测记录

无线接入单元安装分项工程质量验收记录；检验批质量验收记录、工序质量报验单、施工现场检测记录

计轴装置安装分项工程质量验收记录；检验批质量验收记录、工序质量报验单、施工现场检测记录

（5）车载设备　　分部工程质量验收记录

机柜及设备分项工程质量验收记录；检验批质量验收记录、工序质量报验单、施工现场检测记录

人机界面安装分项工程质量验收记录；检验批质量验收记录、工序质量报验单、施工现场检测记录

天线及测速装置安装分项工程质量验收记录；检验批质量验收记录、工序质量报验单、施工现场检测记录

（6）室内设备　　分部工程质量验收记录

机柜（架）安装分项工程质量验收记录；检验批质量验收记录、工序质量报验单、施工现场检测记录

走线架（槽）安装分项工程质量验收记录；检验批质量验收记录、工序质量报验单、施工现场检测记录

电（光）缆引入及安装分项工程质量验收记录；检验批质量验收记录、工序质量报验单、施工现场检测记录

操作显示设备安装分项工程质量验收记录；检验批质量验收记录、工序质量报验单、施工现场检测记录

大屏设备安装分项工程质量验收记录；检验批质量验收记录、工序质量报验单、施工现场检测记录

电源设备安装分项工程质量验收记录；检验批质量验收记录、工序质量报验单、施工

现场检测记录

（7）防雷及接地　　分部工程质量验收记录

防雷设施安装分项工程质量验收记录；检验批质量验收记录、工序质量报验单、施工现场检测记录

接地装置安装分项工程质量验收记录；检验批质量验收记录、工序质量报验单、施工现场检测记录

（8）室外设备标识及硬面化　　分部工程质量验收记录

设备标识分项工程质量验收记录；检验批质量验收记录、工序质量报验单、施工现场检测记录

硬面化分项工程质量验收记录；检验批质量验收记录、工序质量报验单、施工现场检测记录

（9）联锁　　分部工程质量验收记录

室内单项试验分项工程质量验收记录；检验批质量验收记录、工序质量报验单、施工现场检测记录

室外单项试验分项工程质量验收记录；检验批质量验收记录、工序质量报验单、施工现场检测记录

综合试验分项工程质量验收记录；检验批质量验收记录、工序质量报验单、施工现场检测记录

（10）ATP　　分部工程质量验收记录

ATP系统功能检验分项工程质量验收记录；检验批质量验收记录、工序质量报验单、施工现场检测记录

（11）ATS　　分部工程质量验收记录

ATS系统功能检验分项工程质量验收记录；检验批质量验收记录、工序质量报验单、施工现场检测记录

（12）ATO　　分部工程质量验收记录

ATO系统功能检验分项工程质量验收记录；检验批质量验收记录、工序质量报验单、施工现场检测记录

（五）车辆基地信号工程中间质量控制文件

（1）电（光）缆线路　　分部工程质量验收记录

支架、线槽安装分项工程质量验收记录；检验批质量验收记录、工序质量报验单、施工现场检测记录

电（光）缆敷设分项工程质量验收记录；检验批质量验收记录、工序质量报验单、施工现场检测记录

电（光）缆防护分项工程质量验收记录；检验批质量验收记录、工序质量报验单、施工现场检测记录

电（光）缆接续分项工程质量验收记录；检验批质量验收记录、工序质量报验单、施工现场检测记录

箱、盒安装分项工程质量验收记录；检验批质量验收记录、工序质量报验单、施工现场检测记录

（2）固定信号机、发车指示器及按钮装置　　分部工程质量验收记录

高柱信号机安装、矮型信号机安装分项工程质量验收记录；检验批质量验收记录、工序质量报验单、施工现场检测记录

发车指示器安装分项工程质量验收记录；检验批质量验收记录、工序质量报验单、施工现场检测记录

按钮装置安装分项工程质量验收记录；检验批质量验收记录、工序质量报验单、施工现场检测记录

（3）转辙设备　　分部工程质量验收记录

安装装置安装分项工程质量验收记录；检验批质量验收记录、工序质量报验单、施工现场检测记录

外锁闭装置安装分项工程质量验收记录；检验批质量验收记录、工序质量报验单、施工现场检测记录

转辙机安装分项工程质量验收记录；检验批质量验收记录、工序质量报验单、施工现场检测

（4）列车检测与车地通信设备　　分部工程质量验收记录

有绝缘轨道电路安装分项工程质量验收记录；检验批质量验收记录、工序质量报验单、施工现场检测记录

计轴装置安装分项工程质量验收记录；检验批质量验收记录、工序质量报验单、施工现场检测记录

（5）室内设备　　分部工程质量验收记录

机柜（架）安装分项工程质量验收记录；检验批质量验收记录、工序质量报验单、施工现场检测记录

走线架（槽）安装分项工程质量验收记录；检验批质量验收记录、工序质量报验单、施工现场检测记录

电（光）缆引入及安装分项工程质量验收记录；检验批质量验收记录、工序质量报验单、施工现场检测记录

操作显示设备安装分项工程质量验收记录；检验批质量验收记录、工序质量报验单、施工现场检测记录

电源设备安装分项工程质量验收记录；检验批质量验收记录、工序质量报验单、施工现场检测记录

配线分项工程质量验收记录；检验批质量验收记录、工序质量报验单、施工现场检测记录

（6）防雷及接地　　分部工程质量验收记录

防雷设施安装分项工程质量验收记录；检验批质量验收记录、工序质量报验单、施工现场检测记录

接地装置安装分项工程质量验收记录；检验批质量验收记录、工序质量报验单、施工现场检测记录

（7）试车线设备　　分部工程质量验收记录

安装调试分项工程质量验收记录；检验批质量验收记录、工序质量报验单、施工现场检测记录

系统功能检验分项工程质量验收记录；检验批质量验收记录、工序质量报验单、施工现场检测记录

（8）室外设备标识及硬面化　　分部工程质量验收记录

设备标识分项工程质量验收记录；检验批质量验收记录、工序质量报验单、施工现场检测记录

硬面化分项工程质量验收记录；检验批质量验收记录、工序质量报验单、施工现场检测记录

（9）联锁　　分部工程质量验收记录

室内单项试验分项工程质量验收记录；检验批质量验收记录、工序质量报验单、施工现场检测记录

室外单项试验分项工程质量验收记录；检验批质量验收记录、工序质量报验单、施工现场检测记录

综合试验分项工程质量验收记录；检验批质量验收记录、工序质量报验单、施工现场检测记录

（10）微机监测　　分部工程质量验收记录

微机监测设备功能检验分项工程质量验收记录；检验批质量验收记录、工序质量报验单、施工现场检测记录

03.08　通信系统

（一）开工报告

（1）工程开工报审表

（2）工程概况表

（3）施工管理人员名单

（4）施工现场质量管理检查记录

（5）材料（构配件）进场使用报验单及附件（首批进场）

（6）设备进场使用报验单及附件

（7）关于工长与特殊工种的承包单位通用报审表及附件

（二）施工技术管理文件

（1）施工组织设计报审表及附件

（2）施工方案报审表及附件

（3）工程进度计划申报表及附件

（4）图纸审查记录

（5）技术交底记录

（三）材料（构配件）、设备进场使用报验单

材料（构配件）进场使用报验单及附件（附：产品质量证明文件、合格证、说明书、试验报告等）

（四）专网通信系统工程中间质量控制文件

（1）通信管线安装　　分部工程质量验收记录

支架安装分项工程质量验收记录；检验批质量验收记录、工序质量报验单、施工现场检测记录

吊架安装分项工程质量验收记录；检验批质量验收记录、工序质量报验单、施工现场

检测记录

线槽安装分项工程质量验收记录；检验批质量验收记录、工序质量报验单、施工现场检测记录

保护管安装分项工程质量验收记录；检验批质量验收记录、工序质量报验单、施工现场检测记录

通信管道安装分项工程质量验收记录；检验批质量验收记录、工序质量报验单、施工现场检测记录

（2）通信光、电缆线路及终端　　分部工程质量验收记录

光、电缆铺设分项工程质量验收记录；检验批质量验收记录、工序质量报验单、施工现场检测记录

电缆接续及引入终端分项工程质量验收记录；检验批质量验收记录、工序质量报验单、施工现场检测记录

光缆接地及引入终端分项工程质量验收记录；检验批质量验收记录、工序质量报验单、施工现场检测记录

光、电缆线路特性检测分项工程质量验收记录；检验批质量验收记录、工序质量报验单、施工现场检测记录

（3）传输系统　　分部工程质量验收记录

传输设备安装分项工程质量验收记录；检验批质量验收记录、工序质量报验单、施工现场检测记录

传输设备配线分项工程质量验收记录；检验批质量验收记录、工序质量报验单、施工现场检测记录

系统传输指标检测及功能检验分项工程质量验收记录；检验批质量验收记录、工序质量报验单、施工现场检测

OTN 传输系统指标检测及功能检验分项工程质量验收记录；检验批质量验收记录、工序质量报验单、施工现场检测

传输系统网管功能检验（包括告警）分项工程质量验收记录；检验批质量验收记录、工序质量报验单、施工现场检测

（4）公务电话系统　　分部工程质量验收记录

电话设备安装分项工程质量验收记录；检验批质量验收记录、工序质量报验单、施工现场检测记录

电话设备配线分项工程质量验收记录；检验批质量验收记录、工序质量报验单、施工现场检测记录

电话系统指标检测及功能检验分项工程质量验收记录；检验批质量验收记录、工序质量报验单、施工现场检测记录

电话系统网管功能检验分项工程质量验收记录；检验批质量验收记录、工序质量报验单、施工现场检测记录

（5）专用电话系统　　分部工程质量验收记录

电话设备安装分项工程质量验收记录；检验批质量验收记录、工序质量报验单、施工现场检测记录

电话设备配线分项工程质量验收记录；检验批质量验收记录、工序质量报验单、施工现场检测记录

电话系统指标检测及功能检验分项工程质量验收记录；检验批质量验收记录、工序质量报验单、施工现场检测记录

电话系统网管功能检验分项工程质量验收记录；检验批质量验收记录、工序质量报验单、施工现场检测记录

（6）无线通信系统　　分部工程质量验收记录

铁塔安装分项工程质量验收记录；检验批质量验收记录、工序质量报验单、施工现场检测记录

天馈线、漏泄同轴电缆、无线通信设备安装分项工程质量验收记录；检验批质量验收记录、工序质量报验单、施工现场检测记录

无线通信系统指标检测分项工程质量验收记录；检验批质量验收记录、工序质量报验单、施工现场检测记录

无线通信系统功能检验分项工程质量验收记录；检验批质量验收记录、工序质量报验单、施工现场检测记录

无线通信系统网管功能检验分项工程质量验收记录；检验批质量验收记录、工序质量报验单、施工现场检测记录

（7）闭路电视监视系统　　分部工程质量验收记录

闭路电视监视设备安装分项工程质量验收记录；检验批质量验收记录、工序质量报验单、施工现场检测记录

闭路电视监视设备配线分项工程质量验收记录；检验批质量验收记录、工序质量报验单、施工现场检测记录

闭路电视监视系统指标检测及功能检验分项工程质量验收记录；检验批质量验收记录、工序质量报验单、施工现场检测记录

闭路电视监视系统网管功能检验分项工程质量验收记录；检验批质量验收记录、工序质量报验单、施工现场检测记录

（8）广播系统　　分部工程质量验收记录

广播设备安装分项工程质量验收记录；检验批质量验收记录、工序质量报验单、施工现场检测记录

广播设备配线分项工程质量验收记录；检验批质量验收记录、工序质量报验单、施工现场检测记录

广播系统指标检测及功能检验分项工程质量验收记录；检验批质量验收记录、工序质量报验单、施工现场检测记录

广播系统网管功能检验分项工程质量验收记录；检验批质量验收记录、工序质量报验单、施工现场检测记录

（9）乘客信息显示系统　　分部工程质量验收记录

乘客信息显示设备安装分项工程质量验收记录；检验批质量验收记录、工序质量报验单、施工现场检测记录

乘客信息显示设备配线分项工程质量验收记录；检验批质量验收记录、工序质量报验

单、施工现场检测记录

乘客信息显示系统指标检测及功能检验分项工程质量验收记录；检验批质量验收记录、工序质量报验单、施工现场检测记录

乘客信息显示系统网管功能检验分项工程质量验收记录；检验批质量验收记录、工序质量报验单、施工现场检测记录

（10）时钟系统　　分部工程质量验收记录

时钟设备安装分项工程质量验收记录；检验批质量验收记录、工序质量报验单、施工现场检测记录

时钟设备配线分项工程质量验收记录；检验批质量验收记录、工序质量报验单、施工现场检测记录

时钟系统指标检测及功能检验分项工程质量验收记录；检验批质量验收记录、工序质量报验单、施工现场检测记录

时钟系统网管功能检验分项工程质量验收记录；检验批质量验收记录、工序质量报验单、施工现场检测记录

（11）OA 办公自动化系统　　分部工程质量验收记录

网络分项工程质量验收记录；检验批质量验收记录、工序质量报验单、施工现场检测记录

数据库分项工程质量验收记录；检验批质量验收记录、工序质量报验单、施工现场检测记录

工作站分项工程质量验收记录；检验批质量验收记录、工序质量报验单、施工现场检测记录

配线架（柜）分项工程质量验收记录；检验批质量验收记录、工序质量报验单、施工现场检测记录

用户终端单元等设备安装分项工程质量验收记录；检验批质量验收记录、工序质量报验单、施工现场检测记录

系统调试检测分项工程质量验收记录；检验批质量验收记录、工序质量报验单、施工现场检测记录

（12）电源及接地系统　　分部工程质量验收记录

电源系统设备安装分项工程质量验收记录；检验批质量验收记录、工序质量报验单、施工现场检测记录

电源系统设备配线分项工程质量验收记录；检验批质量验收记录、工序质量报验单、施工现场检测记录

电源系统指标检测及功能检验分项工程质量验收记录；检验批质量验收记录、工序质量报验单、施工现场检测记录

电源监控系统功能检验分项工程质量验收记录；检验批质量验收记录、工序质量报验单、施工现场检测记录

接地装置分项工程质量验收记录；检验批质量验收记录、工序质量报验单、施工现场检测记录

（13）集中警告系统　　分部工程质量验收记录

集中告警系统设备安装分项工程质量验收记录；检验批质量验收记录、工序质量报验

单、施工现场检测记录

集中告警系统设备配线分项工程质量验收记录；检验批质量验收记录、工序质量报验单、施工现场检测记录

集中告警系统功能检验分项工程质量验收记录；检验批质量验收记录、工序质量报验单、施工现场检测记录

（五）公安通信保障系统中间质量控制文件

（1）通信管线安装　　分部工程质量验收记录

支架安装分项工程质量验收记录；检验批质量验收记录、工序质量报验单、施工现场检测记录

吊架安装分项工程质量验收记录；检验批质量验收记录、工序质量报验单、施工现场检测记录

线槽安装分项工程质量验收记录；检验批质量验收记录、工序质量报验单、施工现场检测记录

保护管安装分项工程质量验收记录；检验批质量验收记录、工序质量报验单、施工现场检测记录

通信管道安装分项工程质量验收记录；检验批质量验收记录、工序质量报验单、施工现场检测记录

缆线布放分项工程质量验收记录；检验批质量验收记录、工序质量报验单、施工现场检测记录

（2）通信光、电缆线路及终端　　分部工程质量验收记录

光、电缆铺设分项工程质量验收记录；检验批质量验收记录、工序质量报验单、施工现场检测记录

电缆接续及引入终端分项工程质量验收记录；检验批质量验收记录、工序质量报验单、施工现场检测记录

光缆接地及引入终端分项工程质量验收记录；检验批质量验收记录、工序质量报验单、施工现场检测记录

光、电缆线路特性检测分项工程质量验收记录；检验批质量验收记录、工序质量报验单、施工现场检测记录

（3）无线通信系统　　分部工程质量验收记录

天馈线、漏泄同轴电缆、无线通信设备安装等分项工程质量验收记录；检验批质量验收记录、工序质量报验单、施工现场检测记录

无线通信系统指标检测分项工程质量验收记录；检验批质量验收记录、工序质量报验单、施工现场检测记录

无线通信系统功能检验分项工程质量验收记录；检验批质量验收记录、工序质量报验单、施工现场检测记录

无线通信系统网管功能检验分项工程质量验收记录；检验批质量验收记录、工序质量报验单、施工现场检测记录

（4）闭路电视监视系统　　分部工程质量验收记录

闭路电视监视设备安装分项工程质量验收记录；检验批质量验收记录、工序质量报验

单、施工现场检测记录

闭路电视监视设备配线分项工程质量验收记录；检验批质量验收记录、工序质量报验单、施工现场检测记录

闭路电视监视系统指标检测及功能检验分项工程质量验收记录；检验批质量验收记录、工序质量报验单、施工现场检测记录

闭路电视监视系统网管功能检验分项工程质量验收记录；检验批质量验收记录、工序质量报验单、施工现场检测记录

（5）电源及接地系统　分部工程质量验收记录

电源系统设备安装分项工程质量验收记录；检验批质量验收记录、工序质量报验单、施工现场检测记录

电源系统设备配线分项工程质量验收记录；检验批质量验收记录、工序质量报验单、施工现场检测记录

电源系统指标检测及功能检验分项工程质量验收记录；检验批质量验收记录、工序质量报验单、施工现场检测记录

电源监控系统功能检验分项工程质量验收记录；检验批质量验收记录、工序质量报验单、施工现场检测记录

接地装置分项工程质量验收记录；检验批质量验收记录、工序质量报验单、施工现场检测记录；

（6）计算机网络系统　分部工程质量验收记录

计算机网络系统检测分项工程质量验收记录；检验批质量验收记录、工序质量报验单、施工现场检测记录

（7）传输系统　分部工程质量验收记录

传输设备安装分项工程质量验收记录；检验批质量验收记录、工序质量报验单、施工现场检测记录

传输设备配线分项工程质量验收记录；检验批质量验收记录、工序质量报验单、施工现场检测记录

系统传输指标检测及功能检验分项工程质量验收记录；检验批质量验收记录、工序质量报验单、施工现场检测

传输系统网管功能检验分项工程质量验收记录；检验批质量验收记录、工序质量报验单、施工现场检测

（六）商用通信系统中间质量控制文件

参照03.08之（五）

03.09　综合监控系统

（一）开工报告

（1）工程开工报审表

（2）工程概况表

（3）施工管理人员名单

（4）施工现场质量管理检查记录

（5）材料（构配件）进场使用报验单及附件（首批进场）

（6）设备进场使用报验单及附件

（7）关于工长与特殊工种的承包单位通用报审表及附件

（二）施工技术管理文件

（1）施工组织设计报审表及附件

（2）施工方案报审表及附件

（3）工程进度计划申报表及附件

（4）图纸审查记录

（5）技术交底记录

（三）材料（构配件）、设备进场使用报验单

材料（构配件）进场使用报验单及附件（附：产品质量证明文件、合格证、说明书、试验报告等）

（四）综合监控集成子系统中间质量控制文件

（1）控制中心　　分部工程质量验收记录

管线敷设分项工程质量验收记录；检验批质量验收记录、工序质量报验单、施工现场检测记录

设备安装分项工程质量验收记录；检验批质量验收记录、工序质量报验单、施工现场检测记录

系统调试分项工程质量验收记录；检验批质量验收记录、工序质量报验单、施工现场检测记录

功能验收分项工程质量验收记录；检验批质量验收记录、工序质量报验单、施工现场检测记录

（2）车站　　分部工程质量验收记录

管线敷设分项工程质量验收记录；检验批质量验收记录、工序质量报验单、施工现场检测记录

设备安装分项工程质量验收记录；检验批质量验收记录、工序质量报验单、施工现场检测记录

系统调试分项工程质量验收记录；检验批质量验收记录、工序质量报验单、施工现场检测记录

功能验收分项工程质量验收记录；检验批质量验收记录、工序质量报验单、施工现场检测记录

（3）车辆段、停车场及基地　　分部工程质量验收记录

管线敷设分项工程质量验收记录；检验批质量验收记录、工序质量报验单、施工现场检测记录

设备安装分项工程质量验收记录；检验批质量验收记录、工序质量报验单、施工现场检测记录

系统调试分项工程质量验收记录；检验批质量验收记录、工序质量报验单、施工现场检测记录

功能验收分项工程质量验收记录；检验批质量验收记录、工序质量报验单、施工现场检测记录

（五）电力监控系统中间质量控制文件

（1）控制中心　　分部工程质量验收记录

进场检验分项工程质量验收记录；检验批质量验收记录、工序质量报验单、施工现场检测记录

设备安装分项工程质量验收记录；检验批质量验收记录、工序质量报验单、施工现场检测记录

系统调试分项工程质量验收记录；检验批质量验收记录、工序质量报验单、施工现场检测记录

功能验收分项工程质量验收记录；检验批质量验收记录、工序质量报验单、施工现场检测记录

（2）车站　　分部工程质量验收记录

进场检验分项工程质量验收记录；检验批质量验收记录、工序质量报验单、施工现场检测记录

设备安装分项工程质量验收记录；检验批质量验收记录、工序质量报验单、施工现场检测记录

系统调试分项工程质量验收记录；检验批质量验收记录、工序质量报验单、施工现场检测记录

功能验收分项工程质量验收记录；检验批质量验收记录、工序质量报验单、施工现场检测记录

（3）车辆段、停车场及基地　　分部工程质量验收记录

进场检验分项工程质量验收记录；检验批质量验收记录、工序质量报验单、施工现场检测记录

设备安装分项工程质量验收记录；检验批质量验收记录、工序质量报验单、施工现场检测记录

系统调试分项工程质量验收记录；检验批质量验收记录、工序质量报验单、施工现场检测记录

功能验收分项工程质量验收记录；检验批质量验收记录、工序质量报验单、施工现场检测记录

（六）火灾自动报警系统中间质量控制文件

（1）控制中心　　分部工程质量验收记录

进场检验分项工程质量验收记录；检验批质量验收记录、工序质量报验单、施工现场检测记录

设备安装分项工程质量验收记录；检验批质量验收记录、工序质量报验单、施工现场检测记录

系统调试分项工程质量验收记录；检验批质量验收记录、工序质量报验单、施工现场检测记录

功能验收分项工程质量验收记录；检验批质量验收记录、工序质量报验单、施工现场检测记录

（2）车站　　分部工程质量验收记录

进场检验分项工程质量验收记录；检验批质量验收记录、工序质量报验单、施工现场检测记录

设备安装分项工程质量验收记录；检验批质量验收记录、工序质量报验单、施工现场检测记录

系统调试分项工程质量验收记录；检验批质量验收记录、工序质量报验单、施工现场检测记录

功能验收分项工程质量验收记录；检验批质量验收记录、工序质量报验单、施工现场检测记录

（3）车辆段、停车场　　分部工程质量验收记录

进场检验分项工程质量验收记录；检验批质量验收记录、工序质量报验单、施工现场检测记录

设备安装分项工程质量验收记录；检验批质量验收记录、工序质量报验单、施工现场检测记录

系统调试分项工程质量验收记录；检验批质量验收记录、工序质量报验单、施工现场检测记录

功能验收分项工程质量验收记录；检验批质量验收记录、工序质量报验单、施工现场检测记录

（七）气体灭火系统中间质量控制文件

（1）控制中心　　分部工程质量验收记录

进场检验分项工程质量验收记录；检验批质量验收记录、工序质量报验单、施工现场检测记录

系统安装分项工程质量验收记录；检验批质量验收记录、工序质量报验单、施工现场检测记录

系统调试分项工程质量验收记录；检验批质量验收记录、工序质量报验单、施工现场检测记录

功能验收分项工程质量验收记录；检验批质量验收记录、工序质量报验单、施工现场检测记录

（2）车站　　分部工程质量验收记录

进场检验分项工程质量验收记录；检验批质量验收记录、工序质量报验单、施工现场检测记录

系统安装分项工程质量验收记录；检验批质量验收记录、工序质量报验单、施工现场检测记录

系统调试分项工程质量验收记录；检验批质量验收记录、工序质量报验单、施工现场检测记录

功能验收分项工程质量验收记录；检验批质量验收记录、工序质量报验单、施工现场检测记录

（3）车辆段、停车场　　分部工程质量验收记录

进场检验分项工程质量验收记录；检验批质量验收记录、工序质量报验单、施工现场

检测记录

系统安装分项工程质量验收记录；检验批质量验收记录、工序质量报验单、施工现场检测记录

系统调试分项工程质量验收记录；检验批质量验收记录、工序质量报验单、施工现场检测记录

功能验收分项工程质量验收记录；检验批质量验收记录、工序质量报验单、施工现场检测记录

（八）调试与验收中间质量控制文件

与互联系统接口调试分项工程质量验收记录；检验批质量验收记录、工序质量报验单、施工现场检测记录

互联专业功能调试分项工程质量验收记录；检验批质量验收记录、工序质量报验单、施工现场检测记录

联动功能调试、互联系统功能验收、系统性能验收、不间断测试等分项工程质量验收记录；检验批质量验收记录、工序质量报验单、施工现场检测记录

03.10 自动售检票（AFC）系统

（一）开工报告

（1）工程开工报审表

（2）工程概况表

（3）施工管理人员名单

（4）施工现场质量管理检查记录

（5）材料（构配件）进场使用报验单及附件（首批进场）

（6）设备进场使用报验单及附件

（7）关于工长与特殊工种的承包单位通用报审表及附件

（二）施工技术管理文件

（1）施工组织设计报审表及附件

（2）施工方案报审表及附件

（3）工程进度计划申报表及附件

（4）图纸审查记录

（5）技术交底记录

（三）分部工程质量验收文件

（1）自动售检票（AFC）系统工程施工现场质量管理记录

（2）自动售检票（AFC）系统分部工程质量验收记录

（3）自动售检票（AFC）系统质量控制资料核查记录

（4）自动售检票（AFC）系统安全和功能检验资料核查及主要功能抽查记录

（5）自动售检票（AFC）系统观感质量验收检查记录

（四）材料（构配件）、设备进场使用报验单

材料（构配件）进场使用报验单及附件（附：产品质量证明文件、合格证、说明书、试验报告等）

（五）车站自动售检票（AFC）系统中间质量控制文件　　分部工程质量验收记录

（1）管槽安装及检验　　子分部工程质量验收记录

管槽安装分项工程质量验收记录；检验批质量验收记录、工序质量报验单、施工现场检测记录

管槽接头分项工程质量验收记录；检验批质量验收记录、工序质量报验单、施工现场检测记录

管槽封口分项工程质量验收记录；检验批质量验收记录、工序质量报验单、施工现场检测记录

桥架安装分项工程质量验收记录；检验批质量验收记录、工序质量报验单、施工现场检测记录

（2）线缆敷设及检验　　子分部工程质量验收记录

线缆敷设分项工程质量验收记录；检验批质量验收记录、工序质量报验单、施工现场检测记录

线缆引入分项工程质量验收记录；检验批质量验收记录、工序质量报验单、施工现场检测记录

线缆接续分项工程质量验收记录；检验批质量验收记录、工序质量报验单、施工现场检测记录

线缆特性检测分项工程质量验收记录；检验批质量验收记录、工序质量报验单、施工现场检测记录

（3）车票　　子分部工程质量验收记录

车票检测分项工程质量验收记录；检验批质量验收记录、工序质量报验单、施工现场检测记录

（4）车站终端设备　　子分部工程质量验收记录

车站终端设备安装分项工程质量验收记录；检验批质量验收记录、工序质量报验单、施工现场检测记录

设备配线分项工程质量验收记录；检验批质量验收记录、工序质量报验单、施工现场检测记录

自动检票机检测分项工程质量验收记录；检验批质量验收记录、工序质量报验单、施工现场检测记录

半自动售票机检测分项工程质量验收记录；检验批质量验收记录、工序质量报验单、施工现场检测记录

自动售票机检测分项工程质量验收记录；检验批质量验收记录、工序质量报验单、施工现场检测记录

自动加值机、自动验票机、便携式检验票机检测等分项工程质量验收记录；检验批质量验收记录、工序质量报验单、施工现场检测记录

（5）车站计算机系统　　子分部工程质量验收记录

机房设备安装分项工程质量验收记录；检验批质量验收记录、工序质量报验单、施工现场检测记录

设备配线分项工程质量验收记录；检验批质量验收记录、工序质量报验单、施工现场检测记录

紧急按钮安装分项工程质量验收记录；检验批质量验收记录、工序质量报验单、施工现场检测记录

车站局域网检测分项工程质量验收记录；检验批质量验收记录、工序质量报验单、施工现场检测记录

车站计算机系统功能检测分项工程质量验收记录；检验批质量验收记录、工序质量报验单、施工现场检测记录

紧急按钮检测分项工程质量验收记录；检验批质量验收记录、工序质量报验单、施工现场检测记录

（6）票务清分系统　　子分部工程质量验收记录

机房设备安装分项工程质量验收记录；检验批质量验收记录、工序质量报验单、施工现场检测记录

设备配线分项工程质量验收记录；检验批质量验收记录、工序质量报验单、施工现场检测记录

票务清分系统计算机局域网检测分项工程质量验收记录；检验批质量验收记录、工序质量报验单、施工现场检测记录

票务清分系统功能检测、容灾备份功能检测、网络化运营验收检测等分项工程质量验收记录；检验批质量验收记录、工序质量报验单、施工现场检测记录

（7）电源、接地、防雷与电磁兼容　　子分部工程质量验收记录

电源设备安装分项工程质量验收记录；检验批质量验收记录、工序质量报验单、施工现场检测记录

电源布线分项工程质量验收记录；检验批质量验收记录、工序质量报验单、施工现场检测记录

防雷与接地分项工程质量验收记录；检验批质量验收记录、工序质量报验单、施工现场检测记录

电磁兼容检测分项工程质量验收记录；检验批质量验收记录、工序质量报验单、施工现场检测记录

电源与接地检测分项工程质量验收记录；检验批质量验收记录、工序质量报验单、施工现场检测记录

（8）中央计算机系统　　子分部工程质量验收记录

机房设备安装分项工程质量验收记录；检验批质量验收记录、工序质量报验单、施工现场检测记录

设备配线分项工程质量验收记录；检验批质量验收记录、工序质量报验单、施工现场检测记录

（六）线路中央计算机系统中间质量控制文件　　分部工程质量验收记录

线路中央计算机局域网检测分项工程质量验收记录；检验批质量验收记录、工序质量报验单、施工现场检测记录

线路中央计算机系统功能检测分项工程质量验收记录；检验批质量验收记录、工序质量报验单、施工现场检测记录

03.11　站台屏蔽门

（一）开工报告

（1）工程开工报审表

（2）工程概况表

（3）施工管理人员名单

（4）施工现场质量管理检查记录

（5）材料（构配件）进场使用报验单及附件（首批进场）

（6）设备进场使用报验单及附件

（7）关于工长与特殊工种的承包单位通用报审表及附件

（二）施工技术管理文件

（1）施工组织设计报审表及附件

（2）施工方案报审表及附件

（3）工程进度计划申报表及附件

（4）图纸审查记录

（5）技术交底记录

（三）分部工程质量验收文件

（1）站台屏蔽门工程施工现场质量管理记录

（2）站台屏蔽门分部工程质量验收记录

（3）站台屏蔽门质量控制资料核查记录

（4）站台屏蔽门安全和功能检验资料核查及主要功能抽查记录

（5）站台屏蔽门观感质量验收检查记录

（四）材料（构配件）、设备进场使用报验单

材料（构配件）进场使用报验单及附件（附：产品质量证明文件、合格证、说明书、试验报告等）

（五）车站站台屏蔽门中间质量控制文件　　分部工程质量验收记录

门槛安装分项工程质量验收记录；检验批质量验收记录、工序质量报验单、施工现场检测记录

上部结构安装分项工程质量验收记录；检验批质量验收记录、工序质量报验单、施工现场检测记录

门体结构安装分项工程质量验收记录；检验批质量验收记录、工序质量报验单、施工现场检测记录

盖板安装分项工程质量验收记录；检验批质量验收记录、工序质量报验单、施工现场检测记录

固定门安装分项工程质量验收记录；检验批质量验收记录、工序质量报验单、施工现场检测记录

应急门安装分项工程质量验收记录；检验批质量验收记录、工序质量报验单、施工现场检测记录

端门安装分项工程质量验收记录；检验批质量验收记录、工序质量报验单、施工现场检测记录

滑动门安装分项工程质量验收记录；检验批质量验收记录、工序质量报验单、施工现

场检测记录

紧固件安装分项工程质量验收记录；检验批质量验收记录、工序质量报验单、施工现场检测记录

设备安装分项工程质量验收记录；检验批质量验收记录、工序质量报验单、施工现场检测记录

线槽和线缆安装分项工程质量验收记录；检验批质量验收记录、工序质量报验单、施工现场检测记录

电源及监控系统分项工程质量验收记录；检验批质量验收记录、工序质量报验单、施工现场检测记录

系统调试分项工程质量验收记录；检验批质量验收记录、工序质量报验单、施工现场检测记录

绝缘地板分项工程质量验收记录；检验批质量验收记录、工序质量报验单、施工现场检测记录

03.12 电（扶）梯工程

（一）开工报告

（1）工程开工报审表

（2）工程概况表

（3）施工管理人员名单

（4）施工现场质量管理检查记录

（5）材料（构配件）进场使用报验单及附件（首批进场）

（6）设备进场使用报验单及附件

（7）关于工长与特殊工种的承包单位通用报审表及附件

（二）施工技术管理文件

（1）施工组织设计报审表及附件

（2）施工方案报审表及附件

（3）工程进度计划申报表及附件

（4）图纸审查记录

（5）技术交底记录

（三）材料（构配件）、设备进场使用报验单及附件

材料（构配件）进场使用报验单及附件（附：产品质量证明文件、合格证、说明书、试验报告等）

（四）自动扶梯及自动人行道安装工程中间质量控制文件

（1）自动人行道安装　　分部工程质量验收记录

土建交接检验分项工程质量验收记录；检验批质量验收记录、工序质量报验单、施工现场检测记录

设备进场验收分项工程质量验收记录；检验批质量验收记录、工序质量报验单、施工现场检测记录

桁架导轨安装分项工程质量验收记录；检验批质量验收记录、工序质量报验单、施工现场检测记录

梯级组装分项工程质量验收记录；检验批质量验收记录、工序质量报验单、施工现场检测记录

扶手带安装分项工程质量验收记录；检验批质量验收记录、工序质量报验单、施工现场检测记录

电气安装分项工程质量验收记录；检验批质量验收记录、工序质量报验单、施工现场检测记录

外装饰安装分项工程质量验收记录；检验批质量验收记录、工序质量报验单、施工现场检测记录

整机安装调试验收分项工程质量验收记录；检验批质量验收记录、工序质量报验单、施工现场检测记录

（2）自动扶梯安装　　分部工程质量验收记录

设备进场验收分项工程质量验收记录；检验批质量验收记录、工序质量报验单、施工现场检测记录

土建交接检验分项工程质量验收记录；检验批质量验收记录、工序质量报验单、施工现场检测记录

中间支撑及分段连接验收分项工程质量验收记录；检验批质量验收记录、工序质量报验单、施工现场检测记录

外装饰安装分项工程质量验收记录；检验批质量验收记录、工序质量报验单、施工现场检测记录

整机安装调试验收分项工程质量验收记录；检验批质量验收记录、工序质量报验单、施工现场检测记录

（五）电梯安装工程中间质量控制文件

（1）有机房电梯安装　　分部工程质量验收记录

设备进场验收分项工程质量验收记录；检验批质量验收记录、工序质量报验单、施工现场检测记录

土建交接检验分项工程质量验收记录；检验批质量验收记录、工序质量报验单、施工现场检测记录

机房内设备安装分项工程质量验收记录；检验批质量验收记录、工序质量报验单、施工现场检测记录

井道内设备安装分项工程质量验收记录；检验批质量验收记录、工序质量报验单、施工现场检测记录

层站设备安装分项工程质量验收记录；检验批质量验收记录、工序质量报验单、施工现场检测记录

轿厢及门系统安装分项工程质量验收记录；检验批质量验收记录、工序质量报验单、施工现场检测记录

底坑设备安装分项工程质量验收记录；检验批质量验收记录、工序质量报验单、施工现场检测记录

整机功能验收分项工程质量验收记录；检验批质量验收记录、工序质量报验单、施工现场检测记录

（2）无机房电梯　　分部工程质量验收记录

土建交接检验分项工程质量验收记录；检验批质量验收记录、工序质量报验单、施工现场检测记录

支架导轨安装分项工程质量验收记录；检验批质量验收记录、工序质量报验单、施工现场检测记录

井道顶部设备安装分项工程质量验收记录；检验批质量验收记录、工序质量报验单、施工现场检测记录

轿厢及门系统安装分项工程质量验收记录；检验批质量验收记录、工序质量报验单、施工现场检测记录

配重及安全保护装置安装分项工程质量验收记录；检验批质量验收记录、工序质量报验单、施工现场检测记录

电气安装分项工程质量验收记录；检验批质量验收记录、工序质量报验单、施工现场检测记录

调整试验试运行分项工程质量验收记录；检验批质量验收记录、工序质量报验单、施工现场检测记录

（3）液压电梯安装工程　　分部工程质量验收记录

设备进场验收分项工程质量验收记录；检验批质量验收记录、工序质量报验单、施工现场检测记录

土建交接检验分项工程质量验收记录；检验批质量验收记录、工序质量报验单、施工现场检测记录

液压系统安装分项工程质量验收记录；检验批质量验收记录、工序质量报验单、施工现场检测记录

井道内设备安装分项工程质量验收记录；检验批质量验收记录、工序质量报验单、施工现场检测记录

层站设备安装分项工程质量验收记录；检验批质量验收记录、工序质量报验单、施工现场检测记录

轿厢及门系统安装分项工程质量验收记录；检验批质量验收记录、工序质量报验单、施工现场检测记录

底坑设备安装分项工程质量验收记录；检验批质量验收记录、工序质量报验单、施工现场检测记录

整机功能验收分项工程质量验收记录；检验批质量验收记录、工序质量报验单、施工现场检测记录

（六）轮椅升降台安装工程中间质量控制文件

支架导轨安装分项工程质量验收记录；检验批质量验收记录、工序质量报验单、施工现场检测记录

轮椅升降台设备安装分项工程质量验收记录；检验批质量验收记录、工序质量报验单、施工现场检测记录

电气安装分项工程质量验收记录；检验批质量验收记录、工序质量报验单、施工现场检测记录

调整试验试运行分项工程质量验收记录；检验批质量验收记录、工序质量报验单、施工现场检测记录

03.13　人防工程

（一）开工报告

（1）工程开工报审表

（2）工程概况表

（3）施工管理人员名单

（4）施工现场质量管理检查记录

（5）材料（构配件）进场使用报验单及附件（首批进场）

（6）设备进场使用报验单及附件

（7）关于工长与特殊工种的承包单位通用报审表及附件

（二）施工技术管理文件

（1）施工组织设计报审表及附件

（2）施工方案报审表及附件

（3）工程进度计划申报表及附件

（4）图纸审查记录

（5）技术交底记录

（三）材料（构配件）、设备进场使用报验单及附件

材料（构配件）进场使用报验单及附件（附：产品质量证明文件、合格证、说明书、试验报告等）

（四）出入口及区间人防防护设备安装工程中间质量控制文件

车站出入口及区间人防防护设备安装分部工程质量验收记录

门框墙制作分项工程质量验收记录；检验批质量验收记录、工序质量报验单、施工现场检测记录

门体安装分项工程质量验收记录；检验批质量验收记录、工序质量报验单、施工现场检测记录

与 BAS 系统的接口调试分项工程质量验收记录；检验批质量验收记录、工序质量报验单、施工现场检测记录

单体调试分项工程质量验收记录；检验批质量验收记录、工序质量报验单、施工现场检测记录

（五）防淹防护密闭隔断门工程中间质量控制文件

车站防淹防护密闭隔断门分部工程质量验收记录

（1）升降式防淹防护密闭隔断门　　子分部工程质量验收记录

门框墙制作分项工程质量验收记录；检验批质量验收记录、工序质量报验单、施工现场检测记录

门体安装分项工程质量验收记录；检验批质量验收记录、工序质量报验单、施工现场检测记录

启闭机构（含档板小车）分项工程质量验收记录；检验批质量验收记录、工序质量报验单、施工现场检测记录

控制系统分项工程质量验收记录；检验批质量验收记录、工序质量报验单、施工现场检测记录

安全锁定机构分项工程质量验收记录；检验批质量验收记录、工序质量报验单、施工现场检测记录

水位检测装置分项工程质量验收记录；检验批质量验收记录、工序质量报验单、施工现场检测记录

电源系统分项工程质量验收记录；检验批质量验收记录、工序质量报验单、施工现场检测记录

与各专业接口分项工程质量验收记录；检验批质量验收记录、工序质量报验单、施工现场检测记录

单体调试分项工程质量验收记录；检验批质量验收记录、工序质量报验单、施工现场检测记录

系统联调分项工程质量验收记录；检验批质量验收记录、工序质量报验单、施工现场检测记录

（2）平开式防淹防护密闭隔断门　　子分部工程质量验收记录

门框墙制作分项工程质量验收记录；检验批质量验收记录、工序质量报验单、施工现场检测记录

门体安装分项工程质量验收记录；检验批质量验收记录、工序质量报验单、施工现场检测记录

启闭机构（含液压传动系统）分项工程质量验收记录；检验批质量验收记录、工序质量报验单、施工现场检测记录

控制系统分项工程质量验收记录；检验批质量验收记录、工序质量报验单、施工现场检测记录

安全锁定机构分项工程质量验收记录；检验批质量验收记录、工序质量报验单、施工现场检测记录

水位检测装置分项工程质量验收记录；检验批质量验收记录、工序质量报验单、施工现场检测记录

电源系统分项工程质量验收记录；检验批质量验收记录、工序质量报验单、施工现场检测记录

与各专业接口分项工程质量验收记录；检验批质量验收记录、工序质量报验单、施工现场检测记录

单体调试分项工程质量验收记录；检验批质量验收记录、工序质量报验单、施工现场检测记录

系统联调分项工程质量验收记录；检验批质量验收记录、工序质量报验单、施工现场检测记录

03.14　综合信息管理（IMS）系统

（一）开工报告

（1）工程开工报审表

（2）工程概况表

（3）施工管理人员名单

（4）施工现场质量管理检查记录

（5）材料（构配件）进场使用报验单及附件（首批进场）

（6）设备进场使用报验单及附件

（7）关于工长与特殊工种的承包单位通用报审表及附件

（二）施工技术管理文件

（1）施工组织设计报审表及附件

（2）施工方案报审表及附件

（3）工程进度计划申报表及附件

（4）图纸审查记录

（5）技术交底记录

（三）分部工程质量验收文件

（1）综合信息管理（IMS）系统工程施工现场质量管理记录

（2）综合信息管理（IMS）系统分部工程质量验收记录

（3）综合信息管理（IMS）系统质量控制资料核查记录

（4）综合信息管理（IMS）系统安全和功能检验资料核查及主要功能抽查记录

（5）综合信息管理（IMS）系统观感质量验收检查记录

（四）材料（构配件）、设备进场使用报验单及附件

材料（构配件）进场使用报验单及附件（附：产品质量证明文件、合格证、说明书、试验报告等）

（五）综合信息管理（IMS）系统安装中间质量控制文件　　分部工程质量验收记录

线槽敷设分项工程质量验收记录；检验批质量验收记录、工序质量报验单、施工现场检测记录

网络、计算机设备、屏柜及控制台安装等分项工程质量验收记录；检验批质量验收记录、工序质量报验单、施工现场检测记录

UPS、蓄电池及配电柜安装分项工程质量验收记录；检验批质量验收记录、工序质量报验单、施工现场检测记录

（六）综合信息管理（IMS）系统功能检测中间质量控制文件　　分部工程质量验收记录

IBP盘接口检测分项工程质量验收记录；检验批质量验收记录、工序质量报验单、施工现场检测记录

数据通信接口检测分项工程质量验收记录；检验批质量验收记录、工序质量报验单、施工现场检测记录

中央管理工作站及操作分站分项工程质量验收记录；检验批质量验收记录、工序质量报验单、施工现场检测记录

计算机网络系统检测分项工程质量验收记录；检验批质量验收记录、工序质量报验单、施工现场检测记录

应用软件检测分项工程质量验收记录；检验批质量验收记录、工序质量报验单、施工现场检测记录

03.15 供冷站

（一）开工报告

（1）工程开工报审表

（2）工程概况表

（3）施工管理人员名单

（4）施工现场质量管理检查记录

（5）材料（构配件）进场使用报验单及附件（首批进场）

（6）设备进场使用报验单及附件

（7）关于工长与特殊工种的承包单位通用报审表及附件

（二）施工技术管理文件

（1）施工组织设计报审表及附件

（2）施工方案报审表及附件

（3）工程进度计划申报表及附件

（4）图纸审查记录

（5）技术交底记录

（三）分部工程质量验收文件

（1）工程施工现场质量管理记录

（2）分部工程质量验收记录

（3）质量控制资料核查记录

（4）安全和功能检验资料核查及主要功能抽查记录

（5）观感质量验收检查记录

（四）材料（构配件）、设备进场使用报验单、各种标准试验

（1）材料（构配件）进场使用报验单及附件（附：产品质量证明文件、合格证、说明书、试验报告等）

（2）各种标准试验报告（混凝土配合比、标准击实试验等）

（五）供冷站中间质量控制文件

各分部工程参照 03.01.01.01

03.16 施工单位管理性文件

03.16.01 第1合同段管理性文件

（一）质量管理文件

（二）安全管理文件

（三）进度管理文件

（四）费用管理文件

（五）环保管理文件

（六）施工日志

（七）其他管理文件

03.16.02　第2合同段管理性文件（内容同03.16.01）

03.16.n　第n合同段管理性文件（内容同03.16.01）

……

04　工程监理类（保管期限：30年）

04.01　第1个总监办（或监理组）

（一）监理规划、实施细则

（1）监理规划

（2）监理实施细则

（3）总控制计划等

（二）工程质量单元划分

（三）进度控制

（1）工程开工、复工审批表

（2）工程开工、复工暂停令

（四）质量控制

（1）不合格项目通知

（2）质量事故报告及处理意见

（五）安全文明控制

（六）监理会议纪要

（七）监理月报、监理日记、监理旁站记录

（八）监理工程师通知单，指令单、回复单

（九）监理工作总结

（十）监理评估报告等

04.02　第2个总监办（或监理组）（内容同04.01）

04.n　第n个总监办（或监理组）（内容同04.01）

……

05　交、竣工验收及缺陷责任期文件

05.01　交工验收文件（保管期限：永久）

（一）单位（子单位）工程质量交工验收记录

（1）单位（子单位）工程质量交工验收记录

（2）单位（子单位）质量控制资料核查记录（一）

（3）单位（子单位）质量控制资料核查记录（二）

（4）单位（子单位）工程安全和功能检验资料核查记录及主要功能抽查记录

（5）单位（子单位）工程观感质量检查记录

（二）全线交工验收文件

（1）轨道交通工程交工验收报告、交工验收证书、交工验收合同段工程质量评分一览表、交工验收委员会签名表

（2）交工验收专业检查组意见

（3）各参建单位交工总结报告（建设、设计、施工、监理执行报告）

（4）专家评议意见及签名

（5）质量监督机构出具的交工验收质量检测意见（报告）

05.02　缺陷责任期文件（保管期限：30 年）

（一）缺陷责任期项目管理文件、会议纪要

（二）建设单位与施工、监理单位缺陷责任期缺陷整改的往来文件

（三）建设单位定期巡查文件及缺陷责任期病害统计表

（四）其他文件

05.03　竣工验收文件（保管期限：永久）

（一）单位（子单位）工程质量竣工验收记录

（1）单位（子单位）工程质量竣工验收记录

（2）单位（子单位）质量控制资料核查记录（一）

（3）单位（子单位）质量控制资料核查记录（二）

（4）单位（子单位）工程安全和功能检验资料核查记录及主要功能抽查记录

（5）单位（子单位）工程观感质量检查记录

（二）全线竣工验收文件

（1）轨道交通工程竣工验收意见书（验收委员会名单、工程交接单位代表签名表）

（2）竣工验收委员会各专业检查组检查意见

（3）各参建单位竣工总结报告（建设、设计、施工、监理执行报告、轨道交通工程质量监督报告及管养单位项目使用情况报告）

（4）质量监督机构出具的工程质量鉴定报告

（5）轨道交通工程参建单位工作综合评价表（包括建设、设计、监理、施工等）

（6）轨道交通工程竣工验收评价表

（7）专家评议意见及签名

06　资金管理文件

06.01　计量支付文件（保管期限：30 年）

06.01.01　第 1 合同段计量支付文件

06.01.02　第 2 合同段计量支付文件

06.01.n　第 n 合同段计量支付文件

......

06.02　决算审计文件（保管期限：永久）

07　竣工图表类（保管期限：永久）

07.01　车站工程竣工图

（一）竣工图说明

（1）主要建设内容、完成工程量；

（2）执行的规范标准；

（3）主要施工方案；

（4）采用的新技术新工艺新材料；

（5）特殊问题的处理；

（6）施工图的版本、变更情况以及修改完善情况；